世界の金融危機とバブルの分析

発生のしくみと政策の検証

宮川重義
Miyagawa Shigeyoshi
【著】

中央経済社

はしがき

　金融危機は常に繰り返し起きる。恐慌研究の権威，チャールズ・キンドルバーガーは次のように述べている。

　「人びとは新しい利潤機会をとらえ，不合理というに近いやり方で行き過ぎが行われ，熱狂を繰り返す。ひとたび上昇が行き過ぎの性格を帯びると，金融制度は一種の攪乱状態に陥り，その過程で膨張する動きを逆転させる激しい無謀な動きが生じ，恐慌に似た現象となっていくようである。熱狂的局面では，資産家と借金の能力のある人はカネをモノに換えたり，実物資産や非流動的な金融資産を購入するために借金したりする。恐慌の局面では，逆の動きが生じる。つまり，実物資産や金融資産をカネに換えたり，借金を返したりする。商品，住宅，建物，土地，株式，債券など，要するに熱狂の対象となったものすべての価格の崩壊が生じる」。

　熱狂は今日バブルと呼ばれ，資産価格のファンダメンタルズからの上方乖離として定義される。

　バブルの歴史は古いが，近年のバブルは本書で明らかにされるように，規制緩和と金融緩和が重なったときに生じる。バブルが起きるたびその最中にいる人は陶酔（euphoria）に陥る。「今回は違う（This time is different.）」と都合の良い解釈をする。政府，中央銀行，投資家，そして国民までも自らを欺きバブルを煽る。しかし，バブルはいつか破裂する。その崩壊は巨額の不良債権の発生をもたらし，金融機関を破たんに追い込む，あるいはその資産を劣化させる。金融機関の破たんないし経営悪化は金融システム全体を機能不全に陥れ，経済活動を大きく悪化させる。経済活動の悪化は金融機関をさらに窮地に追い込み経済の悪化を促進する。負の連鎖が始まる。これが金融危機である。

　金融危機は銀行危機でもある。経済の悪化による銀行ローンの大規模なデフォルトは，多くの銀行の純資産あるいは資本の毀損をもたらす。銀行の資本は資産マイナス負債である。資産の大宗は銀行ローンであり，負債は顧客の預金という形態での債務からなる。銀行は預金者という資金余剰主体から資金を

借り，その資金でビジネス拡大を計画している人，住宅購入を希望している人に貸し与える。

経済の悪化により銀行の貸付けが焦げ付けば，その資産価値は減少し，その分資本は毀損する。負債が資産を上回れば，その銀行の自己資本はマイナスになり破たんする。銀行資本の毀損，銀行の破たんは銀行パニックを生み，抵当にとられた住宅，商業資産，株式などの投げ売り，ファイアセールが始まる。資産価格は下落を続け，借手は担保の追加を求められる。ローンの焦げ付きはさらに増加し，銀行資本の毀損はさらに深刻になり，貸付基準が厳しくなり，貸し渋りが発生する。

借手である企業も家計も悪化する景気の下では，債務を増やすことを避けるようになる。信用が急速に収縮し，経済における資金の枯渇が始まる。これは経済活動をさらに悪化させ，デフォルトを生み，銀行倒産を増やし，信用収縮は激しくなる。負の連鎖反応が起きる。

本書はこれまで筆者がバブルと金融危機について発表してきた論文をまとめたものである。歴史的に見ると，これまで多くの金融危機が発生したが，そのもっとも大きなものは1929年のニューヨーク株価暴落に始まる世界金融危機である。前連銀議長ベン・バーナンキは大恐慌の解明はマクロ経済学の聖杯（Holy Grail）であるとまで述べた。大恐慌の研究なしに，金融危機を語ることはできない。自然科学の「管理実験」に対応する「自然実験」としての大恐慌は研究対象としてきわめて重要である。

第1章と第2章では，大恐慌前のアメリカの経済状況を紹介しながら，大恐慌はいかにして生じたか，その原因を解明した最近の研究成果を整理する。第2章では大恐慌の原因解明に大きな光を与えた，フリードマンとシュウォーツの『アメリカ合衆国の貨幣史』に焦点を当てる。同書は，膨大な量の歴史的記録を丹念に検証し，叙述的アプローチによって，貨幣と実体経済変数の1世紀にわたる関係を見事に描きだした。貨幣量の発する信号は他のノイズを凌駕し，貨幣量が変化した時に，経済は変化する。貨幣量の変化が穏やかである時には，その影響力は小さく，貨幣量の変化が大きい時にはその影響も大きい。それを

徹底した経験的証拠の積み重ねによって明らかにしたのである。あのロバート・ルーカスに「ワシントンに花見見物以外の目的で行くときには必ず持参する書物」とまで言わしめた。しかしながら，問題点も残されている。金融は引き締まっていたという主張に対して現実には「金利は低下していた」という事実である。もう1つは，金融緩和を拒んだ連邦準備を厳しく批判するが，じつは金本位制度が連銀の行動を縛ったという「金本位制による連銀無罪論」である。この批判について言及する。

　第3章は北欧の金融危機について論じる。デンマークを除く北欧3国（フィンランド，スウェーデン，ノルウェー）は1980年代末から1990年代はじめにかけて厳しい金融危機を経験した。なかでもフィンランドの金融危機はとくに厳しく，GDPは1990年から1993年にかけて14％も減少，株価は60％の下落，失業率は1994年には20％を超えた。ノルウェー，スウェーデンもそれに準じる経済悪化を経験した。北欧の金融は銀行中心の間接型金融であり，厳しい政府の規制によって守られていた。しかし，1980年代に入り，世界の自由化の流れの中で，北欧の金融規制緩和は一挙に進展した。しかし，この規制緩和はリスク管理が十分整備されないまま進み，そこに世界的金融緩和の流れの中で国内金融も大いに緩んだ。規制緩和と金融緩和が重なり，貸出ブームに火が付き，資産価格の高騰，バブルを引き起こした。その背後では，担保価値の上昇，貸出増加，また担保価値の上昇というバーナンキらが指摘した，「ファイナンシャルアクセレーター」が働いていた。バブル崩壊によってこのレバレッジサイクルは逆転し大きな被害をもたらすことになった。金融危機の始まりである。多くの人たちは「福祉国家の終焉」とまで考えた。しかしながら，ここでとった北欧の対策は見事であった。これは金融危機における教訓として大いに参考になる。

　第4章では2000年代に始まったアメリカの住宅バブルとその後の金融危機について論じる。1990年代後半のアメリカ経済の発展は目覚ましかった。その発展は情報通信技術の革新によって大きく支えられていた。インターネット，eメールが可能になり，世界中の情報が瞬時に利用できるようになった。グリーンスパン率いる連邦準備の金融政策は絶妙であった。かれは「マエストロ」と称えられ，誰もがもう大きな不況やインフレは起こりえないと思った。この経

済の活況は大恐慌前の「狂騒の20年代（Roaring Twenty）」と呼ばれたアメリカ経済とまさに同じであった。20年代誰もが繁栄に酔いしれていた。そして，その後にバブル崩壊が起きた。

　アメリカの2007〜2009年の金融危機は，今世紀初めのITバブル崩壊後の金融緩和によってもたらされた住宅バブルがその主因になっている。住宅価格の上昇と証券化という新しい金融技法は，これまで住宅購入に無縁と思われた人たちにもマイホームの夢を実現したかに見えた。しかしそれは低金利が続き，住宅価格がいつまでも上昇し続けることを前提にしていた。その前提が崩れた時，多くの低所得家計は返済に行き詰まり，住宅を失った。貸手は取り上げた住宅を競売にかけたので，住宅価格は加速的に下落していった。他方個々の住宅抵当をプールして作り上げられた証券は，高度な金融技術を用いて巧みにリスク計算されており，銀行およびその他の金融機関はその安全性に疑問を持つことなく保有していたが，その価値は住宅価格の下落によって急速に低下し，大銀行を含む何百という金融機関の財務内容を一挙に悪化させた。資本が劣化し，多くの金融機関は貸出の縮小を余儀なくされ，現金選好を強めた。高いレバレッジで高収益を上げていた金融機関に，逆レバレッジのプロセスが働いた。金融市場は売り一色になり凍りついた。このようなプロセスを経て，金融危機はIMFをして「戦後最悪の不況」と言わしめる，大不況を生みだしたのである。

　第5章はアジアの金融危機について分析する。アジアの奇跡と騒がれ，高度経済成長を享受していたアジア経済は，1997年を境に激変した。97年5月に始まるタイバーツ（Thai Baht）の通貨危機はまたたくまにアジア全域に及び世界を震撼させた。具体的にはタイの経済危機は1997年秋までに，まるで伝染病のように，フィリピン，インドネシア，マレーシア，そして韓国と次々に襲った。韓国の株価と通貨ウォンは瞬く間に半値以下の下落となり，インドネシアは政情不安もありその影響はとくに大きく，これらの国はタイ同様にIMFに援助を求めざるを得なかった。あれ程好調を伝えられていた東アジア経済がかくももろく崩壊した理由として，経済構造そのものの未熟さもあるが，監督規制の整備が不十分なまま金融自由化が進展したこと，および固定相場（ドルペッグ制）の下で海外から大量に流入するマネーの管理を十分行えなかったことを指摘する。

第6章では日本のバブルと金融危機について論じる。2つのコクサイ化を契機に1970年代後半から進展する，日本の金融自由化がその後のバブルの大きな要因の1つになったことを明らかにし，1985年のプラザ合意，その後の円高不況を通じて一挙に上昇する資産価格，バブル発生のプロセスを説明する。ここでは，とくにバブル発生の過程で生じた異常ともいえる金融緩和の影響の大きさを強調する。本章後半では，バブル崩壊後の日本経済がどのように長期デフレの袋小路に落ち込んでいくかを説明する。北欧の金融危機の場合と異なり，不良債権が累増する中での不良債権処理の難しさを述べ，後手に回った政府，大蔵省，日銀の政策対応のまずさが指摘される。

　第7章ではバブルと日本銀行の責任について分析する。わが国のバブルは北欧と同様にリスク管理が十分整備されないまま急速に進展する金融規制緩和の下で，日本銀行が急激な金融緩和を実施し，それが日本のバブルの原因となった，とすることについてはほぼ異論は見られない。とすれば，日本銀行はなぜあのような野放図な金融緩和を行ったのであろうか。1970年代の第1次オイルショック後のハイパーインフレを苦い経験とし，1979年の第2次オイルショックを見事に乗り切り，あのミルトン・フリードマンからも高く評価された日本銀行は，なぜバブルを阻止できなかったのであろうか。その背後には複雑な政治問題が絡み，日銀の手足を完全に縛っていたことを明らかにする。

　第8章からは，マネーの実体経済に及ぼす影響についての実証分析を行う。まず，第8章では，金融政策におけるマネーサプライの役割について分析する。世界的なデフレ傾向の中で，多くの中央銀行は金融政策におけるマネーサプライの役割を軽視するようになった。それはマネーサプライと実体経済の間に有意な関係が見出せなくなったからである。わが国もその例外ではない。そこで，マネーと実体経済の関係は本当に崩れたのかを共和分という統計手法により分析する。対象となるのは，日本およびフィンランドである。とくに，両国は大きな金融危機を経験したが，そのような状況の下では貨幣需要はきわめて不安定となる。貨幣需要はなぜ不安定になったのか，その点に焦点を当てて分析を進める。金融不安要因という変数を考慮すれば，依然としてマネーは実体経済に有意な影響を及ぼすことを明らかにする。

第9章では,「量的金融緩和政策」の有効性について統計的に分析する。2008年9月のリーマンショック後の金融市場混乱の影響を受けて多くの中央銀行はこの非伝統的金融政策を実施した。量的金融緩和政策を最初に実施したのは,バブル崩壊後深刻なデフレ不況に悩む日本であった。日本銀行は2001年3月から2006年6月まで実施し,2008年のリーマンショック後再びこの政策を実施している。量的金融緩和政策の効果をめぐっては多くの議論が重ねられてきた。わが国でも第1次量的金融緩和政策の効果があったかどうかについて,多くの議論がなされた。これまでの研究の多くは,この政策について否定的である。しかし,その一方でその効果に肯定的な研究もある。本章では,2013年4月以降再び始められたアベノミクスによる量的金融緩和政策をも含めて,わが国における金融政策の有効性について分析する。

　第10章ではフィッシャー効果について分析する。アービング・フィッシャーはその著『利子論』において,物価と金利の関係について研究し,金利は一般に物価水準の高騰する期間において高く,下落期間において低い傾向があると主張した。もし,金利と物価上昇率が完全に1対1で対応するならば,名目金利マイナス期待インフレ率で定義された期待実質金利は不変となる。アベノミクスによって,たとえインフレが生じたとしても,名目金利が同率で上昇し期待実質金利が不変のままであれば,金融緩和政策は実体経済にプラスの影響を与えることはできない,という議論は成り立つ。そこで,本章ではインフレと金利の関係を示す,フィッシャー効果がどの程度成り立つかを検証する。

　本書を著すにあたっては,多くの人たちのお世話になった。まず,筆者の勤務する京都学園大学経済学部の同僚の方たちには,日頃から快適な教育,研究環境を作っていただいていることに感謝しなければならない。また,森田洋二教授と澤田吉孝講師にはとくにお世話になった。工学博士である森田教授は時系列解析の面白さを教えてくださった。本書の8,9,10章は森田教授との共同論文がベースになっている。いつもランチタイムに私の研究室に集まり,無類のコーヒー党である3人がコーヒーを飲みながら,最近の研究動向をディスカッションするのは楽しみの極みである。

また，金融危機についての調査，発表の機会を何度も提供してくださった，北欧の大学の先生方にもお世話になった。とくに，トゥールク大学のヴィレン教授（Matti Viren），ユバスキュラ大学のハイモネン教授（Kari Heimonen）には大変お世話になった。ヴィレン教授はフィンランドの研究プロジェクトに参加させてくださり，ハイモネン教授は共同論文執筆の機会を与えてくださった。フィンランド銀行統計局のエコノミストの皆さんはいつも快くデータ提供や相談に乗ってくださった。

　最後に，出版事情の大変厳しい中，株式会社中央経済社は本書の出版を引き受けてくださり，同社経営編集部編集次長の市田由紀子氏には編集等の労をとっていただいたこと，また本書の出版にあたり，京都学園大学2016年度「学術出版助成」を受けたことも記しておかねばならない。

　本書はこれらの人たちの温かいご支援，協力がなければ到底完成しえなかった。これらの人たちに深く感謝申し上げます。

2016年5月

新緑の京都嵐山にて

宮川　重義

目　次

はしがき　i

第1章　大恐慌とその原因 ——————————— 1

　第1節　大恐慌以前のアメリカの状況　1
　第2節　なぜ，1920年代後半にアメリカで株価高騰が生じたか　8
　第3節　なぜ，株価下落から大恐慌にまで展開したのか　14
　第4節　むすび　30

第2章　M. フリードマンの大恐慌論 ——————— 37

　第1節　フリードマンの方法論と分析手法　38
　第2節　『アメリカ合衆国の貨幣史』が明らかにしたこと　39
　第3節　同書が残した2つの問題点　45
　第4節　むすび　51

第3章　北欧の金融危機 ———————————— 55

　第1節　金融危機の経過　55
　第2節　金融危機の処理　69
　第3節　金融危機の特徴　76
　第4節　金融危機後の回復　84
　第5節　統計的検証　86
　第6節　むすび　91

第4章　サブプライム金融危機 ―― 97

第1節　金融緩和－住宅バブルの萌芽　97
第2節　サブプライムローンのトリック　104
第3節　住宅価格の下落　111
第4節　危機の発端としての「影の銀行」　115
第5節　ファイアセールと金融危機　121
第6節　金融規制の在り方　124
第7節　連邦準備の政策対応の評価　130
第8節　むすび　136
【資　料】関連年表　138

第5章　アジア金融危機 ―― 147
――タイを中心として

第1節　タイ経済危機の経過　147
第2節　ヘッジファンドとタイバーツ投機　149
第3節　ヘッジファンド攻撃の前兆　151
第4節　なぜ，タイがヘッジファンドに狙われたか　153
第5節　キャピタル・フローの問題　156
第6節　金融システムの問題　158
第7節　財政・金融政策と資本流入　160
第8節　金融システムと監督・規制の問題点　163
第9節　IMFプログラム　167
第10節　アジアファンドの構想　167
第11節　むすび　168

第6章　日本のバブルとバスト ―― 173

第1節　バブルへの道　173

第2節　バブル崩壊　182
　　　第3節　長期デフレ　185

第7章　バブルと国際政治
——日銀を追い込んだ政治的背景　195

　　　第1節　1980年代初めのアメリカ経済　195
　　　第2節　1984年レーガン政権の人事　197
　　　第3節　プラザ合意への準備　199
　　　第4節　プラザ合意　202
　　　第5節　日銀の反発　204
　　　第6節　宮廷の反乱（ベーカーのボルカー追放劇）　206
　　　第7節　円高不況　207
　　　第8節　ルーブル合意　211
　　　第9節　ブラックマンデー　212
　　　第10節　なぜ，金融引締めは遅れたか　213
　　　第11節　むすび　217
　　　【資　料】　関連年表　218

第8章　金融危機と貨幣需要　227

　　　第1節　マネーサプライの位置付け　227
　　　第2節　先行研究　229
　　　第3節　通常の誤差修正モデル　230
　　　第4節　金融不安変数の定量化　232
　　　第5節　金融不安を考慮した誤差修正モデル　235
　　　第6節　フィンランドの場合　240
　　　第7節　むすび　246
　　　補論1　推定の手順　248
　　　補論2　マネタリベースを用いた場合　248

第9章 ゼロ金利制約下での金融政策 ———— 257

第1節 金融政策の推移 257
第2節 量的緩和政策と短期金融市場 259
第3節 量的金融緩和政策と先行研究 262
第4節 わが国についての統計的検証 267
第5節 むすび 279

第10章 フィッシャー効果について ———— 283

第1節 先行研究 283
第2節 データの検討 284
第3節 モデル 287
第4節 フィッシャー効果についての証拠 289
第5節 むすび 292

参考文献 295
索　引 313

初出一覧

　本書は第6章を除き，すでに発表した研究論文をベースにし，それに加筆修正および再推定を施したものである。第1，2，3，4，5，7章が，『京都学園大学経済学部論集』および『京都学園大学経営学部論集』に発表したもの，第8章から第10章は海外の大学で発表したワーキングペーパーを基にしている。

第1章：「大恐慌とその原因」『同経済学部論集』2008年第18巻2号
第2章：「Milton Friedman and Anna Jacobson Schwartz, *A Monetary History of the United States, 1867-1960*から学ぶこと－同書出版50周年を記念して」『同経済学部論集』2013年第23巻2号
第3章：「金融危機一考察：スカンジナビア金融危機のケース『同経済学部論集』」2009年第9巻2号
第4章：「サブプライム金融危機はいかにして起きたか」『同経済学部論集』2011年第21巻2号
第5章：「タイの経済危機からの教訓－タイ中央銀行での現地調査を踏まえて」『同経営学部論集』1999年12月第9巻2号
第7章：「バブルと国際政治：日銀を追い込んだ政治的背景」『同経済学部論集』2014年第24巻2号
第8章：Financial Crisis and Money Demand in the case of Japan and Finland, No. 123, Department of Economics, University of Turku (2008)
第9章：Effectiveness of Quantitative Easing Monetary Policy in Japan: An Empirical Analysis, University of Helsinki, Helsinki Center of Economic Research, Finland (2013)
第10章：The Fisher Effect and the Long－run Phillips Curve－ In the case of Japan, Sweden and Italy, No. 77, Department of Economics, School of Economics and Commercial Law, Götheborg University, Sweden (2002)，以上3点は森田洋二氏との共著論文である。

第1章

大恐慌とその原因

　本章では、歴史上もっとも深刻な影響を及ぼした金融危機である「大恐慌」について、それがどのようにして生じたか、そしてそこから得られる教訓は何かを念頭に分析をする。アメリカを代表するマクロ経済学者であり、先のアメリカ連邦準備理事会議長であったベン・バーナンキによれば、「大恐慌を理解することはマクロ経済学の聖杯（Holy Grail）」である[1]。これまで実に多くのマクロ経済学者が1930年代の大恐慌を理解するために研究を続けてきた。1969年以降発表された大恐慌の研究論文は優に400を超える（EconLit, CD-ROM の *Journal of Economic Literature*）[2]。

第1節　大恐慌以前のアメリカの状況

　1920年代はアメリカ経済にとってきわめて順調な時代であった[3]。金融政策も巧みに実施され、物価は安定し、雇用も安定していた。金融政策は経済を安

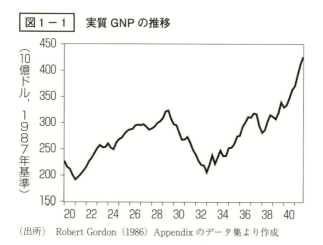

図1-1　実質GNPの推移

（出所）Robert Gordon（1986）Appendix のデータ集より作成

定させ、フリードマンをして、「連邦準備制度の絶頂期（the high tide of the Reserve System）」と言わしめた[4]。工業生産指数は、1921年には平均67であったが、28年7月には110に、29年6月には126に達した[5]。図1－1は実質GNPの推移をみたものであるが、20年代はきわめて順調な経済成長を実現していることが理解できる。

　この20年代のアメリカ経済の繁栄ぶりを、偉大な社会歴史家、フレデリック・アレンの名著『オンリー・イエスタデイ：1970年代・アメリカ』[6]を参考に見ていこう。まず、この時代の自動車の普及には目を見張るものがある。1927年12月のA型フォードの販売時のアメリカ国民の熱狂ぶりは凄まじいものであった。「10万人の人びとが、デトロイトのフォード会社のショールームに押しかけた。クリーブランドでは、群集整理のために、騎馬警官が出動した。カンザスシティでは、大群衆がコンベンション・ホールにつめかけたので、みんなに見える高さに新車を置くために、台をつくらねばならないほどだった[7]」。1919年には合衆国で677万1千台の乗用車が使われていたが、29年には、少なくとも2,312万1千台以上になった。自動車の普及はさまざまな所に経済発展をもたらした。国道沿いの村々には、車庫、ガソリンスタンド、ホットドッグスタンド、チキンディナー食堂、喫茶店、旅行者休憩所、キャンプ場などが大いに繁盛した。20年代の末ごろには、これまで交通巡査が1人でさばけた町の交差点には車があふれ、信号機、一方通行路、一時停止標識、駐車規則が必要になり、週末の午後にはいつもメインストリートに沿って、ピカピカ光る車の流れが何ブロックも続いた。

　また、ラジオも急速に普及した。1922年には6,000万ドルだったラジオの年間売上げが、29年には8億4,254万ドルに増加した。実に1,400％の増加である。アメリカ国民の3軒に1台という普及ぶりである。全国に中継電波を送る巨大な放送局、共同住宅にはアンテナが林立した[8]。その他、レーヨン、紙巻タバコ、冷蔵庫、化粧品、各種の電気器具の需要が伸び、チェーンストアー、デパートの売上げは急増した。映画も人びとの娯楽として定着した。チャールズ・チャップリンやダグラス・フェアバンクス、グロリア・スワンソンは国民的スターになった。ミドルタウンの映画館の1ヶ月（1923年12月のデータ）の観客数は、同市の全人口の4倍半に達した[9]。

　分業によるフォード方式は高賃金、低価格の規格品大量生産を可能にした。

大量生産と大量消費は月賦販売方式の普及が支えた。人びとは所持する現金以上の消費をすることになった。こうした20年代の好況は当時の大統領の名前をとって「クーリッジの繁栄」と呼ばれる。

　高等教育を受けることもブームとなり，大学への志願者も急増した。海外旅行もブームとなり，1928年には43万7,000人以上の人が海外旅行に出かけた。都会的な趣味，服装，生活様式がアメリカ中に広まった。地方でも，娘たちはニューヨークの娘たちと同じように短いスカートをはき，同じように赤い口紅を使っていた。プロレタリアートは影をひそめ，金持ちが尊敬される風潮が生まれ，金をたくさん儲けることが成功の証となり，成功は国中の尊敬の的になった。実業はそれまで知的職業に比べ，あまり立派な職業とは考えられなかったが，この時代には尊敬の念をもってみられるようになり，大学にはビジネス・コースが設置されるようになった[10]。

　このような時代状況の中で資産市場は活気づく。まず，土地であるが，1925年の夏から秋にかけてフロリダでは熱狂的な土地ブームが起きていた。2万5,000以上の不動産業者がここで，家の敷地や畑地の取引にあたっており，「ひどい交通渋滞を防ぐために，町の長老は路上で土地売買を行ったり，あるいは地図を広げたりすることを禁ずる命令を出さねばならなくなった」。マイアミビーチの中心街に土地1区画は開発当初800ドルで売り出されたが，1924年には15万ドルで転売されたとか，8年か10年前には24万ドルでしかなかった細長い土地が1923年には80万ドルで売られ，翌年には建築用地として細分され150万ドルになったとか，1896年に，マイアミ近くの土地を25ドルで買っておいた，ある貧しい女性は1925年には15万ドルで売却したとか，そういう儲け話がゴマンと語られた[11]。この土地ブームはマイアミだけに留まらず，州全体に広がっていった。そして，アメリカのすべての都市の郊外では土地ブームが起きていた。土地ブームの最終段階は都市そのもので起きた。ニューヨークでは高層ビルが次から次へと建設され，あのエンパイアステートビルもこのブームの中で建設され，結局完成したのはあの大恐慌の起きた時であった。サムエルソンも自らの実体験として当時のフロリダを次のように述べている。

　「10歳の時（1925年），サマーキャンプ終了後に，私と弟は両親に会うために寝台列車に乗ってシカゴからマイアミへ行きました。列車を降りるとすぐ，ニッカーポッカのズボンをはいた男たちが通りで土地の売買をやっているのを

見ました。私たちが話しているバブルはフロリダで土地ブームとしてすでに発生していたのです[12]」。

　土地ブームはハリケーンがフロリダを襲った1926年9月を境に急速に衰えていった。1927年までにマイアミのフラッグラー街にあった立派な不動産会社事務所のほとんどは，閉鎖されたか，事実上人がいなくなって空っぽになるかしていた[13]。そして，その投機熱はニューヨークのウォール街に移っていった。

　株式に対する投機熱は，1927年7月に連邦準備制度が公定歩合の引下げと買いオペレーションによる金融緩和を行ったことによって急速に強まった。1928年春にはゼネラル・モーターズ株を中心に株式への投機熱が高まった。「他の株も，連日，株式市場の記事が，第一面を飾るにつれ，まるで感染するように影響を受け始めていた。U.S.スティール株とラジオ株とモンゴメリー株もやはり上がりつつあった[14]」。株価上昇は一般庶民をも巻き込んでいった。「投機熱に国中が感染しつつあった。一夜にして財産をつくったという話が，すべての人びとの口の端にのぼった。ある経済学者によると，彼の行きつけの医者は患者が市場のこと以外は話さないことに気づいたし，行きつけの床屋では，人びとはモンゴメリー・ウォード株の予想に熱中しながら蒸しタオルで話を中断されていた。女房たちが，なぜこんなに遅れるのか，なぜ給料を全額家へ持ち帰らないのかと尋ねると，夫から今朝，アメリカン・リンシード株を百株買ったばかりだと聞かされるのだった[15]」。サムエルソンは次のように振り返っている。「1920年代株式市場が強気の相場を続けていたとき，私は高校1年生でした。このことを数学の先生と議論したことを憶えています。株式欄の研究をしようとしていたのです[16]」。

　1928年には商務長官であった，ハーバート・フーバーが共和党大会で大統領候補に指名され，民主党の大統領候補，ニューヨーク州知事のアルフレッド・E・スミスと激しい選挙戦を展開していたが，この頃には株価は上昇下落の変動を繰り返しながらも，株式市場は依然と強気相場を維持していた。例えば，それまで相場をリードし，200ドルを超える勢いにあったラジオ株は28年6月12日には23.5ドルも下落し，ニューヨークのある新聞は「ウォール街の強気相場は，世界中に響くような轟音とともに，昨日崩壊した」と報じたが，翌日には上昇に転じ，株価は依然として2月よりも高い水準を維持していた[17]。選挙戦はフーバーの圧倒的勝利に終わり，11月には「フーバーの強気相場」が勢い

図1-2 普通株価指数（1941～1943＝10）

（出所） Robert Gordon（1986）Appendix のデータ集より作成

を増した。あのラジオ株は11月末には400ドルに達していたし，春ごろには200ドルを目指していたモンゴメリー・ウォード株は11月30日には439ドル8分の7に達していた。市場金利は8～9％前後と高めであったが，株価上昇の利益がそれを上回っており，人びとは「新しい時代が来ていた。そして，貧困の絶滅はすぐそこまで来ていた[18]」と考えた。

しかしながら，この強気相場も12月に入ると変化を見せた。12月7日には361ドルの寄り値で始まったラジオ株は一気に296ドルにまで下落し，モンゴメリー・ウォード株もこの1日で29ドル値を下げた。しかし，その後再び株価は上昇に転じた。「投機は明らかに，国内の余剰資金をどんどん吸収していた。信用インフレが，ますます危険な状態になっていた[19]」。

このような投機熱の高まりの中，連邦準備局もその重い腰をやっと上げた。1929年2月2日に次のような声明を出した。「連邦準備局の意見によれば，連邦準備法は，連銀資金を投機的信用の創始あるいは拡大のために使用することを予期していない。連邦準備加盟銀行は，投機のための貸付けをする目的あるいはそれを維持する目的のために借りるときは，連邦準備銀行において再割引の便宜を得ることはできない。」そして，各地区の連銀に対して，「証券をもとに貸付けをする目的には，連邦準備銀行資金の流用をできるかぎり防ぐ」ように要求する文書を送った[20]。

連邦準備銀行が貸付けを抑制するにつれて，市場金利はどんどん上昇し，20％にまで上昇した。投機家には多額の追加証拠金が求められ，多くの人は損を承知で株を売り払った。しかし，この暴落も銀行が買い支えたことにより，すぐに回復に転じた。ナショナル・シティ銀行の頭取，チャールズ・E・ミッチェルは，自分の銀行は要求があれば2,000万ドルを貸す用意があり，そのうち500万ドルは15％，次の500万ドルは16％という割合で，20％までの利率で入手することができる，と声明を出した。その結果，市場金利は15％に釘付けにされ，恐慌は回避されたが，これはカーター・グラス上院議員によって，連邦準備局の横面を張ったと，述べられた[21]。

　1929年の夏ごろには株式市場は絶好調であった。「5時27分のローカル列車の車両の中を歩いたり，市内電車の座席に座ったりすると，そこで，見かける新聞の3分の2は，株式市場のページを開いていた。各都市および多数の郊外の村にあるウォール街の取引支店は，1919年には500軒だったが，1928年の10月には1,192軒になっていた。そして1929年のあいだ中も，しだいに数を増していくように見えた。仲買人は，自分たちが新たな驚きと尊敬のまなざしを向けられていることに気づいた。一般の人びとは仲買人が知っているほどにはウォール街の秘密を知らないので，仲買人のことばの一つ一つにしがみついた[22]」。「晩餐のテーブルごしに，人びとは突然財産をつくったという夢のような話を取沙汰した。ある若い銀行家は彼のわずかばかりの資本金を1ドル残らずナイルズ・ビーメント・ポンド株につぎこみ，いまや一生困らない利益を得ていた。ある未亡人は，儲けでケネコットに大きな別荘を買うことができた[23]」という話が蔓延し，大強気相場は国民的熱狂にまで高まっていた。まさに，「1929年9月3日に記録された高値を見ながら，この日，実際に株価は最高潮に達していたのだ，と考えていた人はほとんどいなかったということを想起してほしい。大多数の人びとは，大強気市場がまだまだ続くものとすっかり期待していた[24]」。

　その後，10月にかけて株価は時折大きな下落を見せながらもそれなりの水準を保っていた。しかしながら，イギリスのハトリー財団の倒産とマサチューセッツ州の公益事業部が，エジソン会社の株式分割を認めなかったことを材料に10月には株価は下落に転じ，「株価はしだいに下向いていくという」警告を発する予測家もいたが，当時の最も信頼されていた人たちの予測は違っていた。

ハーバード経済学会は10月19日に,「ふたたび再調整期に当面している。もし,低落が業界に重大な結果をもたらす恐れがあるならば(現在それは見えていないが)銀行準備制度が金融市場を緩和させて,その動きを抑える手段をとるであろう[25]」と予測し,当時の最も優れた経済学者であったアービング・フィッシャーは「株価は永久的に高値と思われる点に達した,株価は数ヶ月以内に今よりずっと高価になる[26]」ときわめて楽観的であった。ニューヨーク・ナショナル・シティ銀行頭取のチャールズ・E・ミッチェルは株式市場の下落にもかかわらず,「合衆国の産業状態はまったく健全であり,われわれの信用状態は決して危険ではない…仲買人への貸付金に対する大衆の興味は常に誇張されている。それに対して注意が払われすぎている」と述べ,株価の下げが厳しくなった10月22日にも「株式市場に根本的誤りがあるとか,事業と信用組織が下向いているとかいわれるが,私はそういう事実は知らない…大衆はただ仲買人の貸付金のために苦しんでいるだけだ[27]」と強気な発言をしている。

　10月24日木曜日についに株価大暴落が起きた。後に言われる「暗黒の木曜日」である。「この重大な日に,株は最初手堅い価格で寄り付いたが,膨大な量ではじまった。ケネッコット株は2万株も一括して表示テープに表われ,ゼネラル・モーターズも同じ量で,別の表示テープに表われた。たちまちにして相場表示テープは立会場の取引に遅れはじめた。売り注文の重圧は,混乱を起こすほど激しいものだった。株価は下がっていった…やがて,かなりの速さで下がっていった…取引の最初の1時間が終わる前に,まったく前例を見ない驚くべき激しさで下落していることが明らかになった[28]」。「U.S.スティールは205ドル2分の1で寄り付いていた。それが200を割って,たちまち193ドル2分の1に下がった。ほんの数週間前までは400以上で売っていたゼネラル・エレクトリックは,この朝315ドルで寄り付いたが,283ドルにすべり落ちていた。ラジオ株はさらにひどかった。68ドル4分の3で寄り付き,60台,50台,40台とわびしく下落しつづけ,44ドル2分の1という奈落の底に落ちた。…モンゴメリ・ウォード株は,83ドルから50ドルへと頭からつっこんでいった。ほんの2時間のあいだに,何十種もの株が,数ヶ月間の強気市場で獲得した地位を失った[29]」。その後,銀行の買い支えがあり,株価下落は一時止まったが,翌週の火曜日(10月29日)にはさらに下がった。「火曜日の朝10時,取引所大ホールの大きなゴングが鳴るか鳴らないかというちに,嵐が全力で吹き荒れたので

ある。5千株，1万株という売りが出た…。立会場の様子は混乱していた。通信機関の混乱にもかかわらず，売り買い——ほとんどが売りだったが——の注文が，人間では扱いきれないほどたくさんやってきた[30]」。そして，1929年11月13日には最底値をつけた。ニューヨーク平均工業株価指数は9月のピーク時の469.49ドルから220.95ドルに下落した。個別の銘柄でみると，新しい時代の象徴としてもてはやされたラジオ株は101ドルから28ドルに，チェーンストアーの新展開として人びとの期待を集めたモンゴメリー・ウォード株は137ドル8分の7から49ドル4分の1にそれぞれ下落した[31]。

第2節　なぜ，1920年代後半にアメリカで株価高騰が生じたか

アメリカで20年代後半に株価高騰が生じた理由としては，次の3つが考えられる。
① アメリカの実体経済そのものが成長軌道にのっていた。
② 株式市場に投機熱が生まれた。
③ 金融緩和がなされた。
それぞれについて順に考察する。

(1) アメリカの実体経済そのものが好調

前節のアレンの説明で見たように，1920年代はまさにアメリカの繁栄の時代であった。図1-1で示したように，1921年の景気後退から大恐慌の始まる1929年の夏まで，実に年平均で5％を超える経済成長を実現していた。しかも，これは途中2回（23年から24年および26年から27年）の景気後退期を含んでの成長率である。フォード車の生産するT型フォードは普及し，27年には新たな新車，A型フォードが発売され国民はその新車に熱狂的になった。自動車の普及台数は，1919年には677万1,000台であったものが，1929年にはなんと2,312万1,000台以上になった[32]。自動車の生産はその部品関係および交通信号，サービスステーション，道路整備とその関連する財の生産を増やした。自動車だけでなく，電気掃除機，電気調理器といった電気製品も，この時代に生まれ，広く利用されるようになった。すでに見たように，ことにラジオの普及，人気は凄まじいものであった。教育やレクリエーションへの消費も伸びた。ポッターは「この10年間に消費は大きく増大したが，それは総額および1人あたり

の双方において，おそらくアメリカ史のどの10年に比べても大きなものであった[33]」と述べている。図1－3および図1－4はそれぞれ消費および投資の推移を示している。ともに20年代に大きく伸びているのが見てとれる。

図1－3　実質消費の推移

（10億ドル，1972年基準）

（出所）　Robert Gordon（1986）Appendix のデータ集より作成

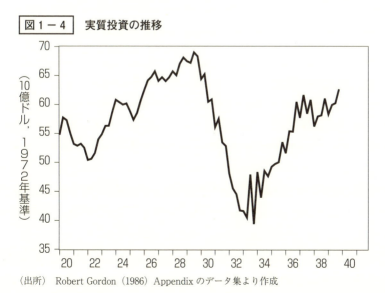

図1－4　実質投資の推移

（10億ドル，1972年基準）

（出所）　Robert Gordon（1986）Appendix のデータ集より作成

生産の拡大は技術進歩を生み，それがまた新たな投資，消費の拡大につながり，生産，投資，消費が好循環を繰り返した。耐久消費財への需要が伸びたことがこの20年代繁栄の大きな特徴である。1921年にはサービスおよび非耐久消費財に対する支出は耐久財に対する支出の15倍強であったが，29年には約9倍強になった[34]。それは，家計の自動車や電気製品に対する需要が大きく伸びたことを物語っている。

　新たな時代の中で豊かな暮らしを望む国民の需要は，耐久消費財だけでなく，住宅にも向けられた。第一次大戦中，資金は軍事目的に優先され，住宅建築に資金を借り入れることは困難であった。そこで，終戦後，住宅建設への需要は一気に噴出した。自動車の普及は郊外で大型住宅の取得を可能にした。住宅建設は一大ブームとなった。このような時代的状況の下で不動産ブームが起きた。冬の暖かいフロリダは投機の対象となった。フロリダの気候という現実の決め手の上に，投機を誘う虚構の世界が築き上げられていった。人びとはこれからはレジャーの時代だ，だからもうすぐフロリダ半島は休暇に日光浴をする人であふれかえると信じた。海辺はもちろんのこと，沼地や湿地，そこらの林もみな値が上がると予想したのである[35]。土地ブームはフロリダからアメリカの大都市にも拡大した。土地は住むためではなく，値上り益を期待して，購入されていったのである。1926年頃からは住宅建設の数が世帯数の増加よりも多くなっていた，つまり住宅市場は過剰供給の状況にあった[36]。土地バブルがはじけるのは当然であった。

(2) 株式市場の投機熱

　20年代後半からの株式市場の急騰はこれも投機であった。ガルブレイスによれば，「1929年の株式市場の崩壊は，それ以前におこなわれていた投機に示唆されていた[37]」。投機を煽ったのは，ブローカーズ・ローンの存在である。ブローカーズ・ローンとは，証券業者が銀行から借り入れ，株式を購入する人に貸し付ける資金のことである。借手はその資金を証拠金にして株式を購入するのである。株価の値上り率がそのローンの金利よりも高ければ，たとえ自己資金がなくても，株式投資によって利益を得ることができる。

　このブローカーズ・ローンは1920年代後半から一気に増加した。証券業者に対する貸付総額は1924年には76億3,000万ドルであったが，1929年にはなんと

265億3,000万ドルに膨らんだ[38]。ブローカーズ・ローンの金利は資金需要を反映して28年には12％にもなった。企業もまっとうな生産活動に資金を回すよりもブローカーズ・ローンで稼ぐほうがはるかに有利となった。当時連邦準備からの借入金利は5％であったので、一般の銀行も積極的に連銀からの借入れを増やし、それをブローカーズ・ローンで運用して、利ざやを稼いだ。アメリカだけでなく、世界中からこの信用取引に参加し、元手なしで大儲けしようと、ウォール街に群がってきたのである。

この投機熱を煽ったのはもう1つ、投資信託の設立である[39]。会社型投資信託は28年の1年間だけで、186社設立され、29年には265社が新たに誕生している。投資信託が一般向けに販売した有価証券の総額は、27年には4億ドルに過ぎなかったが、29年には30億ドルに達した[40]。投資信託は小口の投資家から集めた資金をさまざまな会社の株や債券に投資する。したがってたとえ小口の投資家であってもそのリスクを分散することができるし、その運用は専門家に任せるために、まったく経済のことがわからなくても株式投資の利益にあずかることができる。

投資信託のもう1つの魅力は大きなレバレッジを効かせることであった。ガルブレイス（1956）に従って、レバレッジを説明すると以下のとおりである。資本金1億5,000万ドルで設立された投資信託を考える。その資本金は社債、優先株、普通株それぞれ3分の1ずつで集められたとする。ここで、この1億5,000万ドルを株式に投資し、50％値上がりしたとする。すると、保有資産額は2億2,500万ドルに増加する。社債と優先株は1億ドルで変わらず、利益も配当も増えない。資産額の残り1億2,500万ドルはすべて会社が普通株の価値を表すことになる。普通株は5,000万ドルであったが、それが1億2,500万ドルに、つまり150％上昇したことになる。さらに、この上昇した投資会社の普通株を別の投資信託が組み込めば、この投資会社の普通株は最初の株が50％上昇しただけで、700〜800％に上がることになる。さらに、この投資会社の株を別の投資信託が組み込めば、というようにして、幾何級数的に株価上昇の利益を得ることができる。まさに打ち出の小槌のようなレバレッジ効果である。例えば、ハリソン・ウィリアムズは21年には時価総額わずか600万ドルであった、投資信託を29年には10億ドル近い巨人信託会社に成長させた[41]。ゴールドマン・サックスも28年12月にゴールドマン・サックス・トレーディングを設立して、

投資信託業務に参入し，短期間で巨額の利益を得た[42]。株価が下落すれば，レバリッジは逆方向に作用する。ゴールドマン・サックス・トレーディングの発行した株は設立時104ドルであったが，株価暴落後，1.75ドルにまで下がった[43]。

ブローカーズ・ローンとして多くの資金がヨーロッパから流入し，株価高騰を煽っていたが，9月にイギリスの大投資家のクラレンス・ハトリーが倒産し，ロンドンの金融市場は混乱し，ニューヨークの資金が引き揚げられた。そのことによって，アメリカのブローカーズ・ローンの市場は恐ろしい状況に陥り，銀行は貸出しを急激に抑えるようなった。これが株価暴落の契機となった[44]。

(3) 金融緩和が実施された

このように，投機熱が株価高騰を促したことは否定できないが，このような投機の背後には過大な金融緩和があったことを見逃してはならない。いくら投機熱が盛んであってもそれを支える金融が十分でなければそれはすぐに冷えるはずである。次に金融緩和がどのようにしてなされたかを見る。

そのためには，第1次大戦後のイギリスの経済状況から理解しなければならない。この戦争はイギリスに大きな経済的負担を課した。イギリスはこの戦争を契機に覇権国家の位置をアメリカに譲らざるを得ない状況におかれた。イギリスはまず，早く金本位制に復帰することを望んだ。カナダ，オーストラリアなどの国々がイギリスから離れ，ポンドではなくアメリカドルに基づいた金本位制をとる可能性があったからだ。問題は金本位制の復帰にあたり，戦前の平価を採用したことである。イギリスは1925年に1ポンド4.86ドルという戦前の平価で金本位制に復帰したのである[45]。

この点について，キンドルバーガーは次のように述べている。「専門委員会は1924年夏に聴聞会を実施した。ケインズとマッケナを除くすべての証人は，イギリスがポンドを平価に復帰させることができるかどうかについて楽観的であった。購買力平価の推計値は，イギリスの物価が10％ほど割高であることを示していたが，イングランド銀行総裁モンタギュー・ノーマンを除いてケインズを含むほとんどの公述人は，アメリカの物価が上昇し，その間イギリスの物価が一定に保たれていればこの格差は解消する，と考えた。…ケインズは金輸出禁止が解除されポンドが平価に騰貴すると，アメリカの物価が上昇しアメリカはイギリスに対して金を失うことになるから，イギリスはデフレではなくイ

ンフレになるのではないかと懸念した[46]」。当時の平価の実勢は戦前の水準に比べておよそ10%も低かった。つまり，ポンドは一挙に他国の通貨，とくにアメリカドルやフランスフランに対して10%割高になったのである。このレートはとくにイギリスの5大産業といわれた，石炭，木綿，羊毛，造船，製鉄に大きな打撃を与えることになった[47]。イギリスの主要な貿易相手国であるドルやフランが過小評価され，ポンドが過大評価されているのだから，イギリスは国際収支の赤字に苦しむことになる。

　しかしながら，金本位制には金の国際間の自由な移動によって国際収支を長期的に均衡させる機能がある。金本位制の下では経常収支の赤字国から黒字国に金が流れる。金の流出した国では貨幣量が減少し，金が流入した国では貨幣量が増加する仕組みになっている。貨幣量が減れば物価は低下し，貨幣量が増加した国では物価は上昇する。物価の上昇はその国の輸出を抑え，輸入を促進する。他方物価が下落した国では輸出が伸び，輸入が減少する。その結果，黒字国は黒字が減り，赤字国は赤字が減って，国際収支は均衡する，と考えられていた。つまり，金本位制には自己均衡能力があり，その前提になっているのが，金の増減により貨幣量を増加させるという金本位制のルールであった。しかしながら，このルールに強制力はなかった。金を得た国と金を失った国の非対称性が生じたのである。金本位制の下では，各国は最低限の金準備を保有しなければならず，金準備がこの最低水準の10%を切ることは絶対避けねばならなかった。金の部分準備率が40%の下では，金流出の2.5倍にあたる国内マネーサプライの減少が生じた。しかしながら，金が流入してくる国にはこのような制限はなく，国内のマネーサプライを増加させることなく金が準備として蓄積される可能性があった。

　この心配は現実に生じた。アメリカとフランスはこのルールを破った。アメリカは金の流入を不胎化する政策をとり，フランスは金を大量に蓄積することになった。その結果，この両国ではインフレではなく，ゆるやかな物価下落が生じた[48]。当時世界の金の60%近くを保有していた金余剰の両国，アメリカとフランスは，デフレ政策を実施したのである[49]。

　金の流出と赤字に苦しむイギリスはアメリカに金融緩和を求めた。1927年春にイングランド銀行総裁，モンタギュー・ノーマン，ドイツ中央銀行総裁，ヒャルマー・シャハト，フランス銀行副総裁，シャルル・リストの3ヶ国代表

がニューヨークのロングアイランドにある，財務長官オグデン・ミルズの自宅で会合をもった。アメリカの代表はニューヨーク連銀総裁のベンジャミン・ストロングであった[50]。いまの言葉でいえば，G4がアメリカで開催されたのである。

そこで，アメリカは金融緩和に同意した。この緩和を推進したのは，後に大恐慌のカギとなるベンジャミン・ストロングであり，彼は後にフーバーから「ヨーロッパの心情的追随者」として非難されたが，ガルブレイスは連銀総裁としてのストロングの行動はまったく妥当なものであったと擁護している[51]。しかし，メルツァーは最近の著作でストロングの行為に対して懐疑的である。彼によれば，当時の議長アドロフ・ミラーをはじめ準備局のスタッフは1927年の金融緩和が結果的にこの不況を引き起こしたのであり，彼の行った政策は真正手形主義に違反する行為であった，と考えている[52]。

この金融緩和はイギリスの金流出を止めたが，他方アメリカで株価高騰を引き起したのである[53]。これは1985年のプラザ合意，87年のルーブル合意以降のわが国の金融緩和が資産インフレを引き起こしたことにきわめて類似している[54]。これ以降の株価上昇，投機熱の高まりはすでに見たとおりである。

第3節　なぜ，株価下落から大恐慌にまで展開したのか

株式市場の高騰を異常と感じた連邦準備局[55]は，1928年から金融引締めをとるようになった。1928年1月から29年5月にかけて公定歩合を3.5％から5.0％に引上げ，4億500万ドルの売りオペレーションを実施した。さらに銀行の引受手形の買いレートを上げ，民間銀行が投機目的の資金を貸し付けることを止めるよう説得を実施した。この引締めはすぐには効果を発揮しなかったが，徐々に経済を抑制し始めた。NBERの統計によれば経済活動のピークは1929年8月に達し，その後低下に転じた。フリードマンとシュウォーツは「1929年8月の景気循環のピークから10月の株式市場の崩壊に至るまでの2ヶ月間で，生産，卸売り価格，および個人所得はそれぞれ，20％，13.5％，および17％の年率で低下した[56]」，と述べている。

株価はすでに見たように，9月3日にピークを付けたあと，10月24日に大幅な下落を生じ，11月3日に底をつけた。株価水準は9月のピーク時にくらべて，およそ半分になった。

この株価下落からその後の大恐慌を説明する理論は今日では次の3つに集約できる。最も重要な理論はフリードマンとシュウォーツがその著『アメリカ合衆国の貨幣史』で展開したもので，今日ではマネー・ビューといわれるものである。第2の理論はバーナンキとフィッシャーの債務デフレと信用収縮の観点から大恐慌を説明するもので，今日ではクレジット・ビューといわれるものである。この理論はフリードマンらのマネー・ビューを補完するものであり，対立する理論ではない。第3は比較的最近になって，テミン，アイケングリーンによって主張された理論で，当時の金本位制の欠陥が大恐慌を引き起こしたと考える。大恐慌の国際的な側面を考えるとき，この理論の重要性は見逃せない。ただ，この理論はフリードマンらのマネー・ビューが連邦準備の政策ミスを厳しく追及するのに対して，金本位制を重視し，連邦準備には責任がなかったとする点で異なる。連邦準備責任論はともかくとして，アメリカの不況の影響が世界に波及したことを考えるとき，金本位制の果たした役割は見逃せない。以下順にこれら3つの理論を考察しよう。

(1) マネー・ビューの説明

図1-5は貨幣量の推移を示している。1929年から1933年まで貨幣量が著しく減少しているのが見て取れる。1930年代の不況がこの貨幣量の減少と関係していることは推察できる。フリードマン＝シュウォーツ（1963）は，実体経済と貨幣量の関係を丁寧に検証し，貨幣量の減少がデフレを起こし，経済を急激に悪化させたと考え，そのように貨幣量の減少を引き起こしたのは連邦準備制度の責任であると考える。彼らは「もし，貨幣ストックの減少がなかったら，4年間で貨幣所得が2分の1以上，物価が3分の1以上も低下することなど全くありえない[57]」と考え，そして「貨幣ストックが減少したのは，連邦準備がマネタリー・ベースを急激に減少したか，もしくはその減少を容認したからであり，そしてまた，連邦準備が銀行組織に対して流動性を提供すべしという連邦準備法によって定められた責務の履行を怠ったからでもある。この大恐慌は金融政策の重要性に関する悲劇的な証拠であって，ケインズや彼と同時代の経済学者の多くが信じているように，決して金融政策の無力さの証ではない[58]」として，連邦準備の政策対応を重視する。

図1-5は貨幣ストックの推移を示し，図1-6は貨幣ストックの減少に応

じて下落する物価の動きを示している。

　まず，大恐慌直後の連邦準備局の対応からみることにしよう。この株価暴落に対して，ニューヨーク連銀総裁ジョージ・ハリソンは銀行に1億3,000万ドルを緊急融資し，1億6,000万ドルの買いオペレーションを実施した。しかし，

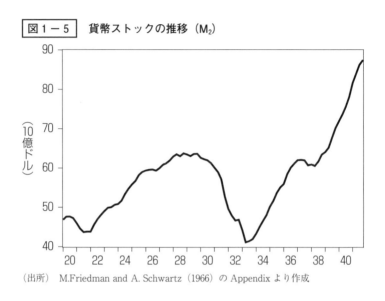

図1－5　貨幣ストックの推移（M_2）

（出所）　M.Friedman and A. Schwartz（1966）の Appendix より作成

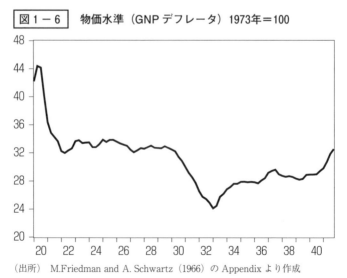

図1－6　物価水準（GNPデフレータ）1973年＝100

（出所）　M.Friedman and A. Schwartz（1966）の Appendix より作成

この多額の買いオペレーションは連邦準備局に相談することなく，独自の判断により行われたものであり，厳しくとがめられた。ニューヨーク連銀のとったこの政策はむしろ株式崩壊が実体経済への悪影響を防止したという点で賞賛されてしかるべきものであった。フリードマンとシュウォーツは次のように述べている。「ニューヨーク連銀のとった行動はタイムリーでかつ効果的であった。株式市場の崩壊にもかかわらず，過去の市場危機で生じたような金利の異常な高騰は起きなかったし，また証券融資に大きな不履行が発生した場合に起こるかもしれない銀行への悪影響もなかった[59]」。

しかしながら，連邦準備局はニューヨーク連銀に対してこれを強く批判，二度と勝手なオペレーションは許さなかった。連邦準備局がこのような判断を下したのには次のような理由がある。連邦準備局はこれまで，ニューヨーク連銀の総裁，ベンジャミン・ストロングを中心に政策決定がなされていた。1927年のイギリスの金流出問題で中心的役割を果たしたのも彼であった。しかしながら，そのストロングが1928年10月7日に結核により逝去し，連邦準備局の政策決定は従来のストロングを中心とした5人の委員による決定から12人全員の総裁による委員の合議制に変わった。そのメンバーの多くはこれまであまりにもニューヨーク連銀が力を持ちすぎていたことを快く思っていなかった。

ベンジャミン・ストロングのあとを継いだ，ジョージ・ハリソンは連銀総裁として優れた見識を持った人物であったが，彼にはストロングのような指導力はなかった。彼が刺激的な金融緩和政策を実施することを提案しても彼に比べればはるかに乏しい金融の知識しか持たない人たちによってことごとく反対された[60]。フリードマン＝シュウォーツは，「もし，ストロングが1930年の秋になお健在でニューヨーク連銀の長の座にあったなら，彼はおそらく襲ってくる流動性危機の原因を正しく認識し，経験と強い信念により，身を挺して金融システムを守ったであろう[61]」と述べている。

2つめの問題は，当時の連邦準備制度の行動基準になっていたのが，真正手形ドクトリン（real bills doctrine）であった。連邦準備が商業銀行に貸し付ける資金は，健全な資金であらねばならない，という考え方である。連銀の安易な貸付は銀行のモラルハザードを生み，また悪性のインフレに導くという心配が背後にあった。

貸出の対象となる銀行が健全な銀行かそうでないかを峻別する基準は，銀行

の保有するコマーシャル・ペーパーの量によって可能であると考えられた。商業銀行が連銀から貸出を受ける場合に割引の対象となるのは適格手形であるが，それは通常コマーシャル・ペーパーのような短期証券とされたが，その判断は連銀の裁量にまかされた。「貸出の抵当として，コマーシャル・ペーパーを差出す銀行に対して連銀貸出が常に認められた。これは適格手形が銀行経営の健全さを証明するという理由からだけでなく，その行為が企業が生産を持続し経済を稼動させていくために必要な信用を供給するという，連邦準備のもう一つの目的にかなうからであった。彼らはこれを取引きの必要性に応じるためと呼んだ。これは株式市場や他の投機を目的とした信用の有害な利用とは異なり，善良で生産的な信用の活用であると考えられた[62]」。

　コマーシャル・ペーパーというのは，景気が良い時には増加するが，景気が悪化すれば減少する傾向にある。景気が良く企業活動が活発であれば，活動資金を得るために企業はコマーシャル・ペーパーを多く発行する。しかし，景気が悪くなれば企業活動も停滞し，発行されるコマーシャル・ペーパーもおのずから減少する。29年の株価暴落後，アメリカ経済は悪化の一途をたどり，経済活動は停滞し，銀行にはコマーシャル・ペーパーはほとんど存在しなかった。また，数少ないコマーシャル・ペーパーも銀行は取付けの心配からそれを現金に代えていた。したがって，当時の連銀の行動基準からすれば，コマーシャル・ペーパーをもたない銀行は悪い銀行であり，貸付けの対象にはならなかった。景気がどんどん悪化し，市場は多額の流動性を必要としているときに連銀はその貸出を増やすことはなかった。

　連銀が金融緩和しなかった3つめの理由は，金利を金融政策の指標としていたことである。貨幣市場金利は29年の株価暴落以降急速に低下した。1929年には6％もあったコマーシャル・ペーパーの金利は31年には2％にまで低下していた。この金利の低さから，連邦準備の役人たちはすでに金融は十分緩和されていると誤った判断を下した。フリードマン＝シュウォーツはこの点について何人かの当時の連銀総裁の意見を引用している[63]。フィラデルフィア連銀総裁，ジョージ・ノリス「現行の異常に低い金利をさらに下げることは愚かなことである」，サンフランシスコ連銀総裁，ジョン・カウルキンス「信用は安くて豊富に供給されているので，これ以上信用を安く豊富にしても景気回復が加速するとは信じられない」，ミネアポリス連銀総裁，ギリー「生産過剰をさらに促し，

他方では借入を容易にし，消費を増加させる刺激的な金融政策は危険」。金利の低下は資金供給が過剰であったから生じたのではなく，資金需要が低下したことによって下落していたのである。また，名目金利は低下しても物価が下落している局面では人びとの期待インフレは低下，この場合にはマイナスになり実質金利はかなり高かったと予想できる。

4つめの理由は自由金問題である。1931年5月にオーストリア最大の銀行クレディット・アンシュタルトが倒産する。これを契機にヨーロッパで金融危機が一気に火を噴く。ヨーロッパの多くの銀行はたちまち，流動性不足に陥り，イギリスのロンドンに持っていた口座から一斉に金を引き出した。この結果，イギリス，ポンドの信頼は一挙に低下し，ポンド売りの圧力が加速した。ポンドを守り，金の流出を止めるには国内金利を上げなければならないが，経済が悪化している中でそれは不可能であった。

また，この危機の中でイギリスはアメリカ，フランスから資金援助を求めたが，十分な貸付けを得ることができず，結局イギリスは1931年9月21日に金本位制度の廃止を決めた[64]。この点については，キンドルバーガーは，もしフランスとアメリカが「最後の貸手」としてイギリスに十分な資金供給を行っていたなら，金本位制は安泰であったかもしれないと述べている。「最後の貸手の機能に関する要点の一つに，ケチってはいけない，というものがある。…もしある人が『10ドルなら貸すがそれ以上は貸さない』といったら，それは何の助けにもならない[65]」。

イギリスの金本位離脱に応じるように，アメリカからも金の流出が起きた[66]。この金流出のために連銀は大幅な金利上昇を実施した。フリードマンとシュウォーツによれば，この金融引締めは「後にも先にもない，連邦準備史上，短期間での最も急激な上昇であった[67]」。

この点について議論は分かれる。アイケングリーンやテミンは金本位制度を採用していたから，連邦準備としてはこのような引締め政策を実施せざるをえなかった，と説明する。この議論は次節で詳細に検討する。

5つめに，連邦準備はマネーサプライに注目しようとはしなかった。ここに信じられないようなエピソードがある。アービング・フィッシャーが，1931年に連邦準備議長のユージン・マイヤーを訪れた時のことである[68]。フィッシャーが，「要求払い預金の減少には注意する必要があります，これはやっか

いな問題を引起すかもしれません」と言うと，彼は「そのデータは何と呼ぶのですか」と聞いてきたので，フィッシャーは驚いて「正式名称は，『いつでも引出し可能な個人預金』です」と答えると，彼はベルを鳴らして秘書をよんで，要求払い預金のデータが見たいから一番新しい報告書を持ってくるように命じた。すぐに，その報告書がきたので，フィッシャーは指差しながら，「いいですか，ここずっと下がり続けているでしょう」と言うと，彼は「その通りだね」と答えるだけで，それがいかに重要かと認識するまでには長い時間を要した。

6つ目は，連邦準備の独立性を強く意識し過ぎたことである。連邦準備があまりにも政府からの独立性を意識したことが，積極的緩和を実施する意欲を抑えた。公開市場操作で国債を大量に購入することは連邦準備の独立性の放棄であると連邦準備は考えた。法的独立性を守るために「自由金問題」を言い訳として持ち出したとも解釈できる。自由金問題についても，もしそれが金融政策の足かせになっていると連邦準備自身が考えるならば，自ら進んで政府や議会に訴えて連邦準備法の改正もできたはずである。それをしなかったのは，このような行動をとることが，政府に依存することになると恐れたのかもしれない。しかしながら，カーギルが主張するように，そのような行動が皮肉にも結果的に政府依存することになってしまった。1933年以降，連邦準備は物価を上げようとする財務省の行動に対して終始受身になったし，第二次大戦後，連邦準備は1953年まで，国債価格維持に協力を強いられた[69]。

7つ目の失敗は，1937年から38年にかけて起きた。銀行改革，とくに預金保険公社の設立で公衆の預金・準備率が上昇したので，貨幣ストックは増加した。また，平価切下げおよびヨーロッパからの金流入によっても貨幣ストックは増加した。銀行の準備も大きく上昇した。所要準備をはるかに超える超過準備が生まれた。1934年には8億6,600万ドルであった銀行の超過準備は1936年1月には30億ドルとなり，マネタリー・ベースの約3分の1を占めるまでになった[70]。連邦準備はこの大量の超過準備は再び20年代後半のバブルをアメリカ経済に生じさせるのではいかと懸念した[71]。

そこで，1936年8月15日，1937年3月6日，1937年5月1日の3回に分けて所要準備率を2倍にした。超過準備の減少に対して，銀行は超過準備を増やすことで対応した。銀行はまだアメリカ経済は不況から完全に脱していないことを知っていたのである。また，襲いくるかもしれない銀行取付けの悪夢を思い

だしていたのである。これは連邦準備の予期せぬ結果であった。銀行預金に対する準備の増加は貨幣乗数を下げ，マネーサプライを再び減少させることになった。

経済は再び下降した。フリードマン＝シュウォーツは次のように述べている。「連邦準備制度は1936年8月に所要準備率の引上げという非常に粗っぽい政策を実に果敢に実施したが，この政策がどのような結果を生むかについては考えていなかった。この政策が誤りであり，まさに反対の政策こそが必要であるという認識ができなかったのである。超過準備が当時いかに重要であるかを十分認識できていなかったのだ[72]」。

超過準備の増加を懸念した連邦準備は所要準備を2倍に増やした。連邦準備は高い超過準備は積極的な金融政策も単に紐で押しているにすぎない，という証拠だと考えたのである。その結果，経済は急速に悪化し，銀行は38年末まで準備を増加した。貨幣ストックを減らしたのは所要準備率を上げたからだけではない，37，38年の財務省の金不胎化政策も原因であった。38年7月からの貨幣ストック増加率の急上昇により経済は回復した。連邦準備は38年に所要準備を下げ，割引率を下げた。ヨーロッパからの金流入も貨幣ストック増加に大きく貢献した。

(2) 債務デフレ説とクレディット・ビュー

債務デフレ（Debt-Deflation）説はアービング・フィッシャー（1933）によって主張された。過剰債務とデフレの関係について次のように説明する。まず，物価下落は初期の段階では，一方で債務者の実質債務負担を増し，他方債権者の実質債権を増やすという富の再分配効果を発揮するが，この効果は実体経済に対して小さな効果しかもたない。しかしながら，物価下落のショックが大きくなると，債務者は破綻に追い込まれる。債務者が破綻すると，債権者（例えば，銀行）のバランスシートの名目資産は減少する。名目値で表示された銀行の負債（預金）を一定とすると，資産は負債よりも小さくなるので，銀行も破産の危機に直面する。そこで，銀行は安全資産の保有，国債購入を増やすか，超過準備を積み増すようになり，貸出しを減らす。さらに，銀行のバランスシートが劣化すると，預金者が預金を引出し，銀行倒産の危険を高める。したがって，過剰債務がデフレと同時に生ずる場合には，資産価値の劣化を招き，

銀行の仲介機能を破壊し，経済をさらに悪化させる。このように，デフレ，名目所得の減少，債務の実質負担の増加が重なり合って債務者を破産に追い込み，総需要を減少させる。総需要の減少は物価を下落させ，債務の実質負担を増すという，デフレのスパイラルが発生することになる。

　バーナンキ（1983）は，このフィッシャーの債務仮説を基にして，30年代初めのアメリカ経済を説明しようとした。彼は貨幣供給の急激な減少が大恐慌の主因であるというフリードマン＝シュウォーツの貨幣仮説を容認しながらも，あれほどの経済悪化を貨幣減少のみでは完全に説明しきれないとして[73]，金融危機が経済に及ぼす別の経路を考えた。今日，クレジット・ビューといわれる彼の理論は，スムースな信用仲介が成立するには，多大な情報収集と大きな市場形成が必要であり，金融市場が混乱すると貸手と借手の間の情報収集コストは上昇し，効率的な資金配分は不可能になると考える。効率的な信用仲介が機能不全に陥ると，優良でない借手（家計，農民，小企業）は信用市場から締め出される。きわめて優良な借手しか銀行貸出を受け入れることができず，投資および生産に必要な資金は得られず，総需要は減少する。このようにして生じた信用収縮が1929年〜30年の不況を過去に類のない長期不況に追いやった，と考える。国債の金利や優良企業の債券金利が低かったことをもって，金融が緩和していたと考えるのは誤りである。僅かばかりの優良な借手のみが借り入れることができ，大多数の借手は借入れが非常に困難になっていた。リスクの高い資産と安全な資産の金利差は1929年にはわずか2.5％であったが，1932年半ばには8％にまで拡大した。図1－7はBaa債の利回りと長期国債の利回りの差を示している。政府および株式会社のAaa債の利回りは低下したが，財務評価の低い企業の発行するBaa債の利回りは大きく上昇した。これらの企業は資金繰りに苦労していたのである。

　フリードマン＝シュウォーツのマネー・ビューが銀行のバランスシートの負債側に焦点を当てるのに対して，クレジット・ビューの特徴は銀行の資産側に焦点を当てる。そこで，銀行のポートフォリオがどのようになっているか，つまり証券と貸出しがどのような割合になっているかが重要になる。したがって，金融政策の効果波及に対して単に金利を通じる経路だけでなく，銀行貸出しの経路が重要になり，30年代の不況期において銀行貸出の減少が大きな役割を果たしたことが明らかになる。

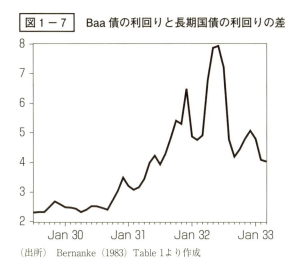

図1-7　Baa債の利回りと長期国債の利回りの差

（出所）　Bernanke（1983）Table 1より作成

　チャールズ・キンドルバーガーはこの理論を援用して，最も厳しい信用制約を受けたのは国際商品の仲買人であった，と考える。当時，彼らはニューヨークとロンドンで取引を行っており，彼らは借金をして商品を仕入れていたので，借金ができなくなると商品購入ができなくなる。29年には借入れが厳しくなったので，商品購入ができず，国際商品の価格が暴落した。これが，大恐慌を引き起した最初の引き金となり，債務全体の下落を生み，債務デフレを発生させた，とみる[74]。ミシュキン（1978）は家計のバランスシートの悪化が消費支出に与えたマイナスの影響を分析している。1929年の株価暴落から33年までで，消費者の資産は6,920億ドル減少し，その結果消費は1,000億ドル以上も減少した（1996年のドルで換算して）。この間物価の下落で消費者の実質債務は20％以上も増加し，それが金融危機をさらに悪化させた。1929年から33年にかけて消費財支出は50％以上減少し，住宅支出は80％も下落したと述べている。

(3) 金本位制の影響

　比較的最近になって，戦間期の金本位制の仕組みとそれが大恐慌に及ぼした影響についての研究が進められた。その研究の中心となったのは，テミン（1989）とアイケングリーン（1992）である[75]。彼らによれば，金本位制の下では，世界の財政，金融当局は国際的なショックに直面した際には自国の経済

を内部調整にゆだね，経済を不安定にせざるを得なかった。世界は金本位制によってリンクされていたので，金平価を守り，自国通貨の切下げが認められないなら，独自の金融政策などできるわけがないということになる。これは明らかに，フリードマン＝シュウォーツの貨幣量の減少が大恐慌の主因であり，それを怠った連邦準備に全責任があるという考えとは異なる。

金本位制の問題点は，金の流入する国と金の流出する国では貨幣量の変化に非対称性が生ずることである。「ゲームのルール」に従う限り，理論的には金が流入する国の中央銀行は国内の貨幣量を増加させることによって，物価を上昇させ，他方，赤字国では金の流出に従って貨幣量を減少させ，物価を下げると考えられる。金流出が起きている国が準備の減少を食い止めるために貨幣量を減少させることは当然であるが，問題は黒字国が金の流入を不胎化し，準備を積み増すことを選択したとしてもいかなる罰則もないことである。この意味で，金本位制にはつねにデフレ圧力がかかる，ということである。

国際収支の赤字国と黒字国の間の非対称性は，第一次大戦前の金本位制においても存在していた。ただ，戦前期においては，イギリスが世界の中心であり，金本位制はイングランド銀行が管理，運営していたともいえる。イングランド銀行は金利を生まない金を資産として必要以上に保有することはなく，金の流出，流入がどちらにも大きく傾くことはなかった。他国の中央銀行もそのようなイングランド銀行に協調した。

これに対して，20年代後半からの金本位制では，アメリカ，フランスの両中央銀行には金を蓄積することを避けるようなインセンティブは全く働かなかったのである。金本位制の下では各国中央銀行はその負債総額の40％は金によって裏付けされる必要があった。当時，どの国も金の保有額は少なく，所要準備を超える自由準備としての金保有は非常に少なかった[76]。そこで，各中央銀行とも金準備が最低保有の10％を切ることを大変懸念した。そこで，赤字国は僅かの金流出に際しても，即座に貨幣供給を減少せざるを得なかった。これに対して，黒字国では金保有に上限はなく，物価を上昇させることなく金蓄積をした。また，部分準備制度の下では，金と貨幣供給の関係は1対1ではなかった。金の部分準備率が40％であったから，流出した金の2.5倍のマネーサプライが減少する仕組みになっており，デフレ圧力を強めた。

第2に，通貨準備を十分保有していない国は金の代わりに金に兌換できる外

国為替を準備として保有することもできた。平価切下げが予想されると，外国為替を準備として保有している国はその保有リスクが高まる。そこで，各国が外国為替から金の保有に変更した場合には準備としての金が世界的に減少するために，世界のマネーサプライは減少することになる。これは，ちょうど国内で国民が預金から現金に貨幣保有の形態を変更すれば貨幣供給が減少するのと同じように，中央銀行がその準備を外国為替から金に変更するときには世界のマネーサプライを減少させ，デフレ圧力を強めることになる。

　第3に当時の中央銀行は制度的な制約を受けており，今日のような自由な金融政策ができなかった。ヨーロッパの中央銀行は公開市場操作が禁じられていたか，もしくは厳しく制限されていた。それは政府の財政規律を強め，インフレを防止するためであった。そこで，中央銀行の政策は割引貸付けであったが，その貸付けも制限されており，商業銀行は容易に中央銀行からの借入れを受けることができなかった。フランス銀行（Bank of France）は大量の金を受け入れていたが，公開市場操作が禁じられており，金本位制のルールに従って，貨幣量を増大させることができなかった。その結果，世界中の金はフランスに吸い寄せられ，デフレ圧力は世界中に広がった。

　1928年時点でフランスは世界の主要国の準備として保有する金全体の15％を保有しており，29年には18％，30年には22％，31年には28％，32年には32％を保有するまでになった[77]。アメリカ合衆国のシェアーはこの期間40％で安定していたので，この期間に大きな金流出を経験したドイツ，イギリス，日本といった国の流出した金はすべてフランスに吸収されたことになる。金の流入によってフランスのマネタリベースは増加したが，経済成長に伴うフラン需要のほうが供給よりも大きかったので，インフレどころか物価は下落したのである。フランスは他国にデフレを引き起さないように，自国の貨幣供給を増し，インフレを起こすべきであったのに，フランスはそれを実行しなかったのである[78]。

　アメリカとフランスは増加した金を貨幣量の増加に結びつけることなく，金の増加を蓄積したので，世界各国にデフレ圧力をかけたということになる。物価を上げようとすれば，金の流出が起こるので，それを阻止するためには金利を上げるというデフレ政策を採らざるをえない。アイケングリーンは金本位制度を採用していたから，連邦準備はこのような引締政策を実施せざるをえなかった，と説明する。彼の説明によれば，もし，アメリカが金融緩和政策を実

施していれば，人びとはアメリカはいずれ金本位制を離脱するつもりであり，ドルを持ち出したほうが良いと考えるから金融緩和はできなかった，ということになる。アイケングリーンは，1932年の連邦準備年報を根拠にしながら，金ストックが減少し，紙幣を裏付ける金が減ったことにより金融政策は制約を受けた，つまり自由金の減少を述べている[79]。

　つまり，テミンやアイケングリーンによれば，多額の金準備を保有するアメリカでさえも，金本位制のもつ制約を受けざるを得ず，連邦準備は何もしなかったことが大恐慌の主要な原因であるというフリードマン＝シュウォーツの考えに強く反対する。金本位制を採用する限り，連邦準備としては倒産する銀行を見殺しにし，貨幣ストックの減少をそのまま見守らざるをえなかったのである。

　この点について，シュウォーツは当時アメリカは十分な金を保有しており，金本位制から離脱するであろうという懸念は全くなかったとして，次のように反論している。「1929年から1931年にかけてアメリカが金融緩和政策をする余裕がなかったなどと誰が言えるのでしょうか。たとえ，アメリカが金を失ったとしても，1932年2月には金の流出と流入の両方がありましたから，約2億5,000万ドル程度の金を失ったにすぎないことがわかっています。その月の末には，4兆ドルもの金がありました。ですから，アメリカは金本位制を離脱するかもしれないと，人びとを心配させるような脅しとは一体何なのでしょうか[80]」。

　フリードマンも大恐慌を引き起した原因として，金本位制の影響を認めるが，アメリカが金融緩和できなかった点を金本位制に求めることには反対している。「イギリスは1931年9月に金本位制から離脱し，景気が回復し始めました。すなわち，イギリスはその時点で大恐慌から抜け出したのです。もしフランスが1931年に金本位制から離脱していたなら，フランスも大恐慌から抜け出し，世界ははるかにましな状況になっていたでしょう。しかし，アメリカに関する限り，連邦準備がデフレ政策をとるように誘導したのは，金本位制の圧力であったという見解には賛成できません[81]」。また，メルツァーも次のように述べている。1929年，30年，31年初めには，連邦準備は金準備に何の心配もいらなかった。事実，1931年6月までには金のストックは29年8月の15％以上も増え，他方紙幣発行の裏付けに必要となる金は2％そこそこ増加しただけであった[82]。

金準備についての解釈は異なるものの，アメリカとフランスが金融緩和をしなかったことにより，金本位制を通じて世界中にデフレ圧力が伝播したことは同意されている。したがって，金本位制こそが大恐慌の原因であり，金本位制を廃止することが不況克服の第一歩ということになる。そこで，金本位制をとった国とそれから早く離脱した国，もともと金本位制をとっていなかった国との比較研究が進められた。チョウドリ＝コーチン（1980），アイケングリーン＝サックス（1985），バーナンキ＝ジェームズ（1981）はこの研究を行い，金本位制をとった国では大恐慌の影響は大きく，金本位制をとらなかった，もしくは早く廃止した国では大恐慌の影響は軽微であった，という結果を得た。バーナンキ＝ジェームズ（1981）の研究を少し詳しく紹介する。彼らは金本位制の影響を見るために，24ヶ国を4つのグループに分類している。

グループ1	金本位制を導入しなかったか（スペイン），1931年以前に廃止した国（オーストラリア，ニュージーランド）
グループ2	1931年に金本位制を廃止した国（イギリス，日本など14ヶ国[83]）
グループ3	1932年と1935年の間に金本位制を廃止した国（ルーマニア，アメリカ，イタリア，ベルギーの4ヶ国）
グループ4	1936年時点なお金本位制を維持していた国（フランス，オランダ，ポーランド）

まず，デフレと金本位制の関係をみると，グループ1の国では大きなデフレが生じなかった。とくに金本位制を採用しなかったスペインはデフレの影響を全く受けなかった。1931年時点で金本位制を採用していた国では，1930, 31年で平均13％の物価下落が生じている。しかし，1931年以降，金本位制を採用した国とそうでない国とははっきりと差が出た。金本位制を廃止した国では物価は安定し，他方金本位制にとどまった国ではデフレが続いた。産出高と金本位制の関係についても同様の傾向が見られる。1931年に金本位制を廃止した国では金本位制を維持していた国に比べて産出高の減少は軽微であった。1932年と35年でみると，産出高の成長率は金本位制を廃止した国はそうでない国に比べて，年平均で7％高くなった。

図1-8および図1-9は物価上昇率の動向および生産高の変動を金本位制の国とそうでない国で比較したものである。金本位制を採用していない国，廃

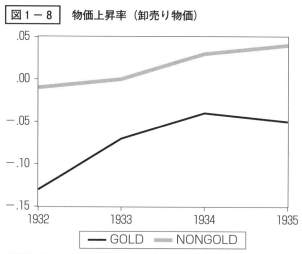

図1-8 物価上昇率（卸売り物価）

（出所） Bernanke and James（1991）Table 4より作成

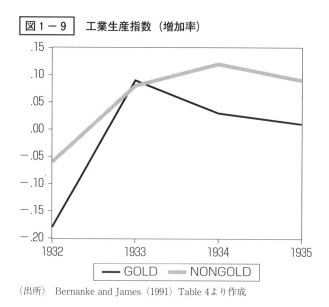

図1-9 工業生産指数（増加率）

（出所） Bernanke and James（1991）Table 4より作成

止した国ではデフレ脱却が早くその分景気回復が早かったことがわかる。図1-10および図1-11は貨幣ストックの増加を比較したものである。M_1, M_2ともに，金本位制を廃止した国ほどその増加が大きかったことがわかる。図1-

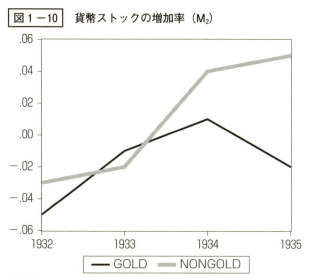

図1-10　貨幣ストックの増加率（M_2）

（出所）　Bernanke and James（1991）Table 3より作成

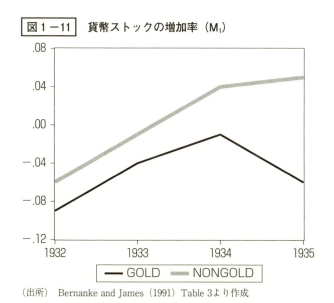

図1-11　貨幣ストックの増加率（M_1）

（出所）　Bernanke and James（1991）Table 3より作成

12は実質賃金の変化を示したものであるが、金本位制をとっている国では実質賃金は高く景気回復の足を引っ張っていることが理解できる。

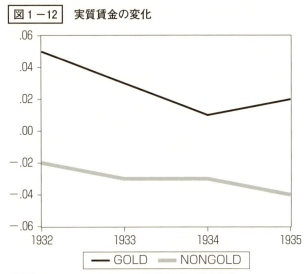

(出所) Bernanke and James (1991) Table 5より作成

第4節　むすび

　これまで，大恐慌をめぐる議論は数多くなされてきた。しかしながら，その議論もほぼ出尽くしたように思われる。そこで，本章ではこれまでの主要議論を整理し，結局大恐慌はなぜ起きたのかを明らかにしようとした。貨幣ストックの減少，デフレによる銀行貸出しの減少，金本位制の足かせ，この3つが一緒になって1929年のアメリカ株価暴落を世界大恐慌にまで発展させたというのが結論である。消費の急減，住宅建設の落込み，スムート・ホーリー関税法の影響，フーバーの増税など，実体経済のショックをその要因とする見方も存在する。しかし，それは大恐慌を促進した要因ではあったかもしれないが，大恐慌そのものを引起した要因ではないとして本章では取り上げなかった。

　29年の株価暴落はその後の不況と直接関係するものではない。その後の連邦準備の政策対応が不適切であったため，それが深刻な銀行倒産[84]を招き，貨幣ストックを著しく減少させた。貨幣ストックの急激な減少は物価下落と大きな景気悪化を招いた。金融システムの崩壊は預金引出しを促し，貨幣ストックの減少に拍車をかけた。このアメリカの不況は当時のリーダーシップを欠いた中での金本位制度を通じて，世界各国に伝播した，というのが正しい理解であろ

う。ただ，本章でも見たように，連邦準備に金融を緩和しなかった責任があるかどうかは議論すべき点として残っている。

しかし，フリードマンとシュウォーツの言うように，「1929～33年の収縮の時期に，準備制度はいつでもマネーサプライの減少を止め，それを望ましい水準にまで増加させるさまざまな政策をとることができたはずである。それはなにも新しい過激な政策をとることではなかった。それは，連邦準備が初期のころ用いていた政策であり，1930年末から始まった銀行危機のようなものが発生した場合に用いるべしと，連邦準備の創設者たちがはっきりと考えていた政策である[85]」。金本位制について言えば，その平価は絶対に変更不可能なものではなく，経済状況に応じて変更は可能である。事実，1934年には金1オンスの価格は20.67ドルから35.00ドルへと引き上げられている。当時のフーバー大統領の連邦準備に対する不満「理事会の大多数は私の提案をいずれも拒否した…，私は連邦準備というのは困った時に国民が頼ることのできない脆弱な1本の葦でしかないと思わざるをえない[86]」を見れば，当時の連邦準備には大きな問題があったと考えざるを得ない。また，メルツァーも最近の著書において，とくに32年から33年の最大の不況について，政府，連邦準備の無策ぶりを厳しく批判している。「バジェットは国内での預金引出し，国外への資金流失が生じた場合には高い金利で思い切って貸出しをふやすべきというアドバイスを残している。しかし，連邦準備はこのアドバイスを無視し続けた。ルーズベルトは当選から大統領就任までの4ヶ月間連邦準備をなんとか活性化し同政権と協調関係を作ろうとしたが，うまく行かなかった。危機の中で，レイムダックのフーバー政権，連邦準備の無策，ルーズベルトの沈黙が金融システムを完全に崩壊させた[87]」。この不況がアメリカ国内のみならず，世界各国の人びとに多大の経済的困難を強いたことを考えれば，政府及び連邦準備の政策担当者としての責任は非常に大きいと言わざるをえない。

【注】

翻訳文献がある場合は，日本語表記を用い注釈ページも翻訳文献からとする。そうでない場合はすべて英文表記をそのまま使用する。

1　B.Bernanke（1995）p.1. 彼はまた論文集 B.Bernanke（2000）の序文で自らを「大恐慌研究の虫（Great Depression buff）」と評している。

2　S.G.Cecchetti（1998）p.171.
3　この時代はよく,「Roaring Twenties（狂騒の20年代）」と呼ばれる。
4　M.Friedman and A. Schwartz（1966）p.240.
5　ガルブレイス（1956）p.19.
6　同書は20年代のアメリカ社会をビビッドに描写した,優れた文献である。最近のエコノミスト誌（2009年1月20日）も大恐慌理解の必読書5冊のうちの1つにあげている。同書は1931年に著され,A Book of the Month に選ばれ,大ベストセラーになった。大恐慌について書かれた論文にも同書からの引用はよく見られる。
7　アレン（1931）p.218.
8　ラジオは当時の技術革新の最先端をいくものであり,人びとの夢を煽った。その産業の最大手ラジオ・コーポレーション・オブ・アメリカ（RCA）は急成長をとげ,投資家の注目を浴びた。チャンセラー（1999）p.327.
9　アレン（1931）p.223.
10　アレン（1931）p.236.
11　アレン（1931）p.366.
12　パーカー（2002）pp.28-29.
13　アレン（1931）p.371.
14　アレン（1931）p.389.
15　アレン（1931）p.392.
16　パーカー（2002）p.29.
17　アレン（1931）p.394.
18　アレン（1931）p.402.
19　アレン（1931）p.403.
20　アレン（1931）p.404.
21　アレン（1931）p.403.
22　アレン（1931）p.413.
23　アレン（1931）p.414.
24　アレン（1931）p.419.
25　アレン（1931）pp.424-425.
26　アレン（1931）p.425.
27　アレン（1931）p.426.
28　アレン（1931）pp.428-429.
29　アレン（1931）p.430.
30　アレン（1931）p.438.
31　アレン（1931）p.442.
32　アレン（1931）p.219.
33　ホールとファーグソン（1998）p.18.

34 ホールとファーグソン (1998) p.19.
35 ガルブレイス (1956) pp.20-1.
36 ホールとファーグソン (1998) p.20.
37 ガルブレイス (1954).
38 ホールとファーグソン (1998) p.25.
39 アービング・フィッシャーは「投資信託の影響は…おおむね，相場の投機的な変動の山と谷を抑える方向にはたらき，したがって相場の安定をもたらす要因になる」と述べている。チャンセラー (1999) より引用。
40 ガルブレイス (1956) p.88.
41 ガルブレイス (1956) p.100.
42 ガルブレイス (1956) p.103.
43 ガルブレイス (1956) p.110.
44 パーカー (2002) p.121.
45 合衆国は金の公定価格を1ドル23.22グレイン，イギリスは1ポンド113グレインに設定，したがって，1ポンド=4.86ドルとなった。1グレイン=0.002083オンスである。なぜ，イギリスは割高で復帰したのか。資産階級は戦後のインフレにより，資産価格の下落に悩んだ。そこで，彼らは金本位制復帰を強く求めた。強いポンドが再び世界のリーダとなる布石と考えたのである。このウィストン・チャーチル大蔵大臣（自身が資産階級出身）の決定は国民からも強く支持されたのである。フランスは1928年6月に金本位制に復帰した。その時の為替レートは1ポンド=124フラン，1ドル=25.51であったが，フランは25%も過小評価されていた (Hamilton, 1987, p.146)。
46 キンドルバーガー (1982) pp.24-25
47 ホールとファーグソン (1998) p.51.
48 テミン (1989) p.5.
49 Bernanke and James (1991).
50 ガルブレイス (1956) p.29およびホールとファーグソン (1998) p.52.
51 ガルブレイス (1956) p.58.
52 Meltzer (2003) p.274.
53 M.Friedman and A. Schwartz (1966).
54 この点はS. Miyagawa, Y. Morita, and Y. Sawada (2007) に詳しい。
55 当時はFederal Reserve Board（連邦準備局）と呼ばれており，現在のようにThe Board of Governors of Federal Reserve System（連邦準備理事会）となったのは，1935年の銀行法によってである。M.Friedman and A. Schwartz (1966) p.445.
56 M.Friedman and A. Schwartz (1966) p.306.
57 M.Friedman and A. Schwartz (1966) p.301.
58 M.Friedman (1969) p.97.
59 M.Friedman and A. Schwartz (1966) p.339.

60 ホールとファーグソン（1998）p.121.
61 M.Friedman and A. Schwartz（1966）pp.412-413.
62 ホールとファーグソン（1998）p.89.
63 M.Friedman and A. Schwartz（1966）pp.370-373.
64 キンドルバーガー（1986）p.154，およびホールとファーグソン（1998）pp.104-105.
65 パーカー（2002）p.125.
66 金の流出は 9 月16日から30日までに 2 億7,500万ドル，10月には 4 億5,000万ドル，M.Friedman and A. Schwartz（1966）p.316.
67 M.Friedman and A. Schwartz（1966）p.317.
68 この信じがたいエピソードは，Cargil（2001）によって初めて明らかにされた。当時はまだ，貨幣ストックという統計データは公表されていなかったということだ。フリードマンも「FRBが1929年から33年にかけてマネーサプライ統計を公表していれば，大恐慌があのような経緯をたどったとは思えない」と述べており，その統計量を最初に整備したのはM.Friedman and A. Schwartz（1966）であると理解できる。
69 Cargil（2001）．
70 ホールとファーグソン（1998）p.166.
71 M.Friedman and A. Schwartz（1966）p.523.
72 M.Friedman and A. Schwartz（1966）p.526.
73 Bernanke（1983）p.49.
74 Parker（1998）p.120．キンドルバーガーは次のように考えている。「構造的デフレと見なしうる過程が1925年から29年にかけて，一次産品経済において起こった。超過需要ではなくて超過供給があった。…超過供給は国際経済システムに一種の構造的デフレを負わせたのである。デフレはある商品から他の商品に広がって農村全体に及び，そして農村から都市に広がった」キンドルバーガー（1982）pp.84-85.
75 テミン（1989）は，金本位制を「ミダス王の手（The Midas Touch）」と呼んだ。ギリシャ神話に出てくる話で，ミダス王は触るものすべてを金に変える能力を与えられ喜んだが，食物まで金に変えてしまい，食事もできなくなり，ついには娘まで金になってしまった。テミンはこの神話を持ち出すことによって，金本位制を皮肉ったのである。
76 1944年の国際連盟の統計によれば，1929年時点で，41ヶ国の金準備の総額は93億7,800万ドルであるのに対して，超過準備は僅か21億7,800万ドルでしかなった。Bernanke and James（1991）p.75.
77 Bernanke and James（1991）p.77.
78 フリードマンは晩年，このフランスの影響を見逃していたことを反省している。『合衆国の貨幣史』について修正すべき点はあるかと問われて，次のように答えている。「ええ，かなりたくさんあります。強調しておきたい 1 つのことは，その本ではうまく強調できなかったのですが，大恐慌を引き起こしたことについての，アメリカとその他の国の相対的な責任の重さです。フランス銀行総裁，アミール・モローの回顧録を読んで大変感銘

を受けました。…あの大惨事を世界的に拡大した責任をアメリカに多く与えすぎて、フランスの果たした役割を過少評価していたことに気づきました。…もし、あの本を今書き直すとしたら、もう少し違った説明をするだろうということです。つまり、あの大収縮と世界的不況はフランスとアメリカの共同責任の結果であると、書くでしょう。」パーカー（2002）pp.56-57.

79　Eichengreen（1992）pp.297-298.
80　パーカー（2002）pp.147-148.
81　パーカー（2002）p.58.
82　Meltzer（2005）p.275.
83　日本は浜口雄幸首相と井上準之助蔵相の両コンビの下で厳しい緊縮財政をとり、悲願であった金本位制に復帰した。新平価は旧平価に比べ10％高かった。1ドル＝金1.504656g＝2円、1ポンド＝金7.3225049g＝9.8円であった。しかしながら、折からの不況と継続不可能という投機家の思惑から解禁と同時に金兌換が殺到し、借金までして積み上げた金準備の多くをあっという間に失った。
84　大きくてその知名度の高かった「ユナイテッド・ステート銀行（Bank of the United Sates）」（その名前のゆえに政府系金融機関と勘違いした人が多く実力以上に預金を集めていた）が1930年12月11日に倒産したことが（倒産させたことが）、その後の銀行取付けおよび金融危機（第1次）の引き金になった。M.Friedman and A. Schwartz（1966）pp.309-311.
85　M.Friedman and A. Schwartz（1966）p.526.
86　Hoover（1952）pp.211-212.
87　Meltzer（2005）p.381.

第2章

M. フリードマンの大恐慌論

　前章では，大恐慌がどのようにして生じたかを明らかにし，その原因についての現在の研究成果を整理したが，本章では大恐慌について最初に本格的研究を行った，ミルトン・フリードマンの大恐慌論を改めて取り上げることにより大恐慌の問題についてさらに深く分析する。フリードマンの大恐慌論は，アンナ・シュウォーツとの共著『アメリカ合衆国の貨幣史』(Milton Friedman and Anna Jacobson Schwartz, *A Monetary History of the United States, 1867-1960*) で展開されている。

　本書はもともと，アメリカ最大の経済研究所である，全米経済研究所 (*National Bureau of Economic Reasearch*, 略称 NBER)[1] で始められた「貨幣と景気循環」に関する研究プロジェクトが基になっている[2]。同書についての評価は今なお衰えることはない。最も権威あるとされる，アメリカ経済学会発行の機関誌，*American Economic Review* 2013年，第3号も特別のページを割いて，その特集論文に充てている。ルーカス (Robert Lucas) もかつて，同書を John Maynard, *The General Theory of Employment, Interest, and Money*, 1936. および，Don Patinkin, *Money, Interest, and Prices*, 1963. と並ぶ経済学史上最も重要な文献として取り上げ，「私がワシントンに花見見物以外の目的でワシントンに行くときには必ず携帯する[3]」とまで述べている。

　また，先の連邦準備理事会議長であるベン・バーナンキ (Ben Bernanke) が連銀の理事であった，2002年にフリードマンの90歳の誕生日パーティーに出席して祝辞の最後に以下のように述べている。「この祝辞を終えるにあたり，連邦準備の公式代表として，少し地位の乱用になるかもしれませんが，ミルトンとアンナに申し上げたい。それは大恐慌についてであります。あなた方は正しい。大恐慌を引き起こしたのは私たちであり，大変申し訳なく思っています。しかし，あなた方お二人のおかげで，私たちは二度と同じ過ちをおかしませ

ん[4]。」

本章では恐慌分析に欠くことのできない，フリードマンの大恐慌論について最近の研究を踏まえながら論じることにする。

第1節　フリードマンの方法論と分析手法

フリードマンはもともと数学者を志しており，常に数学者としての立場から経済学に取り組んできた[5]。したがって，彼の眼は常に数学者のそれであり，経済学者の目的は自然科学者の目的と同様に，未来に起こることを予測し，また過去に起きたことを容易に説明できるように，新たな理論および仮説を打ち立てることだと考えている。そして，このような理論や仮説の予測は，事実によってのみ立証される。その意味において，経済学は自然科学と同様に客観的な科学である。

ただ，自然科学者は実験で温度，圧力といった自然条件を変えることができるので，自分の理論をすぐに検証することができるが，経済学者は残念ながらこのような「管理実験」を行うのはまず不可能である。それは1つには経済状況は二度と全く同じ条件で繰り返されることはないし，また1つには実験のために経済要素を操作することは，倫理的にも実際的にも不可能であるからだ。ただ，それが経済学の弱点であるとは考えない。経験的証拠は豊富であり，管理実験ができないからという言い訳にはならない。ただ，経験的証拠は複雑であり，またその収集には多大な労力を要する[6]。彼はこのような方法論の下に，貨幣と名目産出の関係を明らかにすることにその生涯をかけた。その最大の成果が，1世紀にわたる貨幣と経済変数の関係を詳細に明らかにした本書である。

同書は，Appendixを除いても700ページにおよぶ大著である。第1章のIntroductionから始まり各章では1867年から1960年まで年代順に，それぞれ貨幣的要因と実体経済の関係を明らかにし，13章のSummaryまで続く。マクロ経済分析では，何が因で何が結果かを明らかにすることが最も重要である。いわゆる識別問題（identification problem）である。計量経済学の分野では，シムズ（Christopher A. Sims）によるシムズテストを嚆矢として，統計的手法により識別問題に対する挑戦は行われている。しかし，その成果は必ずしも完全とはいえないのが現状である。同書の特徴は，統計的数学モデルを用いることなく，叙述的アプローチ（narrative approach）により，自然実験（natural experiment）を行ったことである。同書には最後の Appendix に出てくる貨幣乗数式を除くと，一切の数学的表現は用いられていない。

　同書は，まず過去の膨大な資料の中からデータを抽出，作成するという作業から始め，その作成したデータをグラフ上にプロットする。最も重要なグラフは各種の貨幣ストックを表した，Chart 1（p.4）と，貨幣ストックと物価，産出の時系列を示した Chart 62（p.684）であろう。フリードマンはそこから，何故貨幣ストックが変化し，その結果物価と産出がどのように変化したかを，その時々の連邦準備制度の資料，記録を詳細に検討し，当時の政治的，経済的指導者の発言，行動を明らかにしながら，識別問題に取り組んでいる。そこでは，歴史的出来事が重要となる。とくに4つの出来事が取り上げられる。1920年前半の公定歩合引上げ，1931年10月の公定歩合引上げ，1936～37年の所要準備の引上げ，1929～31年の貨幣増加の失敗である。

　本書の関目は第7章の Great Construction（pp.299-419）である[7]。そこでは，1929年のニューヨーク株価暴落から始まる不況が，どのようにして，世界大恐慌にまで拡大したかがきわめて詳細に分析している。以下では，とくにこの章に焦点を当てながら，フリードマンの叙述的アプローチ，大恐慌の教訓，を再確認しつつ，同書から今学ぶべきことを明らかにする。

第2節 『アメリカ合衆国の貨幣史』が明らかにしたこと

　彼らが大恐慌の原因として明らかにしたのは，経済を安定させる目的で設立されたアメリカの中央銀行，連邦準備制度が十分機能せず，逆に不況を煽ることになったということである。当時のアメリカ準備制度は設立間もないこともあり，ニューヨーク連邦準備銀行総裁ベンジャミン・ストロング（Benjamin Strong）を中心に運営されていた。しかし，かれは大恐慌の直前の1928年に肺結核で亡くなる。その後，連邦準備制度の運営が上手くいかなくなった，その時に，アメリカで株価暴落が起きた。株式市場が崩壊し，市場は流動性を求めて混乱している時に，中央銀行は適切な金融緩和を実施しなかった。これが，後に世界大恐慌に発展する原因となった。以下，詳細に同書の分析を説明する。

(1) 連銀制度の政治設計の問題

　1929年10月のニューヨーク株式市場の崩壊の後，市場経済は混乱することも

なく，金融危機も起きなかった。それは，ストロングの後継者としてニューヨーク連邦準備銀行総裁に就いたジョージ・ハリソン（George Harrison）が，巧みな金融政策を実施したからであった。具体的には株価が急落したその週に，民間銀行に1億3,000万ドルの新たな融資を実行し，また1億6,000万ドルの政府債の買いオペを実施した。この点について，フリードマンとシュウォーツは次のように高く評価している。「ニューヨーク連邦準備銀行のとった行動は，時宜を得た，効果的なものであった。株式市場の暴落にもかかわらず，過去の市場危機時のように金融市場の利子率が暴騰することもなく，銀行信認も間接的影響を受けなかった。担保貸付がかなりの割合で回収不能になっていたら，銀行信認には悪影響が及んだことだろう」（AMH 132，『貨幣史』339 [8]）。

ニューヨーク連銀の努力が功を奏し，マネーストックも1929年12月から1930年10月までほとんど減少することなく，一定の水準を保っていた。同書は次のように述べる。

「1929年12月から1930年10月まで，緩やかな減少傾向にあったが，ほぼ安定していた。貨幣ストックは1930年10月には，1929年11月とほぼ同水準にあり，1929年12月末の水準よりほぼ2％少なくなっていた程度であった」（AMH 340,『貨幣史』134）。

では，何故それ以降マネーストックは減少を続けたのか。それは，アメリカ連邦準備の内部で権力闘争が起き，金融政策について統一的見解が出せなかったことにある，と同書は見る。株価暴落後，ニューヨーク連銀の総裁ジョージ・ハリソンは積極的な金融緩和を試みたが，その政策は他の連銀からは冷ややかな目で見られた。

「（ニューヨーク連銀の単独の買いオペについて，）連邦準備局（Federal Reserve Board）のメンバーは，ニューヨーク連銀が事前に同局の認可を求めなかったことを，反抗的な一撃だとみなした」（AMH 364,『貨幣史』196）。

「株式市場の暴落の週に，ニューヨーク連銀の買いオペに関する他の連銀からの問い合わせに対し，ハリソンは11月27日に全連銀総裁宛の長い手紙を書き，当時のニューヨーク連銀の状況を述べ，ニューヨークのとった行動の理由を説明するとともに，その正当性を主張した。一部の連銀総裁は，この行動を支持し，買いオペに参加する意思を示したが，他の総裁はニューヨーク連銀の行動を，「自然な企業破産」を遅延させるにすぎず，したがって経済の回復を遅ら

せるものだと批判した」(*AMH* 367,『貨幣史』202)。

そして，経済が悪化する中，公開市場委員会（Open Market Investment Committee）は1930年の公式会合で，「現時点では，連邦政府証券をさらに，買い入れる理由はないと結論した」(*AMH* 368,『貨幣史』206)。

その後もニューヨーク連銀は必死の金融緩和を試みるが，それはことごとく他の連銀からは反対されて実施に及ぶことはできない。このようにニューヨーク連銀がこれまでのようにリーダーシップを取れないことに対して，ニューヨーク連銀は次の3つの選択肢を考える。

「1．自行の意見が最後には優勢になると期待して，さらなる行動は起こさず，そのまま状況を受け入れる。2．公開市場政策会議から脱退し，連邦準備局の承認をえられ，または承認は必要ないとの前提で，連邦政府証券を自行の勘定で買い入れる。3．周囲を説得する活動を始める」(*AMH* 369,『貨幣史』208)。

結局，ニューヨーク連銀は第3の案を選択し，1930年7月に全連銀総裁に長い手紙を書き，説得に努める。その手紙の内容は，「政府証券の公開市場操作が，すみやかな景気回復を自動的に促す確実な保証はないが，このような政策から明らかな害が生じるとは予測されず，また現在の不況がきわめて深刻であることから，景気回復を促す，あらゆる実行可能な手段をとることが正当化されると，われわれは考えている」(*AMH* 370,『貨幣史』210)。

しかしながら，ハリソンの必死の説得にもかかわらず，他の連銀の反応は冷ややかであった。シカゴ連銀総裁，ジェームズ・マクドゥガル（James McDougal）は，「市場には資金は豊富にある，…必要のないときに市場に準備金を投入するのではなく，需要が将来生じたときに，対応する準備を整える政策をとるべきである。別の投機が起きやすくなるおそれがある」(*AMH* 371,『貨幣史』212)と，金融の中心都市としてニューヨークについで重要な位置を占めるシカゴ連銀からの反対は大きな影響力を持っていた。サンフランシスコ連銀総裁のジョン・U・コーキンズ（John U. Calkins）も「低金利で多額の信用供与がなされているのだから，当行としてはその金利をさらに下げ，貸付額を増やすことによって，経済活動の回復が促進されるとは考えられない」(*AMH* 372,『貨幣史』213)として，反対。ダラス連銀総裁リン・P・タレー（Lynn P. Talley）は，「人為的な手段によって経済の動向に強く干渉し，その時点で

は不合理だと考えられる事態から抜け出せる状況をつくり出すことを容認する意図はない」と返事した（AMH 372,『貨幣史』214）。ミネアポリス連銀総裁，W・B・ジーリー（W.B. Geery）は「消費拡大効果をもたらす融資を容易にしようとすると，一層の過剰生産につながる融資も誘発される危険性がある」（AMH 372,『貨幣史』215）とし，フィラデルフィア連銀総裁，ジョージ・W・ノリス（George W. Norris）は，「現在一般化している異常に低い金利を，さらに下落させようとすることは，無益・無謀である」（AMH 372,『貨幣史』215）と回答している。

このような地区連銀総裁の金融緩和に対する反論について，フリードマンとシュウォーツは金融に対する知識の欠如からくるものである，として次のように述べている。

「ニューヨーク連銀と他の大半の連銀とのあいだに，驚くべき差があることを思い知らされる。長年にわたり，米国の中心的な金融市場での金融政策の遂行に，最大の責任を直接負ってきたことや，世界の他の主要金融市場で同様の立場にあった人びととの長年の協力を通じて，ニューヨーク連銀の専門職，幹部，取締役らは，金融的な関係性を深く理解し，金融政策の影響を敏感に察知できるようになった。こうした特質は，他の大半の連銀や連邦準備局には明らかに欠落していた。他の連銀は必然的に，その準備区の地域的な問題を最優先に考えていた。連邦準備局は，政策の実施全般においては小さな役割しか担っておらず，重要な機能は果たしていなかった」（AMH 374,『貨幣史』218）。

1932年になって，やっと連邦準備制度は大幅な金融緩和に踏み切ったが，フリードマンとシュウォーツは次のように述べている。「1930年秋にストロングがまだ存命で，ニューヨーク連銀のトップを務めていたら，彼はおそらく，来るべき流動性危機がどんなものかを理解していただろう。そして，経験と確信をもって，積極的で適切な危機回避政策をとる準備を進め，その強い立場を用いて，連邦準備制度を自分と同じ方向へ歩ませることができたであろう。金融政策に即効性は期待できないことを知っていたストロングなら，経済活動の衰退が一時的に続いても，金融緩和を先送りすることはしなかったはずだ」（AMH 412-413,『貨幣史』307）。「ストロングの死去によって，連邦準備内では，進取的精神の核となる存在も，受け入れられるリーダーシップも消滅した。連邦準備局は，ニューヨーク連銀はその役割をもはや果たすべきでなはい

と決意していた」（*AMH* 414,『貨幣史』308)。

　公開市場操作を決める，公開市場投資委員会（Open Market Investment Committee）はニューヨーク，ボストン，シカゴ，クリーブランド，フィラデルフィア，の5行の連銀総裁から成っていたが，1930年からは公開市場政策会議（Open Market Policy Conference）が結成されて，そのメンバーは12人の全連銀総裁から構成されることになった（*AMH* 368,『貨幣史』206)。ニューヨーク連銀以外の各連銀は，公開市場投資委員会の拡大を通じて，権力の拡散に成功した（*AMH* 414,『貨幣史』310)。そして，彼らはストロングが総裁だったころの5人のようにニューヨーク連銀の意思に従う必要はなくなったのである。

　ストロングの後継者，ハリソンは，「自己の方針を受け入れさせるに足る，連邦準備制度内部での立場や，外部での威信，個人的な力のいずれも持ち合わせていなかった。彼の提案は，他の連銀総裁らによって何度も否決された」（*AMH* 415,『貨幣史』311)。では，連邦準備局はどのような存在であったのか。「連邦準備局内で，積極性にあふれ，情報によく通じた知的な人物が主導権を握り，ハリソンとともに一部の連銀の抵抗を封じ込めていたら，ニューヨーク連銀から他の連銀に権力が移ったとしても，それは決定的な出来事にはならなかっただろう。しかし，同局には，リーダーシップをとる伝統がなかった。1920年代を通じて，同局が連邦準備制度の政策決定に主要な役割を果たしたことはなく，むしろ監督・評価期間としての活動が主だった」（*AMH* 416,『貨幣史』314)。

　「ニューヨーク連銀は過去から一貫して，国際的な金融関係に対して主要な責任を負っていた。イングランド銀行やフランス銀行などの他国の中央銀行は，つねにニューヨーク連銀を同等の立場の銀行とみなし，交渉や協議の相手としていた。連邦準備局はつねに情報を提供され，意思決定の過程で意見を求められ，最終的な行動の前にそれを承認する立場にあったが，政策形成に大きな影響力を及ぼしたことはなかった。これはニューヨーク連銀のストロング総裁が存命中の慣行であり，その後もこの状況は続いていた」（*AMH* 380-381,『貨幣史』232)。

　「銀行休日前の最後の2ヵ月間には，連邦準備制度の政策と呼べるものは何もなかった。同制度は自信を喪失し，銀行はそれぞれの判断で営業していた。

あらゆる主体を通じて全般的なパニックの雰囲気が生じ、これは金融界や地域全体に広がっていった。独立的な中央銀行制度が市場に提供するはずのリーダーシップや、政治や利益追求がもたらす圧力に一様に抵抗する力、市場全体の動きに逆行する力などの創出は、広範な権限をもつ準政府的な組織の設立を正当化する理由だが、これらは失われていたために、かえって目立つようになっていた」(*AMH* 391, 『貨幣史』254)。

このように、連邦準備制度は不況が深刻化するなか、全くの機能不全に陥っていたのである。

(2) 1931年9月のイギリスの金本位制離脱後の対応

1931年の分析も重要である。不況が続く中、連邦準備は金融引締めに転じるのである。同書は次のように、当時の状況を説明する。

9月21日にイギリスが金本位制からの離脱決意をすると、米国も同じ行動をとると見た他国の中央銀行や民間投資家はドルと金の兌換を行った。とくに、フランスは「米国の金本位制を維持する能力や意思について、きわめて大きな懸念を示した。これが、フランスの預金残高が特別に大きく変動した理由である。実際、1931年10月にはフランスの預金残高はまだ引き出されていなかったものの、32年の春になるとほぼ全額が引き出された」(*AMH* 398, 『貨幣史』272)。そして、「米国の金ストックは、9月16日から30日までに2億7,500万ドル減少し、9月30日から10月末までにさらに4億5,000万ドル減少した。この減少によって、過去2年間の金の純流入額はおよそ相殺され、金ストックは1929年の平均的な水準に戻った」(*AMH* 316, 『貨幣史』86)。

また、国内では同時に銀行から現金流出が続いた。これに対して、連邦準備はまず、金の対外流出を抑えるために、金融引締めを実施した。「ニューヨーク連銀は、公定歩合を10月9日に2.5%、10月16日には3.5パーセントまで引き上げたが、短期間にこれほど大きく公定歩合が上昇したことは、連邦準備制度の歴史上、後にも先にもない」(*AMH* 317, 『貨幣史』88)。

ここで、同書はバジェットの忠告を取り上げる。バジェット (Walter Bagehot) はその著『ロンバード街』(*Lombard Street*) で、銀行準備の国内外への流出が生じた場合の対処として、金利を上げることによって、海外への準備流出を抑えると共に国内的には自由貸付けの実施を提唱した。同書は当時の連邦

準備はこのバジョットの忠告に従わなかったことの問題点を指摘する。銀行準備の海外流出が続く中, 連邦準備は公定歩合を上げて金の海外流出を抑えたものの, 国内の銀行に対しては自由貸付を実施しなかった。つまり, 連銀はバジョットの忠告の半分は守ったが, もう半分は守らなかったのである。その結果, 「10月だけで522の商業銀行が営業を停止し, その次の3か月でさらに875行が営業停止に至った。合計すると, 1931年8月から32年1月までの半年間で, 1,860行（総預金量14億4,900万ドル）が営業を停止した」(AMH 317, 『貨幣史』88)。マネーストックは大きく減少することになる。「現金通貨の増大は, 預金量の減少がマネーストックに及ぼした影響の一部を相殺したものの, その相殺効果はわずかだった。1931年8月～32年1月にかけて, マネーストックの減少率は12%, 年率で31%に及んだ。月次データが入手できる53年間, およびマネーストックについて連続的なデータが入手できる93年間をみても, 比較可能な時期におけるMの減少率は, この数字よりもはるかに小さい」(AMH 317-318, 『貨幣史』88-89)。

このような事態はどうすれば避けられたか。バジェットの忠告をすなおに守り, 積極的な買いオペを実施すべきであった。「しかし, 残念ながら, 買いオペは実施されなかった。連邦準備制度の政府証券保有高は, 9月中旬～10月末までの6週間で, 実際は1,500万ドル減少しており, 10月末から12月中旬までは横ばいであった…この結果, 銀行準備は, 国外への金流出と国内の通貨需要という2方向からの力によって減少した」(AMH 318, 『貨幣史』90)。明らかに, 連邦準備制度の誤った金融政策が不況をさらに深刻なものにしたのである。

第3節　同書が残した2つの問題点

(1)　問題点1─金利の低下をどう説明するか

図2-1から図2-5は大恐慌期の金利および各種貨幣量の推移を示したものである。図2-1と図2-2は短期, 長期それぞれの金利の推移を示しているが, 1931年10月の公定歩合引上げ後の一時的な金利上昇を除けば, 大恐慌中金利は長期, 短期ともに一貫して低下傾向にあることが見て取れる。この低下を根拠に, テミン (Peter Temin, 1976) は, 強力に同書の批判を展開する。テミンによれば, 金利の低下は支出の減少によるもの, つまり IS 曲線が左にシフトしたことによって説明できる。株式市場の崩壊による支出の減少, また

| 図2-1 | 短期金利の動向 |

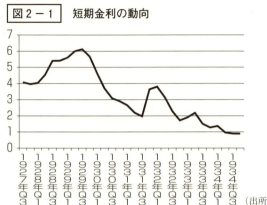

(出所) Robert J. Gordon ed. (1986)

| 図2-2 | 長期金利の動向 |

（出所）FRED（セントルイス連銀データベース）

| 図2-3 | 物価の動向 |

（出所）FRED（セントルイス連銀データベース）

第2章　M.フリードマンの大恐慌論　47

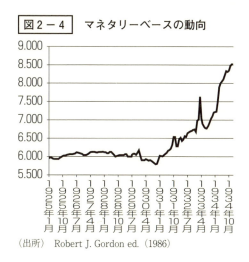

図2-4　マネタリーベースの動向

（出所）　Robert J. Gordon ed. (1986)

図2-5　実質マネーストック

（出所）　Robert J. Gordon ed. (1986)

輸出の停滞が，産出と金利を共に低下させたことになる。マネーストックの減少と産出は関係ないことになる[9]。また，大恐慌の初期の段階では，名目貨幣量は減少しているものの，物価の低下が大きいために（図2-3），実質マネーストックは若干ではあるが，増加している（図2-5）。

この点について，ローマとローマ（2013a）は，デフレ期待が高まったことにより，実質金利が上昇し，投資が減少，その結果 IS 曲線は左にシフトした，と考える。したがって，縦軸に名目金利をとり，横軸に産出高をとった IS-

LM 図表では名目金利が下がり，産出が減少したことになる[10]。では，このデフレ期待がどのようにして生じたのであろうか。それは金融緩和がなされず，人びとの間にデフレマインドが浸透したことによる。デフレマインドという心理的要因をデータとして把握することは難しい。ローマたちは当時の人びとのデフレ期待はどのようなものであったかを，The Business Week 誌の記事から分析している。ただ，デフレ心理が実物的要因（消費，あるいは輸出の減少）によって生じたものであれば，フリードマンたちの貨幣仮説を擁護したことにはならない。連邦準備の無作為がデフレ心理を起こしたことが証明されねばならない。

　ローマたちは，The Business Week 誌の記事から多くの証拠をあげているが，その主なものをあげれば，例えば，1930年3月12日発行の同誌は「商品価格の下落をもたらしている2つの要因は，商品の生産と在庫の著しい増加と銀行信用の減少であり，…。生産と在庫が増加している時期に銀行信用が相対的に縮小していることが，一番重要な要因である」。また，1930年3月12日発行の同誌からは，「1928年9月から続く商品価格の下落は，連邦準備当局が投機熱を抑えようとして，銀行信用の増加率を生産増加に比べて相対的に鈍化させた時期と一致する。」を引用し，デフレは貨幣的要因によってもたらされたものであり，貨幣的要因によってデフレ期待が生じた，としている。さらに，1930年2月26日の同誌からは，「株式市場崩壊以降の予期せぬ物価下落は明らかに経済に対して2番目のそしてより大きなショックを与えている。これは，今も続いている1年前の信用収縮の結果が遅れて効いてきたのである」。

　12月末に公定歩合が引き下げられたことによって，1931年の同誌は物価下落対して明るい見通しをもつようになった。1931年1月7日の同誌は，「商品価格は基本的に底をついたように思われる。…連邦準備による公定歩合の引き下げは債券市場に明確な影響をまだ及ぼしていないが，確かな手ごたえが感じられる」。しかし，この楽観論も連邦準備が追加的な手を打たなかったことから，悲観論に変わる。1931年4月2日の同誌は「デフレは官民問わずあらゆる側面にしっかりと根ざしている。連邦準備信用は着実に縮小しており，…商品価格はなお下落し続けている」。1931年4月29日の同誌は「まともな銀行政策がなされないものだから，信用拡大によって支払手段を増加させることもなく，わが国には役に立たない金（キン）が貯まる一方である」。5月に連邦準備制度

が再び公定歩合の引下げを実施すると，同誌はデフレに楽観的になった。

1931年10月6日の同誌は，「物価下落が反転する可能性が出てきた。連邦準備およびヨーロッパ中央銀行の金利引き下げで短期商業ローンの金利が下がったので，上昇機運が高まり，消費者も将来に必要以上の物を買い増すようになった」。しかし，積極的な金融緩和がとられることはなく，また銀行不安が高まったことにより，同誌は悲観的になった。9月9日の同誌はその巻頭に，「8月に再度大きな物価下落始まる」と載せ，「現金需要は収まることなく，連邦準備の政策はただただ銀行を苦しめるだけであった。」と述べた。同誌は一層のデフレを予想し，政策の無策とデフレ期待を関係付けて，「先送り政策にたよるばかりで，状況打破のために積極的に討って出ようとする姿勢は見られなかった」。

ローマたちが引用した，*The Business Week* 誌の記事はいずれも，金融政策とデフレを関係付けるものである。ここから，ローマたちは1930年代初めにデフレ期待があった，というだけでなく，そのデフレ期待は貨幣量の減少がもたらしたものであることを明らかにし，フリードマンとシュウォーツの大恐慌の貨幣的説明がなお正しいことを立証した。

(2) 問題点2―金本位制と金融緩和

金本位制であったから，金の流出を守るために，金融緩和はできなかった。責任は金本位制という制度そのものにあり，連邦準備制度に責任はない，という批判がある。この点について，シュウォーツは最近次のように述べている。「当初（『合衆国貨幣史』の執筆時），私たちは十分理解していなかったことを認めています。金本位制をとったといっても，止めることもできるし，一時的に停止することも可能なのです。金が流入してきたとき，あるいは流出しているときには，イギリスがやったように金本位制を廃止することもできるのです。金本位制を停止しても，国民は基本的な問題が解決すればまた再開されるはずだということを十分理解しているのです。その停止期間は非常に短い場合もあれば，南北戦争後の合衆国の停止のように非常に長期に及ぶ場合もあるのです。平価が維持できず，停止に追い込まれたとしても，しばらくすればその平価で十分やっていけるまで経済を回復することができるのです。ですから，合衆国はデフレを抑えるために，1931～33年に金本位制を停止するだけの強い理由が

あったのです。経済を引締めに転じたときに，1879年のときの条件で再び金本位制に復帰すればよかったのです。このような考えは，政策当事者の頭の中には全くなかったのです」(Parker 111，パーカ144)。

フリードマンも次のように述べている。「金は連邦準備の政策に対して足かせとはなっていません。事実，アメリカの貨幣用の金ストックは1929年末よりも1932年末の方が多かったのです。私たちの著書では金の自由準備の問題を分析しており，それでこの問題は解決しています」(Parker 48，パーカ58)。

この点について，『合衆国貨幣史』は次のように述べている。「英国の金本位制離脱への対応に関しては，ニューヨーク連銀と他の対立が激化することはなかった。その時点での対応策は，連邦準備制度のほぼすべての関係者に指示されていた。この意見の一致からは，当時は連邦準備制度も金融界全体も，金本位制の維持が最重要課題だと考えていたことや，国内の安定よりも対外的安定の方を重視していたことが読み取れる」(*AMH* 363，『貨幣史』194)。アメリカの保有する金は十分にあったとして，次のように述べている。「英国が金本位制から離脱する直前に，米国の金ストックは47億ドルあまりという，史上最高の水準に達し，これは世界の貨幣用金ストックの約40パーセントに相当した。連邦準備制度の準備率，すなわち連邦準備銀行券と預金債務の総額に対する金保有高の比率は，7月には80％を超えており，9月には平均74.7％，10月になっても56.6％を下回ることは一度もなかった。10月末に向けて金準備が最低水準に下がったときも，法定水準を10億ドル以上上回っていた」(*AMH* 396，『貨幣史』270)。

結局，連邦準備は豊富な自由金を保有しており，金融緩和は可能であったとして，次のようにまとめる。「1929-1933年の収縮の時期に，連邦準備制度はいつでもマネーサプライの減少を止め，それを望ましい水準にまで増加させるさまざまな政策をとることができたはずである。それはなにも新しい過激な政策をとることではなかった。それは，連邦準備制度が初期のころ用いていた政策であり，1930年末から始まった銀行危機のようなものが発生した場合に用いるべしと，連邦準備の創設者たちがはっきりと考えていた政策である。それらはもし官僚機関の構造や権力の分布が多少なりとも異なっていたら，あるいはもしも権力を持っていた人びとの性格がいくらか異なるものでありさえすれば，実施に提案され，おそらく採用されていた政策であった。1931年後半になるま

で，——その時点でもまだであったと私たちは信ずるが——どの政策にも金本位制の廃止は考慮されていなかった。1931年9月まで，連邦準備制度を繰り返し悩ませた問題はどのように金の流入を制御するかであり，その逆が考えられることはなかった」(AMH 693)。

第4節 むすび

　フリードマンとシュウォーツは，膨大な量の歴史的記録を丹念に検証し，叙述的アプローチによって，貨幣と実体経済変数の1世紀にわたる関係を見事に描きだした。それは自然科学の「管理実験」に対応する「自然実験」である。貨幣量の発する信号は他のノイズを凌駕し，貨幣量が変化した時には，経済は変化する。貨幣量の変化が穏やかである時には，その影響力は小さく，貨幣量の変化が大きい時にはその影響も大きい。それを徹底した経験的証拠の積み重ねによって明らかにしたのである。

　この50年間同書は幾多の批判の中を生き延びてきた。その貢献はいまなお色あせることはない。その証拠が冒頭で示した，バーナンキの賛辞である。同書の大恐慌分析において，今なおくすぶる批判点も本章の整理で問題がないことが明らかになった。

　2008年のリーマンショックに始まる世界同時不況を契機に，同書に対する評価が高まっている。実体経済に対する貨幣の重要性である。現在では貨幣ストックと物価および産出の直接的因果関係は崩れたと主張する，金融当局，経済学者は少なくない。確かに単純にこれら3つのマクロ変数をグラフ上にプロットしても安定した関係は見出しがたい。また貨幣流通速度の動きを見ても決して安定しているとは言い難い。「流動性のワナ」の存在を主張する経済学者も多いし，あまりに原因，結果を強調し過ぎ，その間をつなぐ効果波及の理論がない，とする主張が存在することも事実である。しかし，ローマたちが主張するように，貨幣の増加が期待インフレに影響を及ぼし，それが実体経済に影響するという，波及メカニズムはきわめて重要である。また，何よりも，彼らにとって重要なのは全体的な動向であって，経路の特定化は無意味なのである。事実それを明らかにすることは，カーペットの織り糸を一つ一つ数えるのと同じで，あまりに多すぎて不可能である。かれらは，徹底した実証主義を貫くのである。あくまでも，The poof of the pudding is in the eating, なのであ

る。

　最後に，2007年に亡くなる数年前のフリードマンの言葉を引用して本章を終える。「ある意味で私たちは未だに大恐慌という戦争と戦っているのです。新たな大恐慌が起きること，これは誰もが一番心配していることです。さらに私たちは歴史から学んでいます。ただ，日本で今日起きていることを考えると，これはちょっと疑わしいしいですが（笑い）。しかし，世界のすべての中央銀行当局はマネーサプライを急激に変化させてはならないことを知っています。すべての人が，大恐慌もしくは大収縮の教訓，つまりマネーサプライを急激に減少したことによって，そうしなかった場合よりもはるかに悪い結果をもたらしたことを学習しました。いかなる中央銀行もマネーサプライを急減させることはないでしょう。そのようなことをしない限り，新たな大恐慌あるいは大収縮はおきないでしょう。しかし，一度大きなインフレが起きたなら，予想はすべて外れ，何がおこるかもしれません。」(Parker 55，パーカ67)

【注】
1　全米経済研究所（*NBER*）は，1920年ミッチェル（Wesley Clair Mitchell）によって創設され，以来実証分析に重点を置くアメリカ最大の研究所である。アメリカの著名な経済学者を数多く輩出しており，シュウォーツも2012年に亡くなるまで，この研究所で研究を続けた。
2　この関係の両者の著書は，*Monetary Statistics of the United States*（1970）と *Monetary Trends in the United States and United Kingdom*（1982）がある。また他に，両者による論文 "Money and Business Cycles," *Review of Economics and Statistics*, 1963，およびマネタリストでフリードマンの弟子でもあるケイガン（Phillip Cagan）の著作，*Determinants and Effects of Changes in the Stock of Money* 1965がある。
3　Lucas（1995）p.5.
4　At the Conference to Honor Milton Friedman, University of Chicago, Chicago, Illinois, November 8, 2002. http://www.federalreserve.gov/newsevents/speech/2002speech.htm
5　フリードマンは大学時代に数学を勉強しており，卒業時にシカゴ大学から経済学で，ブラウン大学から数学で，それぞれ奨学金のオファーを受けた。数学を目指すべきか，それとも経済学か，大いに迷ったようであったが，当時はまさに大恐慌の最中でありその解明に挑戦しようとして，経済学を選択したとのことである。Parker（2002）p.42.（邦訳p.50）
6　フリードマンの方法論については，M. Friedman（1953）に詳しい。
7　第7章は，2009年に日経BP社のクラシックシリーズとして翻訳出版された。久保恵美

子訳『大収縮1929-1933,「米国金融史」第7章』日経BP社, 2009年。

8 同書からの引用ページを示す。AMHが原書,『貨幣史』が邦訳のページをそれぞれ示す。

9 テミンは以下のように考える。不況は自発的支出の減少によって生じた。その支出減少をもたらしたものは, 株式市場と住宅市場の崩壊である。投資の大宗をなす, 住宅建設は, 1925年以降住宅需要を凌駕していた。1929年の株価急落は消費を減少させた。これらの自発的支出の減少が産出と物価を下落させた。この支出の減少が大きくかつ長期に及んだために, 不況もまた長期化した。産出と物価の下落は貨幣需要を減少させて, 金利を低下させた。マネタリーベースは1930年を除き, 一貫して増加した。不況が長期化するにつれて, 逆の期待効果が働き, 自発的支出をさらに減少させた。国際的不況がさらに期待を下げ, 輸出を減少させた。このようにして, 大恐慌は起きた。したがって, 貨幣的要因は無関係であるし, 連邦準備局にも責任はない。Temin (1975) を参照。

10 フリードマンたちは, $IS\text{-}LM$ 図表を一切用いていない。この分析は静学的であり, 1つの均衡から次の均衡を述べるのみで, その過程については一切触れず, したがって, 経済分析において必ずしも十分とは思われないからであろう。

第3章

北欧の金融危機

　本章では80年代後半から90年代始めにかけて起きた北欧の金融危機を取り上げる。近年の金融危機理論の発展を考慮しながら，北欧でもとくに金融危機の影響の大きかったフィンランドとスウェーデンを対象にどのような要因によって金融危機が展開したかを分析し，そこから金融危機一般についての知見を得ることを目指す。とくに，バブルはどのようにして生じたか，固定相場になぜ固執したか，不良債権の処理はどのように進んだか，という3点に焦点を当てる。

第1節　金融危機の経過

　まず，フィンランドとスウェーデンの金融システムの特徴と金融危機がどのように生じたかの概略説明から始める。

(1)　フィンランドとスウェーデンの金融システム

　スカンディナビア諸国を歩いて，まず気がつくのは金融機関の名前がどれも同じだということである。確かにスカンディナビア諸国の金融機関は高度に集中している。2005年末で，スウェーデンでは5大銀行で総金融機関の総資産の84.2%，フィンランドでは84.3%，デンマークでは66.3%，ノルウェーでは48.7%となっている[1]。スカンディナビア諸国のような小国では，規模，範囲の経済性から金融機関はある程度大きくなる必要があることは理解できる。しかし，その集中化は最近になって急速に進んだ。業務を越えて，また国境を越えて合併が進行したのである。その理由は90年代初めの金融危機にある。

　現在スカンディナビアを代表する銀行はノルディア（Nordea）である。金融危機後，合併吸収を繰り返し，現在スカンディナビア最大の金融グループである。その総資産は6,756億ユーロ（2016年Q1）で，デンマークとフィンラ

ンドの GDP の合計にほぼ等しい。その名前の由来は，Nordic と Idea である。つまり，Nordic ideas というわけである。その母体はスウェーデンの銀行，ノルドバンケン（Nordbanken）で，1992年にほぼ倒産しかけたが，数年で素早く回復し，合併を目指した。93年にゴータ銀行を吸収した。最初は敗者の集まりに見えたものが，現在のノルディアの中核となったのである。その後，フィンランドのメリタバンク（Merita Bank），ノルウェーのクリスティアニア銀行（Christiania Bank），デンマークのユニ銀行（Unibank）と合併し，さらに北欧の抵当金融機関や保険会社を吸収している。2001年には名前を現在のノルディアに変更した。その歴史はスカンディナビア諸国の金融危機回復の歴史でもある。

　その他の銀行も類似の方法でスケールは小さいながらも拡大していった。ほとんど，すべての新しい持株会社はバルティック諸国に子会社を設立した。ノルディア，スウェーデン SEB のような大銀行はヨーロッパ大陸の大銀行さえも吸収し始めた。スウェッドバンクのような銀行は同じような貯蓄，組合銀行をもつ国の銀行と戦略的同盟を結ぶようになった。このような吸収，合併，提携の波は北欧固有の現象ではない。金融機関の競争が高まっており，世界各地で起きている。だが，この集中化が北欧領域内で生じているのが特徴であり，スカンディナビア以外の国の金融機関がこれらの地域に参入することはほとんどない。

　現行の集中化の2つの特徴は，「金融全ての分野を扱う：all finance」と「インターネットバンキング」である。前者は業務の統合である。ノルディアのような金融グループは保険，年金管理などを含む銀行，金融のあらゆるサービスを提供している。スカンディナビアの銀行はエレクトリックバンキングで世界をリードしている。ノルディアの顧客は約1,000万であるが，そのうち590万はインターネット取引の顧客である（2009年）。ノルディック諸国の不利な点は人口の少ないことであるが，これをコンピュータ技術によってカバーしているのである。人口密度の低い国で支店の設置はコストがかかる。そこで，all finance で範囲の経済を創出するインセンティブが働く。また，エレクトリックバンキングによって「規模の経済」を得ようとする。技術進歩と集中化は互いに影響しあって展開する。なぜなら，エレクトリックバンキングからの利潤はネットワークのサイズと共に成長するし，買収，合併はネットワークのサイズ

を大きくする。国境を越えた金融グループの出現は各国の監督当局間の協力が必要となる。銀行，保険，投資会社の管理に協力をしている。各中央銀行は金融安定についての報告書を毎期出しているが，そこでは，金融機関の国境を越えた活動にますます注意を払っている[2]。

(2) 金融危機の概略

　まず，スカンディナビア諸国の金融危機がどのようにして生じたか説明する。1980年以前のスカンディナビアの金融市場は未発達であった。銀行貸付けが中心で，金利は規制され，貸出限度があり，ポートフォリオ制約があり，為替管理もあった。小さな銀行間市場があるだけで，貨幣市場は存在しなかった。債券市場は国および抵当金融機関の発行する債券の発行市場があるだけで，投資家といえば，国内の保険会社と年金ファンドであった。これらは法的に一定量の国債保有を強制されていた。株式市場もまた低調であった。公開株式は少なく，株式のほとんどは経営戦略の観点から保有され，ファンドに長期保有の目的で保有された。他国と同様に1980年代の金融の規制緩和と統合によって変化した。1970年代に物価，金利，為替がますます変動的になったので，多くのスカンディナビアの企業は為替管理を停止し，グレーの信用市場を用い始めた。政府や中央銀行は量的規制で金融市場の規制は不可能と感じ取ったので，彼らは銀行貸付および金利の管理を廃止し，オープンな金融市場と債券市場を作った。さらに，ポートフォリオ制約や為替管理を廃止したので，株式市場はますます活発になった。

　規制緩和は同時に起こったのではない。まずデンマークではEEC（今のEC）に加盟し，EECのルール，規制に従うようになった1975年ごろに始まった。スウェーデンとノルウェーでは80年代初めに貨幣，債券市場が十分大きくなったころに始まった。他方，フィンランドでは債券，株式市場は90年代の初めにやっと始まった。

　フィンランドおよびスウェーデンの金融危機を語る場合には，まずその前段階として，80年代からの金融自由化と金融緩和を挙げねばならない。金融市場の規制緩和により，貸出しブームが起こり，海外からの資本流入が起き，それが国内の消費，投資を支えた。海外からの資本流入は固定相場がその基礎にある。国の経済が安定し固定相場に対する信頼が厚いときに，規制の枠をはずせ

第1ステージ
バブル発生1980年代初めから90年まで

金融規制緩和と固定相場制

国際的な好景気，金融緩和，実質金利の低下
↓
リスク管理の甘さ，不十分な監督機関
↓
貸出し増加，海外からの資本流入
↓
資産価格の上昇
↓
プラスの資産効果
↓
消費，投資，輸入の増加
↓
バブル景気→貸出し増加，海外からの資本流入（バブルの循環）
↓
負債の増加
↓
景気過熱
↓
為替レートの上昇
↓
経常収支の悪化，財政の黒字増

第2ステージ
バブル崩壊：1990年から93年まで

金融危機および通貨危機の同時発生

景気過熱，為替レート過大評価，インフレ率の上昇
↓
国際的な景気悪化，資本流出
↓
通貨攻撃の始まり
↓
固定相場堅守，金融引締め
↓
実質金利上昇
↓
消費，投資，輸出の減少
↓
国内景気悪化
↓
過剰債務
↓
資産価格下落
↓
不良債権の増加
↓
債務デフレの発生
↓
実体経済の悪化
↓
財政赤字，失業の増加
↓
固定相場の廃止，変動相場制への移行
↓
金融緩和
↓
不良債権処理と公的資金導入
↓
金融システムの回復
↓
景気回復

ば，投資機会を求めて海外資金が流入するのは当然である。したがって，金融自由化と固定相場による海外からの資本流入が投機バブル発生の主因と理解できる。また，為替レートの強含みが金融緩和の余地を作ったことも見逃せない。為替レートが減価傾向にあるときには，固定相場制のもとでは安易な国内金融緩和はできない。しかし，為替レートが増価傾向にある場合には，金融緩和の余地はある。固定為替の点は異なるが，金融自由化と金融緩和がバブルを起こしたという意味ではわが国の80年代後半からのバブルと極めてパターンは類似している。また，固定為替の点を見れば，第6章で述べる90年代後半の東アジアの金融危機とも極めて類似している。またバブル前には金融緩和で実質金利が低くマイナスであったことも見逃せない。それが資産価格のインフレを生み，それがまた，富効果を生み，総需要を膨らませた。この拡大局面で固定相場は継続されると信じられていた。金融危機の流れを図示すれば，左頁のようになる[3]。

(3) **両国のデータによる金融危機の展開**
① **フィンランドのケース**[4]

フィンランド経済は90年代に厳しい不況を体験した。実質 GDP は90から93

図3-1　実質 GDP（対数値）

（出所）　OECD データベース

図3-2　銀行貸付（100億マルカ）

（出所）　OECD データベース

図3-3　マネーストックの増加率（対前年比）

（出所）　OECD データベース

年にかけて急速に低下し，実質GDPは4年間で14％以上も下落した。90年にピークに達し，92年末には急速に下落したのである（図3－1参照）。この不況の前に金融自由化があった。金融自由化の結果，銀行貸付は1985年以降急速に拡大し，90年にピークに達した（図3－2参照）。海外からの資本流入もまた，貸付ブームに拍車をかけることになった。

金融自由化それ事体は急速な資産インフレを起こすことはない。金融緩和の下で金融市場が規制緩和された時，はじめて資産価格は上昇する[5]。貨幣ストックは徐々に増加し始めた。1989年第1四半期には貨幣ストックの増加率はM_1で17.7％に達し，M_2では1988年第1四半期に18.4％に達した。そのピーク後，貨幣ストックはともに急速に下落している（図3－3参照）。

金融自由化と資産インフレのタイミングはわが国の80年代と非常に類似している。フィンランドでは，金融規制緩和が始まった1980年代以前には直接金融は未発達であった。預金金融機関が金融市場の中心であり，銀行は融資を通じて企業支配を行っていた。

フィンランドではバブルおよびその崩壊は次のようなプロセスを通じて起きた。データで見ると，フィンランドのバブル期間は1985年から1990年で，一方バブル崩壊後の不況は1991年から1993年であった。1985年から1990年のGDP平均成長率は3.4％であり，バブルは1986年ごろから始まった。バブル起こした要因としては次の3つを挙げることができる。

第1の要因は金融自由化である。自由化の結果，証券市場は急速に発達した。また，80年代後半の為替管理の廃止によって海外からの借入は急増した。銀行貸付金利の自由化，海外からの民間借入によって，銀行貸付は急増した。

第2の要因は，交易条件の急速な改善である。原油価格の下落および木材関連製品の世界市況の好転がフィンランドの輸出を促進した。

第3の要因は，金融緩和である。1986年から87年の貨幣ストックの増加率は年当りで10％を超えた（図3－3）。

インフレ率は少しずつ上昇し始めた。消費者物価は1986年の2％から1990年には8％に達した（図3－4）。インフレの急速な上昇はフィンランドの輸出競争力を弱め，深刻な経常収支問題を引き起こした。規制緩和と金融緩和が同時に起きたことにより，銀行は積極的に貸出し攻勢に出た。銀行間の貸出競争は激化した。とくに積極的な貸出しを展開したのは貯蓄銀行であった。同行はリ

表3-1　商業銀行の金利収入

(純金利所得／資産)

	1980	1984	1987	1990	1991
フィンランド	2.28	1.65	1.57	1.60	1.25
スウェーデン	2.26	2.21	2.49	2.08	2.09
ノルウェー	3.50	3.30	2.78	2.63	2.49
日本	1.61	1.36	1.20	0.90	1.11

(出所)　Shigemi (1995)

図3-4　消費者物価変化率

(出所)　OECDデータベース

スクの高い案件にも積極的に融資を実行した。金融自由化の進展とともに，金融機関の利潤は少しずつ減少していった（表3-1）。さらに海外からの資本流入も急速に増加した。その結果，不動産その他資産価格は著しく上昇した（図3-5）。

　このブームも1990年に終焉を迎える。実質GDPは1990年に下落し始め，その後93年まで下落を続ける。価格競争力を失い，交易条件も悪化したことにより，フィンランドの輸出は少しずつ減少し始めたが，ソビエト連邦の崩壊はその減少に拍車をかけることになった[6]。さらに，フィンランド銀行（Bank of

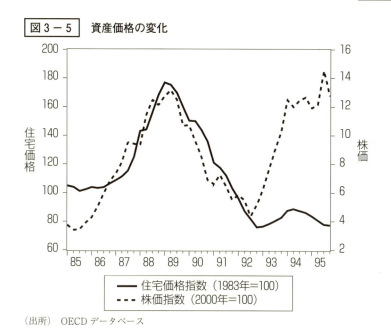

図3-5 資産価格の変化

― 住宅価格指数（1983年=100）
--- 株価指数（2000年=100）

（出所）　OECDデータベース

Finland）は1990年からマルカへの通貨攻撃を防ぐために金融引締め政策を実施せざるを得なくなった。しかし，この金融引締めはフィンランド経済に大きな打撃を与えた。

　経済の悪化に伴い，資産価格の下落が始まり，企業の倒産も増加した。1991年半ばまでに，企業の倒産件数は，月平均で600件にもなった[7]。1991-92年で銀行の不良債権は急速に増加した。不良債権のおよそ40％は建設，不動産，小売業への貸付であった[8]。金融危機が始まった。もっとも厳しい被害を受けたのが貯蓄銀行であった。貯蓄銀行はバブル期にとくに貸出しを増やした。貸出し競争の進展する中で，リスクの高い小企業や不動産業への貸出しウェイトを高めていった。また，不幸なことに，貸出しの多くは外貨建てであった。それで，マルカが減価したとき，その借手は大きな打撃を受けた。その結果，貯蓄銀行の中央銀行的存在である，スコップバンクがまず経営危機を迎える。その後金融危機は続き，92年に最悪となる。

　1989年末にはすでに銀行危機の兆候はあり，スコップバンクおよび貯蓄銀行グループの経営が問題視され始めた。フィンランド銀行と銀行監督局（Bank Inspectorate）はスコップバンクを特別監督下においた。スコップバンクの

CEOが安易な貸出し拡張政策の責任をとって自殺したとき，フィンランドの金融システムに対する信頼が大きく揺らぎ始めた。まず，当局は再建計画の提出を求めた。それによって，貯蓄銀行は資本注入を実行したが，この段階では公的資金の投入はまだなかった。

1991年になり経済全体が悪化し，民間の力だけではスコップの自立再生は不可能と考えられたので，中央銀行は1991年9月に介入を決めた。倒産銀行を引受けようとする前に厳しい流動性危機が発生した。1991年末には首相によってワーキンググループが結成された。このワーキンググループは，1992年3月に金融システム全体に深刻な問題が発生しており，思い切った救済策が必要との結論を出したが，それはスコップバンクの危機が表面化して2年以上もたってからであった。

フィンランドのマルカは92年9月にフロート制に移行した。それによって，フィンランド銀行は為替レートを指定ゾーンにキープする法的義務から解放された。よく知られている，固定為替相場，独立した金融政策，国際資本移動の自由化，の3つは同時に成立しない，という「国際金融のトリレンマ (the irreconcilable trinity)」から開放されたのである。

新為替レジームの下で，フィンランド銀行は国内経済を重視した金融政策の実施ができるようになった。短期金利はすぐに10％ポイントも下落した。その結果，資産価格は安定し，さらに上昇に転じた。また，為替制度の変更に伴い，インフレ懸念を起こさないように，フィンランド銀行はインフレターゲットを用いることになった。このインフレターゲットはフィンランド銀行がインフレに対して断固たる姿勢を持つというシグナルとなり，新為替レートシステムはインフレを起こすのではないか，という人びとの懸念を一掃することになった。1992年初めには政府は問題銀行の処理に公的資金を導入することを決めた。政府保証基金（Government Guarantee Fund：GGF）が銀行システムを支えるために設立された。公的資金は1994年まで投入された。金融システム救済のために投入された公的資金の総額は1992年の名目GDPの7.4％に達した[9]。

しかし，マルカの減価は輸出の回復をもたらし，94年以降フィンランド経済は回復軌道に乗り，平均4.5％の経済成長を遂げることになる。輸出の回復がもたらした影響は大きかった。1992－2000年で年平均10％も増加し，輸出額は金融危機前の2倍にも増加した。減税政策も大きかった。96－2007年に平均的

な所得税率は8％低下した。政府と組合の関係も良好で，賃金の安定に貢献し，生産性も上昇した[10]。産業構造は大きく変換した。これまで，フィンランドの産業は資源中心の重工業，金属，紙，パルプであったが，IT産業が新たに誕生した[11]。この金融危機によって，多くの非効率的分野がつぶれ，既存の企業，産業内で効率的分野が生き残った[12]。R&D，職業訓練，教育への民間，政府投資が続いた。他方通貨切り下げで実質債務負担の増加と国内需要の減少が生じたので，国内消費を当てにした非交易産業は衰退した。

フィンランドはその後，1996年にユーロ加盟を決定し，99年にはマルカをユーロにペッグする為替政策を実施した。政治面では1995年にそれまでの中道右派から社会民主党へと政権交代が行われ，同政権は，2003年まで続く。財政面でも回復の兆しが生じた。1994-97年の景気回復に伴い，財政支出を抑えたので，財政収支は著しく改善し，94年には財政赤字はGDPの6％を占めていたが，2000年には7％黒字に転じた。

財政面の支出カットは積極的に行われた。高齢化の進むフィンランドでは，年金受給者が増えているのに，社会福祉関連の支出は90年と比べて，90年代末には10％も低下した[13]。金融危機の最中に失業手当は増加し，財政を圧迫したが，景気回復後はこの支出は減少した。政府は積極的に支出カットに努めた。政府は，高い失業手当は失業者の労働インセンティブを失くすという名目で予算カットを進めたが，国民は福祉国家維持のために必要と受け入れた[14]。

② **スウェーデンのケース**[15]

スウェーデンでは，金融自由化は1980年代初めに始まった。銀行の流動性比率は1983年に，金利の上限規制は1985年の春にそれぞれ撤廃された。金融自由化によって，金融機関は急速に貸付けを拡大した。商業銀行，抵当金融機関，ファイナンス会社は競って貸出しを増やした。その結果，貸付総額は1986年から1990年に136％増加し，貨幣ストックは急増した（図3-6）。金融緩和は住宅ブームを引起し，住宅価格は急上昇した（図3-7）。税の優遇（A tax advantage）も住宅ブームに拍車をかけた。住宅購入のために銀行借入れをした場合，金利支払い分は課税所得から全額控除された。株式市場ではレバレッジの高い投資が実行された。株式市場は過熱し，株価は上昇を続けた。株価は1989年8月にピークに達し，失業率は減少を続け，1989年には記録的な低率に

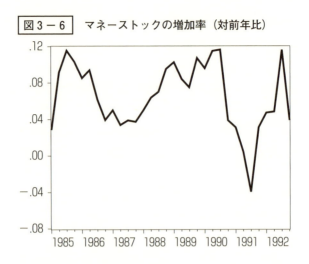

図3−6　マネーストックの増加率（対前年比）

図3−7　住宅価格の上昇率

――商業用住宅　――居住用住宅

なった。高いインフレ期待と税の優遇のために，税引き後の実質金利は非常に低くなった。

　しかし，このバブルも金融政策が引締めに転じた1990年に突然破裂した。また同時期に実施された税制改革により，従来認められてきた可処分所得からの支払い金利控除が著しく制約されることになったことも大きなマイナス要因と

なった[16]。金融引締めと税制改革の双方がスウェーデンのバブルを崩壊させた。1989年の秋ごろになると現行の家賃で入居者を見つけることが困難になり始めた，という報告書が出た後，不動産市場は急激に悪化していった[17]。株式市場にも陰りが見え始めた。とくに，不動産株価指数はピーク時から一挙に52％も下落した[18]。商業用不動産と住居の双方の価格変化は図3－7に示すごとく，急激に下落し始めた。バブル崩壊に切っ掛けは金融引締めであるが，それはドイツが再統一されて，国際的に高金利になったこと，およびリクスバンクがインフレを警戒し始めたことによる。

　ファイナンスカンパニーの1つ，ニッケルン（Nyckeln）が1990年9月に満期のきた短期手形（marknadsbevis）をロールオーバーできなくなった。これがスウェーデンにおける金融危機の始まりである。続いて，他の金融会社も短期手形市場の急激な収縮により資金を得ることができなくなった。金融会社というのは，預金を集めることはできないので，短期市場からの資金調達が重要な資金源である。金融会社の経営が難しくなるにつれ，その影響は金融市場全般に拡大し始めた。というのは，商業銀行は金融会社に多額の資金提供をしていたからである。スウェーデンの6大銀行のうち，最大の貯蓄銀行であるフェルシュタ貯蓄銀行（Första Sparbanken）とノルド銀行（Nordbanken）の経営も問題になりはじめた。89～90年にファイナンスカンパニーに問題が発生した初期段階で，銀行監督局（Bankinspektionen）は金融危機の拡大を民間の力で防ぐ道を模索した。そこで，まず，銀行がファイナンスカンパニーの貸出しを引き継いだ。次に政府が大蔵省を通じて介入した。ノルド銀行はもともと政府保有の銀行であることから政府が救済した。

　他の銀行については，フィンランドと同様に，民間での解決が求められた。92年4月には，ゴータ銀行の株主は自己資本増強のために資金投入したが，それ以上の投入を拒んだ。そこで，ゴータ銀行は海外の保険グループと契約し，130億クローナ内で貸出し損失が生じたとき，その補填のために借入ができることした。最大の貯蓄銀行，フェルシュタ貯蓄銀行の場合，政府は91年に最大38億クローナまで損失を補填する保証を与え，これは後に貸付となった。92年9月にゴータ銀行保有の持株会社が破産したときが，スウェーデンでの金融危機の始まりとなった[19]。この時，通貨危機も同時に起き，スウェーデンでは金融システム全体が危機に陥った。

スウェーデン政府の危機対応の特徴として、次の2点が挙げられる。

> 1．政府による即座の全面支援。ゴータ銀行の倒産その日に同行の債務全額保証を決定し、その僅か2週間後には小野党（Ny demokrti）を除く全党一致で、全銀行の債務保証を決定した。
> 2．倒産銀行の株主への補償はしない。

スウェーデンには預金保険がなかった[20]。しかし、そのためにスウェーデンの政治家は92年秋に救済の必要を感じたとき、素早い対応をとった。まず、全ての預金を全額政府保証すると宣言し、金融システムを全面的にサポートする体制をとった。問題銀行に対する公的資金の投入も早期に決定された。

フィンランドが1992年9月8日にフロート制に移行した後、通貨市場は不安定になった。リクスバンクはクローナの防衛のためにオーバナイト・コールレートを500％にまで上昇させた。しかし、フィンランドと同様に1992年11月には、フロート制への移行を決めて、新為替レジームの下で金融緩和を実施した。政府の速やかな公的資金導入とフロート制への移行がスウェーデン経済の速やかな回復をもたらした。フロート制移行による通貨の減価と国内金融の緩和によって、93年に経済は回復軌道に乗った。フィンランドと同様に輸出が牽引力となった。輸出の対GDP比は92年には28％であったが、2002年には45％にまで増えた。その理由としては、通貨の減価、賃金上昇の抑制と生産性の上昇、エリクソン（Ericson）の台頭、95年にEUに加盟し、海外からの投資が増え、ICT産業の成長を促したこと、などを上げることができる。ただ、内需は伸びず、消費は低迷し、貯蓄は増加した。各企業はバランスシート調整を進めた。

1992年の変動相場制移行により、金融緩和、低金利が可能になった。フィンランドと同様に、93年1月にはインフレターゲットが設定され、そのターゲットは2％±1％におかれた。その結果、インフレは急速に低下した。1992-93年の固定相場からインフレターゲッティング政策への移行は労働市場に大きなインパクトを与えた。金融危機後の低インフレ政策は賃金契約を低めに押さえた。94年秋にはフィンランドと同様に野党の社会民主党が政権の座についたが、新政権は緊縮財政をとった。大蔵大臣ヨーラン・ペーション（Goran Persson）

は財政再建を目指して，政府支出カット，増税に取組んだ。その結果，財政赤字は対 GDP 比で減少した。ペーションはその後首相を務め（1997－2006年），財政改革によって財政赤字は GDP の2％を上限とする，ことが決められた[21]。

第2節　金融危機の処理

次に，金融危機が深刻化し，多くの金融機関が不良債権からその存亡の危機に瀕した時に，政府および中央銀行はどのように対応したかについて考える。両国の金融危機は流動性危機（liquidity crises）ではなくむしろ支払能力危機（solvency crises）に陥っていた。政策対応は，以下の4本柱が中心となった[22]。1．拡張的マクロ経済政策，2．中央銀行貸付金利の低下で銀行利潤の改善，3．各種の政府保証を付け，資金の調達コストを下げる，4．国の資本投入。

すでに概略述べたように，わが国の金融危機とは異なり，両国の危機には為替が固定されていたことが金融危機をより深刻なものにした。したがって，為替が変動になり，その後減価したことが，危機の局面を打開し，金利の急速な低下を可能にした。両国ではわが国とは異なり，政府が迅速に対応したことも見逃せない。公的資本の導入は，フィンランドでは資本投入，スウェーデンでは資本保証という形でなされた。両国それぞれの場合について詳細に検討する。

(1) フィンランドの公的資金導入

フィンランドでは，銀行問題に関するワーキンググループのアドバイスに基づいて，92年3月に80億マルカを預金銀行に投入した。この優先株はティア1資本に算入された。優先株の金利は最初3年間は短期市場金利に等しく，その後，金利は銀行が株式で代替するインセンティブを持たせるように，高くされた。もし，銀行が3年以上契約金利を支払うことができなかったら，あるいは自己資本比率が最低水準を割ったら，政府はこの優先株を投票権をもつ普通株に転換できるように決められていた。

最終的には全ての銀行が政府資金を優先株という形で受け入れたが，その金利が市場金利よりも高くなる前に優先株を返済した。かくして，政府の支援コストは金利収入の損失のみに留まった。もし，政府の公的資金導入がなかったら，もっと金融危機の被害は拡大していたであろう。少なくともカンサリス・オサケ銀行（Kansallis-Osake-Pankki：KOP）[23]は確実に GGF の支援を求めた

であろう，と言われている[24]。

(2) スウェーデンの公的資金導入

スウェーデン政府の支援のほとんどは国営のノルド銀行に対して実施された。具体的には新規資本の増資という形でなされ，十分すぎる資本増強となったが，これは国家の予算の1つのポケットから別のポケットに入れ替えるだけであり，民間支援の場合のようなモラルハザードは起こさないと考えられた。その意味では，ノルド銀行は他行に比べて大変有利な救済を受けた。

しかし，民間銀行についても，さまざまな保証がなされた。フェルシュタ貯蓄銀行（Forsta Sparbanken）の所有者である財団には公開市場での借入金に保証を与えた。この保証は後に低金利での直接貸付となった。もっと後では，93年には，銀行支援機構（Bank Support Agency）がファーレングス銀行（Foreningsbanken）に対して，特別保証を与えて，自己資本が満たせるようにした。もし，8％の下限に近い，9％まで落ち込んだら，機構が市場金利に等しい金利で優先株を買うというものであった。既存の株主は98年までに額面で優先株を買い戻す権利を与えられた。もし，この権利が行使されない時には優先株は投票権を有する普通株に転換される，とされた。この点はフィンランドの資本注入と同じである。これは銀行が正常になったら，政府が資金を返還してもらうことを保証している。しかし，この保証が使われることはなかった[25]。

(3) 破綻銀行の処理

スウェーデンでは金融監督局が銀行監査を行っていたが，91，92年にとられた政策のほとんどは直接大蔵省によってなされた。フィンランドでは，上述したように最初の銀行倒産は中央銀行によって対応された。銀行問題の深刻さが理解されるにつれ，破産銀行の対応に特別の機関が設置された。

フィンランドではすでに述べたように，92年4月に特別機関，政府保証基金GGFが設立され，問題銀行への貸出し，貸出しの保証，株式の購入，などに使われた。当初意思決定は大蔵省，中央銀行，銀行監督局の代表からなる重役（ボード）にゆだねられていたが，実際には重要な決定は高度な政治レベルでの判断に依った。93年2月には正式な意思決定は政府に移管された。

GGFはフィンランドの銀行支援の中核となった。フィンランド銀行はスコッ

プバンクの株式をGGFに売却し，92年6月以降はこの銀行の再建に責任をもつようになった。GGFはまた，倒産した貯蓄銀行を引き受けてフィンランド貯蓄銀行：SBFに合併させ，それを再建した。同じく，前身が貯蓄銀行であり，80年代に商業銀行に転換し，多額の不良債権を抱えたSTS銀行（Suomen Työväen Säästöpankki）はGGFの手に委ねられることになった。そのために多額の資金が使われることになったが，GGFは銀行部門への公的資金導入の主たるチャンネルとなった[26]。

スウェーデンでは，92年9月24日に政府が初めて全ての銀行保証を宣言した。3ヶ月後には議会で正式に決定された。保証は大蔵省から特別機関，銀行支援機構に移った。この機関は93年3月から活動を始めた。フィンランドとは反対に，正式な意思決定は中央政府から独立機関に移った。この機関の仕事は政府援助を求める個別銀行の財務内容を精査することであった。国際的なコンサルタントチームの援助を受けて，ハンデルス銀行をのぞく全ての主要行の貸出しポートフォリオ，将来の見通し，を詳細に分析した。これはフォーレングス銀行と特別な同意をもたらした。実際には，この機関が具体的な意思決定をすることはほとんどなかった。この機関が活動を始める前には，銀行利潤は改善し，支援の必要もなくなっていた[27]。

(4) 資産運用会社の設立―アーセナルとセキュラム

フィンランドでは，アーセナル（Arsenal）が1993年11月にフィンランド貯蓄銀行（Savings Bank of Finland；SBF）の不良資産を処理するために，国営の機関として設立された。アーセナルはSBFのオーナとなった。SBFからアーセナルに移転された資産の簿価は390億マルカであった。その内訳は160億が企業向け貸出し，80億が家計向け貸出し，120億が保有不動産，30億が株式であった。その後，アーセナルは破産銀行，STS銀行の不良資産（1995年の移転時点で140億マルカ）およびスコップバンクの不動産も受け継ぐことになった。

フィンランドでは，このような資産管理会社設立をめぐっては厳しく議論された。不良資産を正常資産と分離し，破綻銀行を救済しようとしたが，不良資産の買取価格が高すぎ，民間保有の銀行に補助金を与えることになるという厳しい反対論が起きた[28]。それで，議会は93年2月に資産管理会社の設立を拒否した。しかし，政府はこの金融危機の厳しさを国民によく説明し，政府の責任

範囲を明確にし，93年10月には再度可決された。そして，この資産管理会社が金融システム再構築の中心として活動した。資産売却は市場に悪影響を及ぼさないように慎重に少しずつ進められた。2000年にようやく終了し，処理コストは200億マルカとなったが，それは移転資産の簿価の50％であった。

　スウェーデンでは，銀行への公的支援と同時に，各銀行の保有する不良債権を処理するために，資産運用会社が設立された。まず，92年にセキュラム（Securum）がノルド銀行の不良資産処理の目的会社（bad bank）として設立された。当初はノルド銀行の再建のためと考えられており，金融危機一般に対処するためとは担当者は考えていなかった。簿価で670億クローナの不良資産がセキュラムに移転された。その支払い費用として，政府は240億クローナの支出をし，他はノルド銀行からの融資により賄われた。さらに，そのノルド銀行へも政府は公的支出をしている。ともかくも，セキュラムは93年1月に100％国の株式保有の独立会社としてスタートした。その資産はすべて不良債権であり，その物件は2,500にのぼり，その担保価値は150～200億クローナと推定された。これはスウェーデンの商業用不動産価値の1～2％に相当した。当然のことながら，資産価格の下落時点でこの資産を市場で売却すれば不動産市場をさらに悪化させる懸念があったので，その処理は慎重に進められた。

　資産売却のほとんどは，95，96年に実施された。不動産市況は少しずつ回復していたが，バブル前に比べるとまだ低かった。同社は97年にその役目を終えて解散した。予期されたよりも早い解散であり，当初投入された資本240億クローネのうち，140億クローネが国に返却された[29]。

　最終的にどれだけの財政負担が生じたかという問題は重要であるが，それは容易ではない。1つは不良債権の正確な価格設定ができないことである。通常ゼロと査定されるが，それは現実的ではない。大抵はその後の景気回復にともなって，上昇している。したがって，最終的な財政コストはもっと低くなる，と考えられる。問題はどの時点で財政コストを計るかである。例えば，スウェーデンでは政府支援の大部分は国営の銀行に用いられ，それが次に一部民営化された。その後，ノルディアの株価は上昇している。セキュラムが解散し，余剰金が政府に返還された1997年半ばに政府の公的資金投入の収支計算をすると，金融危機における財政負担の正味は350億クローナで，1991年 GDP の1.7％となる。一方フィンランドの場合には330億マルカで，1991年 GDP の6.5％となる。

財政コストはGDPと比べると小さいが，銀行資本と比べれば大きい。とくに，フィンランドでは危機勃発時の資本60％以上にもなる[30]。ただ，言えることは，金融危機に対する公的資金導入は財政を悪化させたが，他の危機と比べると納税者の負担はそれほどでもない。また，その後の資産市場の好転に伴う，資産売却益などを考慮すると，財政の実質負担はかなり小さくなっているはずである。

公的支援の詳細は表3－2および表3－3に示すとおりである。

表3－2 フィンランドの公的支援，1991～96年（10億マルカ）

1991年	フィンランド銀行によるスコップバンクへの支援（株式）	3.5
1992年	全ての預金銀行への資本注入	7.7
	スコップバンクへの追加支援	1.5
	フィンランド貯蓄銀行（SBF）への支援（株式）	10.0
1993年	STS銀行への支援（株式）	3.0
	スコップバンクへの追加支援（株式）	1.0
	SBF（アースナル）への追加支援（株式）	7.1
1994年	スコップバンクへの追加支援（株式）	0.5
	SBF（アースナル）への追加支援（株式）	6.2
1995年	SBF（アースナル）への追加支援（株式）	8.0
1996年	SBF（アースナル）への追加支援（株式）	3.8
	合　計	52.4

（出所）Peter Englund and Vesa Vihriala（2009）p.98 Table 3.2a

表3－3 スウェーデンの公的支援，1991～94年（10億クローナ）

1991年	ノルド銀行（新株式）	4.2
1992年	ノルド銀行の旧株主へ	2.1
	ノルド銀行（新株式）	10.0
	セキュラム設立	24.0
1993年	ゴータ銀行（新株式）	25.1
1994年	フェルシュタ貯蓄銀行（金利補助）	1.0
	合　計	66.4

（出所）Peter Englund and Vesa Vihriala（2009）p.99 Table 3.2b

(5) 公的支援とモラルハザード

　政府が公的支援を行う場合，責任の所在を明確にしない限り，モラルハザードを起こす危険性は十分ある。フィンランドもスウェーデンも全面的に債務保証するという決定をしたが，それは預金者を保護すると同時に金融機関の株主を守るという側面を持っている。このような公的支援が安易に行われると，金融機関はモラルハザードを起こし，過度のリスクテイクをとるようになる。アメリカのS&L金融危機では預金保険の充実をよいことに金融機関は過度のリスクをとったことはよく知られている[31]。両国は公的支援の実施にあたり，預金者は保護するが株主は保護しないということを明確にした。そこで，当局が新たな株主になったとき，旧株主には何の補填もしなかった。

　しかし，完全にこのルールが守られたわけではなかった。フィンランドでは銀行の株主にも幾分かは支払われた。民間の株主にわたったのは，12億マルカで，危機の始まった当時の銀行資本総額の5％以下で，それ程大きくはない。STSバンクの株主（財団）には，現実には債務超過になっていたが，7,500万マルカが支払われた。

　スウェーデンでも，破綻銀行の株主はある程度救済された。第一貯蓄銀行（Forsta Sparbanken）の株主，財団は10億クローナの金利補助を受けた。ノルド銀行の小口株主には92年の夏に，株価はわずか18クローナでまだ下落傾向にあったが，1株について21クローナが支払われた。この補助金は総額で3億クローナとなった。この決定は金融危機の初期段階でなされたために，その後，政府は第一貯蓄銀行の金利補助金について返却を求めたが，うまくいかなかった。

　金融システムの再建が進む中で，政府の隠れた補助が問題になった。フィンランドではSBFの場合，健全資産と不良資産に分割した際，健全資産の価格付けに問題があるという意見もでた。スウェーデンでも，ノルド銀行がセキュラムに売却した資産の価格が問題になった。ただ，金融市場が全く機能していない危機の時点で適正価格を見つけるのは難しく，一概に甘い価格付けになっているとは言い難い。

(6) 金融再編成

　金融危機によって銀行システムは再編成された。フィンランドでは破綻金融

機関はすべて消失した。スコップバンク,フィンランド貯蓄銀行(Saving Bank of Finland; SBF), STS銀行の正常資産は他の銀行に売却され,問題債権は資産管理会社を通して売却された。一方スウェーデンでは破綻した2行－ノルド銀行とゴータ銀行は存続し,ノルディア金融グループとして生まれ変わった。

　フィンランドでの最も特徴的な処理は,SBFの分割と不良資産の売却である。不良資産は資産管理会社に移され,4つの国内金融機関に等しく売却された。とくに,すべての支店は買収銀行に売られ,貯蓄銀行はすべて一晩で消滅した。身売りについて海外の金融機関にも打診されたが,全く相手にされず,かといって国内銀行1行では買収不可能であったので,4つに均等割りされた。この危機がきっかけとなって,2大商業銀行KOPとSYPが95年にメリタバンクに統合された。とくに,KOPは巨額の損失を抱え,単独では再生不可能と思われた。

　スウェーデンでは,6つの主要行で今残っているのは,4行である。その4行はノルディア,ハンデルスバンク(Svenska Handelsbanken),エンスキルダバンク(Skandinaviska Enskilda Banken),スウェドバンク(Swedbank)である。この4行でスウェーデンの金融機関の総資産の約82％を占める[32]。もし,市場にまかせておけば,少なくともノルド銀行とゴータ銀行の2行は消滅したであろうと言われている。ノルド銀行では,政府の援助で生き残り,他方ゴータ銀行は政府の買収後売却された。政府はゴータ銀行をノルド銀行に売却した。この銀行はその後,97年にメリタバンクと合併し,さらにデンマークのユニデンマーク銀行(Unidanmark)とノルウェーのクリスティアニーア銀行(Christiania Bank)と統合し,北欧の銀行のコングロマリットとして成長した。現在では北欧最大のノルディア金融グループとなった。

　両国では構造改革が進められた。両国のコストパフォーマンスは悪かった。とくにフィンランドでは悪かった。そこで,フィンランドはIT化の促進に力をいれた。その結果,フィンランドでは今やインターネットバンキングの国民1人当たりの普及率は世界一であり,またモバイルフォーン利用の銀行サービスにも力を注いでいる。行員数および支店数は89年をピークに現在はその半数にまで減少した。フィンランドの銀行は危機の前にはコスト効率が悪かったので,当然ながら効率化の恩典はスウェーデンよりもフィンランドでは大きかっ

た[33]。スウェーデンでも同様の効率化がはかられ、テレフォンバンクやインターネットサービスに力点が置かれた。その結果、スウェーデンとフィンランドはEU全体で人口当たりの行員数は最小となった。事実、総収入／総コスト比で計ったコスト効率性でフィンランドはスウェーデンを抜いた。これに対して、行員1人当たりの銀行資産の価値を見ると、スウェーデンの銀行はEUの平均よりも高く、フィンランドの銀行は低い。資産10億エキュ当たりの行員数は1985年から95年にかけて929から371に（フィンランド）、205から137に（スウェーデン）それぞれ減少した。これに対応するEU平均は507から241に減少した[34]。

第3節　金融危機の特徴

(1) 債務デフレと貸し渋り

　金融危機の特徴は土地や住宅といった不動産投資と関連していることである。本章で取り上げたスカンディナビアの金融危機も不動産投資と密接に関連している。わが国の80年代後半からのバブル、その後の金融危機、80年代のアメリカのS&L危機、それに最近のアメリカのサブプライム金融危機にも共通する。それは、不動産担保の融資が銀行にとってきわめて魅力的だからである。不動産担保の融資は不動産価格が上昇している限り、他の資産よりもきわめて高い収益を上げることができるからである。ただ、それはあくまでも不動産価格が上昇しているか、少なくとも下落する可能性は皆無という前提の上での話しである。

　いったんその価格が下落すると、たちまちにして債務の実質負担が増加することになる。それによって、企業のバランスシートが悪化すれば、貸出し、投資支出は減少し、経済活動は一段と落込むことになる。金融危機は債務デフレを併発することにより、きわめて深刻な危機に発展する。これを最初に明らかにしたのが、フィッシャー（1933）であり、それをさらに理論的に精緻化したものとして、バーナンキとガートラ（1989, 1990）、清滝とムーア（1997）がある。

　フィッシャー（1933）は1930年代のアメリカ合衆国の大恐慌について分析した。当時アメリカでは資産価格暴落に加えて、一般物価も3分の1下落した。彼の理論は債務デフレ理論であり、景気悪化に伴うバランスシートの悪化を重

視した。彼は4つの過剰：自信過剰（over-confidence），過剰投資（over-investment），過剰投機（over-speculation），過剰債務（over-indebtness），を強調した。自信過剰から過度の投資，投機が行われ，それが過度の債務を発生させる。過剰債務は借手，貸手のいずれかの警戒感から，債務清算を生み，資産の投売りを促す。その結果，資産価格が下落する。借手である銀行債務の名目価値は一定であるのに，借手の純資産価値は下落する。銀行の担保にしている資産価値が下落するので，資産のさらなる売却が生ずる[35]。伝統的なケインジアンアプローチはバランスシート調整を無視しているのに対して，フィッシャーの分析は金融市場の動きに焦点を当てた。ここでは，債務契約が名目で固定されている点が問題となる。物価が下落し，実質金利が上昇すると，銀行ローンのような名目債務の実質価値が上昇する。その結果，資産売却が増え，借入れと消費の減少が生ずる。一方貯蓄は増加する。この悪循環はスウェーデンとフィンランドの危機の主たる特徴である。

　債務の実質価値が下落し，債務デフレが発生すると，その過程で金融機関の貸し渋りが発生する。なぜ，金融機関はデフレの過程で貸し渋りを起し，デフレスパイラルの中核となるのであろうか。まず，典型的な銀行のバランスシートを考えてみよう。バランスシートの左側（借方）には銀行の資産が，右側（貸方）には銀行の負債が表記される。その内訳は資産としては，貸出し，国債などの有価証券であり，負債は預金である。資産と負債の差額は純資産であり，銀行自身が調達資金するので，自己資本といわれる。かくして，バランスシートの左右は必ず等しくなる。

　銀行は預金者から預金を借り受けて，それを企業や家計に貸し付けたり，有価証券を購入することによって資産運用して利益追求するのであり，もし，貸出しが不良債権になれば，バランスシートの左側が減少するので，右側をそれに応じて減じる必要がある。しかし，預金者から集めた預金に手を付けることはできない。そこで，自己資本をはき出すことになる。貸出しが不良債権になっても，自己資本が充実しているかぎり，それが拠り所となって，預金者に被害が及ぶことはない。しかし，不良債権の額が大きくなってくると，自己資本だけでは足りなくなってくる。自己資本がゼロの状態になれば，つまり，資産が負債を下回る状況におちいれば，その銀行は債務超過となり，銀行倒産となる。債務超過にならないまでも，不良債権の増加により自己資本の減少が進

むと，銀行は預金者の不安から過度の預金引出し（bank run）の可能性に備えなければならない。それで，できるだけ流動性の高い資産にウエイトを高めていく，貸出しなどの流動性の低い資産は敬遠されことになる。

また，近年では，銀行の自己資本が大きく毀損する前に，銀行経営をチェックするために，自己資本比率が厳しくチェックされ，規制の最低水準よりも低下すれば厳しい業務改善命令が政府によってなされる。自己資本比率は自己資本を資産全体で除したものである。この比率計算では資産は単純に合計されるのではなく，ウエイト付けされる。例えば，国債のウエイトはゼロで，企業貸出しはウエイト1である。つまり国債はいくら増やしたとしても，自己資本比率の分母を大きくせず，比率を減じることはないが，企業貸付けは直に比率を下げる。そこで，企業貸付けは敬遠されることになる。このように，不良債権は貸し渋りを促す。とくに，デフォルトリスクの高い中小企業がその対象になる[36]。これらの企業は貸し渋りどころか，貸し剥がしの対象になるのである。そこで，自己資本を増やす，株式の発行を増やすことが考えられる。しかし，不良債権を抱え，自己資本が大きく毀損している銀行の増資に応ずる株主は存在するであろうか。あり得ない。そこで，政府による公的資本の導入が必要となるのである。

表3－4　金融機関のバランスシート

資産	負債
準備金 貸出し 有価証券（国債など）	預金
	自己資本

インターバンク市場は中央銀行が金融政策を行う重要な市場であると同時に，その市場では金融機関が日々大量の資金を融通し合っている。1つの金融機関が債務不履行をおこすようなことがあれば，その影響は他の金融機関にも連鎖的にその影響は及ぶ。また，企業は互いに金融機関のネットワークを通じて資金決済をしている。そこで，金融システムの崩壊が企業に及ぼす影響はきわめて大きい。債務不履行の金融機関が大きければその影響ははかり知れない。したがって，金融機関の破綻に際してとられる too big to fail 政策（大きな金融

機関は倒産させてはならない）にはそれなりの意味があるのである。この意味で，わが国と異なり，フィンランドとスウェーデンの政府および中央銀行がとった速やかな金融機関救済策は高く評価しなければならない。わが国では銀行の不良債権が現実化しないように追い貸しが続けられた。それが，不良債権を一時的に隠蔽し最終的に不良債権額を膨張させることになった[37]。

(2) 固定為替制度の問題点

　フィンランドとスウェーデンの金融危機の特徴は銀行破綻と固定相場制による通貨アタックにある。したがって，為替レートをなぜもっと早期に変動相場制に切り替えていなかったのかという疑問が生じる。この疑問を解明するために，まず，為替レートをターゲットにすることの利点を一般論として整理することから始める[38]。まず，固定相場にしておけば，インフレを抑制することができる。国際貿易財の価格が機軸国（例えば，ドイツ，アメリカ）のインフレ率にリンクされるので，国内のインフレを抑制することができる。たとえば，2002年まで，アルゼンチンではペソをドルと1対1でリンクさせた。そこで，ある1単位の商品が国際的に10ドルで取引されていれば，アルゼンチンではその商品価格は10ペソになる。したがって，固定相場が維持されることに十分な信頼があるなら，固定相場制は国内のインフレを機軸国のインフレに釘付けるメリットがある。

　また，政府ないし金融当局が国民の予想を裏切って政策を変更することがなくなる。つまり，時間非整合性（time inconsistency）の問題が排除できる。固定相場制の下では金融政策は自動ルール化されるので，安易な意図的政策変更は不可能になる。国内の通貨が減価し始めると，金融政策は引締めざるをえず，上昇傾向にあると金融は緩和せざるを得ない。そこで，中央銀行の意思による裁量的政策は不可能になる。それ故，中央銀行は過度な金融緩和を行って，短期的に産出，雇用の拡大をねらうという時間非整合性のワナに落ちなくて済む。

　さらに，固定相場にしておけば，政策の透明度が増し，国民は政策を理解しやすくなる。為替レートを中心に政策がなされるので，政策は単純で明快なものになる。固定相場制を維持した国はこのような利点を重視したのである。固定相場制が先進国のインフレ抑制にうまく用いられてきたのは納得できる。し

たがって，ヨーロッパの主要国，たとえば，フランスや英国はドイツマルクにリンクさせることによって低インフレの実現に成功した。フランがマルクに初めてリンクされた1987年には，インフレは3％でドイツよりも2％高かったが，92年までには，インフレは2％にまで落ち，さらにドイツよりも低くさえなった。96年までには，両国のインフレは2％弱のところで一致した。固定相場は新興国でもインフレを下げる有力な手段として用いられる。たとえば，メキシコは通貨切下げを実施した1994年前には，インフレを1988年の100％から94年の10％まで下げることに成功した。

　他方，固定相場制の欠点としては次のようなことが考えられる。まず，国内経済優先の金融政策ができなくなる。為替レートターゲットをしていると，資本自由化の下では国内ショックに対応した金融政策ができない。そればかりか，アンカー国のショックが直接固定相場制の国に伝播する。なぜなら，アンカー国の金利変化が固定相場の国の金利変化を促すからである。これは，後に詳しく述べるが，フィンランドとスウェーデンの金融危機はこの問題が大いに関係している。この問題はドイツが90年に統一された時に起きた。ドイツでは統一に伴う旧東ドイツ再建に巨額の財政コストがかかり，その結果インフレ圧力が高まり，ドイツでは金利が上昇し始めた（長期金利が91年2月まで，短期金利が91年12月まで）。ERMのアンカー国であるドイツの金利上昇はマルクにリンクされている，ERM加盟国の金利の上昇をもたらした。その結果，ERMにとどまり，固定相場に固執した国では，経済は減速し，失業は増加した。

　また，固定相場の国は通貨アタックを受けやすい。経済が悪化し，失業が増加している国は通貨攻撃を受けやすい。なぜなら，これらの国は早晩固定相場を維持できないであろうと，投機家が判断するからである。通貨を防衛しようとすれば，金利を上げざるをえず，そのマイナスの影響に経済は耐えられなくなるからだ。ドイツの統一によって，92年9月に，通貨危機が起きた。統一後の金融引締め政策によって，ERM加盟国はマイナスショックを受けた。

① **フィンランドのケース**

　フィンランドはマルカを安定させるために固定相場に固執した。その理由は，景気が悪化するたびに，輸出競争力を高めるために，通貨切下げを実施してきたことにある[39]。それによって70年代，80年代初めの世界的不況も乗り切った。

このような政策は通常，ソフト通貨政策と呼ばれる。しかしこのような政策には問題がある。国内景気が悪化した時に，通貨切下げを実施すれば，短期的には輸出が促進され，景気は回復するが，果たしてそれで本当の景気回復になったのかという問題が生じる。事実，フィンランドでは他国よりも高いインフレが持続していた。通貨切下げは，短期的には競争力，利潤，投資増加，成長とフィンランド経済にプラスに作用したが，長期的にはフィンランドの経済構造そのものの問題点を隠すことになる。このようなソフト通貨政策が繰り返し実施されれば，国民はそれに慣れてやがて切下げ政策の効果はなくなる。経済の根本的な問題解決にはならず，問題点を隠蔽することになる。マルカは弱い通貨であったが，それを強くするには経済構造そのものを変えねばならない，とは理解されず，切り下げに活路を見出したのである。

安易な切下げによる反省から，厳格な固定相場の維持に強くこだわるようになった。1986年8月に小規模の通貨攻撃を受けた時には，フィンランド銀行は短期金利を一時40％にまで上げ，通貨価値の維持に努めた。切下げは国内経済を短期的に浮揚させる一時凌ぎの策でしかなく，結果的にはインフレを生む政策であると強く認識されるようになった。

91～92年にかけて，通貨危機が発生すると，それにいかに対処すべきかが大きな政策課題となった。フィンランドだけでなく，ヨーロッパ全体で固定相場はインフレを抑える良い政策手段と考えられていたので，フィンランドでも固定相場維持の政策がとられた。とくに，フィンランドではEUに加盟すべきという意見が強かったので，もし，ペッグを放棄すればEU加盟の妨げになると考えられた。したがって，最後までペッグに拘り，通貨攻撃に対して国内金利を上昇させてマルカを守ろうとした。

1991年9月19日にスコップバンクがコール市場で資金調達できなくなり，金融危機は勃発した。フィンランド銀行の公的資金導入にもかかわらず，不安は一気に拡大し，工業生産は減少し，倒産は増え，失業も増加した。このような悲観論が蔓延する中で，ヘッジファンドによるマルカ攻撃が始まった。フィンランド銀行は1991年8月から短期金利を急激に上昇させ，また8月半ばから2ヶ月にわたって，280億マルカ相当の外貨準備を使って，マルカを買い支えた。しかし，外貨準備も底をつき始め，10月末には僅か160億マルカを残すのみとなった。そのような状況の下で，7％の名目賃金のカットが労働組合に提示さ

れたが，受け入れられず，通貨攻撃はさらに熾烈さを加えた。結局，1991年11月14日にマルカは13％切り下げられた[40]。

② スウェーデンのケース

　事情はスウェーデンでも同じであった。フィンランドと同様に，70，80年代に通貨，クローナはしばしば切り下げられたが，それは経済を一時的に回復させる短期効果しかなく，インフレを生むという教訓を得ていた。固定相場を維持している限り，低い安定した物価上昇の維持は可能であると考えられた。リクスバンクは為替レートを目標にする政策を実施した。ハード政策を選択したのである。

　この教訓は80年代に少しずつ現れた。インフレ抑制は政策の重要課題であり，そのために固定相場は有効と考えられた。91年1月の社会民主党予算でもインフレ抑制が中心課題であり，雇用よりも物価安定が優先された。そこで，スウェーデンは91年5月に，フィンランド，ノルウェーと同じくECUペッグ政策をとった。

　スウェーデンはクローナの防御のために，92年12月に極短期に市場金利を500％にまで上昇させた。イギリス，イタリア，フィンランドが変動相場制に移行した92年9月には，固定相場の通貨は軒並み通貨攻撃を受けた。スウェーデンも92年11月に変動相場制に移行せざるをえなくなった[41]。

　92年秋に，スウェーデンはなぜそこまでしてクローナは防御しようとしたのか。その点をやや詳細に見てみよう[42]。金融危機の最中，野党の非社会主義党は新たなルール重視政策を考えていた。1991年の選挙で，保守党および自由党の連合政府が社会民主党政府に取って代わったが，新政権は新たな政策綱領，「新生スウェーデンを目指して（Ny start for Sverige）」を発表した。それは，ルール政策とサプライサイド経済学を重視したものであり，従来の財政政策を中心とした政策と決別するものであった。規制緩和，民営化，構造改革を柱とするもので，彼らは前政権，社会民主党の安易な「第三の道」政策が不況を引き起こしたと考えた。したがって，為替政策についてもこれまでの度重なる切下げ政策は，必要な構造改革を遅らせた大きな原因の1つと考え，ソフト通貨政策を批判し，固定相場を強固に支持した。しかし，そのハード通貨政策が通貨危機を呼び，スウェーデン経済をさらに困難に追い込むとは理解していな

かった。大蔵大臣のウイブル（Anne Wibble）は次のように述べている。

「1991年冬と春のセミナーで保守党と共に我われが作成した政策プログラムは構造政策の必要性に理解を示したが，政権についた最初の秋に我われが直面した厳しい金融危機については何も述べていない。言うまでもなく，92年秋に我われが直面した厳しい通貨危機は全くの想定外であった[43]。」

また，スウェーデンの有力経済学者ジェイコブソン（Ulf Jakobsson）は次のような政策提言を政府に行っている。「財政政策による安定化政策は限界がある。…今後財政政策の役割は小さくなるであろう。結局我われは固定相場を選んだ。インフレを抑制するために経済を悪化させた。…財政政策は害があるだけで，構造改革が一番重要である。国内の通貨切下げは奨められない[44]。」

91年からの新政権は1982年の大きな通貨切下げ以降，スウェーデンの通貨は信頼を失ったという前政権の反省を重視し，固定相場維持の継続を政策の要とした。そして，リクスバンクは91年5月17日にクローナをECU指数に連結すると決めた。新政権は景気の悪化を固定相場を維持することによって切り抜けようとした。そのために財政の均衡を求め，支出削減と増税が重要と考えられた。したがって，クローナへの通貨アタックが始まった92年9月には，新政権は野党の社会民主党と財政再建のために予算削減することで合意した。

リクスバンクも大蔵省も明らかに間違った判断をした。彼らの頭にあるのは，規制された金融市場のマクロ経済モデルである。危機を生んだ新しい金融環境の変化を考慮していなかった。実質金利の上昇，資産価格の下落，国際通貨危機，通貨投機，の問題を処理することができなかった。そこで，金融危機が始まると同時に誤った政策の下で急速に経済は悪化していった。金融機関ももっとしっかりすべきであったが，過去の金融環境から逸脱することができなかった。この点について，前政権の大蔵大臣フェルド（Kjell-Olof Feldt）は次のように述べている。「91年に政権についた非社会主義連合政権もそれまでの社会民主党政権も経済悪化の程度を十分把握できていなかったことは明らかである[45]」。

また，リクスバンクの総裁であった，デニス（Bengt Dennis, 1982～93）も同様に次のように述べている。「リクスバンクは政府と同程度に金融危機を理解していた。初期の段階で金融部門で問題が悪化していることも把握していた。しかし，われわれの進めている経済の構造改革がすすめば，事体は間もな

く好転するであろうと期待していた[46]。」

　両国では共通して，危機の初期段階で固定相場の維持が強く主張されたが，その背景には，70年代，80年代初めの切下げから得られた教訓があった。その教訓はソフト通貨政策は避けるべきであり，切下げは長期的にみて問題解決にならず，短期的に問題を隠すだけ，というものであった。固定相場政策は切下げの悪循環を是正する有益な戦略と考えられた。固定相場は金融政策の要になり，低インフレを実現し，雇用，成長の安定をもたらすと考えられた。両国はまた，固定相場をECUにリンクさせて，ECにより近づく戦略をとった。

　固定相場維持のもう1つの理由は，金融市場の状況に対する知識の欠如であった。ブーム・崩壊のパターン，固定相場下での投機的資本の国境を越えた自由な資本の流れについての知識がなかった。両国の経済学者，政策担当者ともに，80年代の金融自由化が固定相場の基本的前提を覆したことを十分理解していなかった。金融危機，銀行危機についての知識がなかったのである。90年代初めに両国を襲った金融危機は経済学者，政策担当者いずれにとってもまさに晴天の霹靂であった，というのが実のところであろう。

第4節　金融危機後の回復

　両国はともに変動相場制移行により，通貨が切下げられ，それにより大幅な金融緩和を行った結果，内需，外需ともに回復した。とくに，通貨切下げにともなう，輸出競争力の高まりは大きかった。また，金融緩和と同時に進められた財政の健全化によって政府債務が減少した。財政引締めは実施されたが，公共セクターを重視するという両国の最も重要な点は確保され，一時は福祉国家の終焉かとまで騒がれた事態を回避することができた。

　危機後も失業率は両国ともに依然として高止まりであったが，これは賃金の上昇を抑えるという点で景気回復に貢献した。政府の情報産業へのテコ入れも大きく貢献し，大きな構造変化が生じ，ICT産業が生まれた。ICT産業の進展については，フィンランドおよびスウェーデン政府が研究開発投資を積極的に増やしたことが大きく貢献している。金融危機やそれに伴う景気悪化が生じた場合には，研究開発費は削減の対象になりやすい項目である。しかし，両国は積極的に投資を増やした[47]。また，それを底辺から支える教育投資も見逃せない[48]。

　1995年のEU加盟とエリクソン，ノキアに代表されるICT産業の新興。こ

れは傘下に多くの企業を抱え，労働力を吸収した。EU の加盟は北欧に恩恵を
もたらした。EU 加盟と通貨の減価によって，FDI の国内流入をもたらし，資
本の充実，技術の発展に貢献した。1990年と2000年に，スウェーデンにおける
外資系企業（製造業）のシェアーは18から32％に増加した。輸出も大きく増加
し，輸出／GDP 比は1990年代の29から48％に増加した[49]。通貨減価の影響も
大きいが，EU 加盟も見逃せない。

　財政面での影響も大きかった。EU に加盟したことで，両国は EMU 参加の
ためにマストリヒト基準を満たさねばならなくなった。具体的にはインフレ率，
金利の変動を抑えねばならない。そのために，財政赤字を抑える必要がでてき
た。これは中期目標となったが，各種の利益団体からの予算要求を抑えること
に役立った。フィンランドでは，91～93年には不況によって，財政赤字は15％
までに膨らんだ。財政はこれまで恒常的に黒字だったから，これは政治家，官
僚にとって大きな衝撃であった。92年から均衡をめざして，財政は引き締めら
れた。7年後の99年にはこの目標は達成された[50]。

　スウェーデンでも財政赤字は深刻な問題であった。91～94年の厳しい財政赤
字と国の債務増加に対して厳しい目が向けられた。政府の予算管理の杜撰さが
指摘された。もっとしっかり予算管理がなされていたらこんな問題が起きな
かったであろうと考えられ，94～96年から大幅な制度改革が実施された。国会
議員の任期は3〜4年に延長されたが，それは予算作成に長期視点から実施で
きるようにという意図の下であった。また，95年春には政府支出に上限が設定
された。

　フィンランドの財政改革は次のような特徴がある。危機の最中には，労働者
に対する税は大きく増加した。しかし，危機以降は増税ではなく，政府支出を
抑える形で財政均衡を追求した。危機後の新政権（社会民主党 Social Demo-
crats）は労働者には減税し，給付改革により，労働インセンティブを高めよ
うとした。93年には利潤および資本所得には25％のフラットタックスが課せら
れ，高い名目限界税率，と低い実効税率という旧い税システムは廃止された。
この実現のために他の税は上げられた。その結果，労働所得と民間所得は90年
代末には以前よりも厳しく課税されることになった。

　フィンランドでは，賃金決定は高度に組織化された団体交渉によってなされ，
長い間フィンランドのマクロ経済政策の中核をなしていた。1991～1995年の中

道右派政権は賃金決定を分散化しようとしたが，失敗し，1995〜2003年の連合政権は元の中央集中型の賃金決定方式に戻した。しかし，2007年の新しい中道右派政権は個々の企業に柔軟性をもたせ，集中型賃金決定をできるだけ分散化させる政策をとっている。

両国の金融政策については，為替制度が変動相場制に移行したことにより，その自由度は大いに増した。しかし，変動相場制にはインフレの危険もある。そこで，インフレターゲットが設定された。リクスバンクは93年1月にインフレターゲット政策を宣言し，その目標値を2％とし，上下プラスマイナス1％を許容範囲とした。この段階でリクスバンクは固定相場からインフレ率に政策目標を変えた。リクスバンクには，インフレ目標に責任をもつことが義務付けられ，同時に政府その他からの独立性が強く求められた。政府や政党などからの圧力が金融政策を歪めることがないように，98年11月に新リクスバンク法が制定された。新法の基本は次の2点を特徴としている。

① 物価安定を目標にすること。リクスバンクは貨幣価値の安定を目標にする。
② リクスバンクの独立性を保障する。リクスバンクは金融政策に責任があり，金融政策について何人も口を挟むことが許されない。

また，金融危機によって，預金保険と金融機関監督の強化が求められた。種々の改革を成功させるには，改革に関するコンセンサス，政策の立案，実施の透明性が必要であるが，両国は人口の少なさ，またその国民性によってそれが可能であった。

第5節　統計的検証

以上の考察を踏まえて，ではどのようにフィンランドとスウェーデンの両国において資産価格が暴騰し，その後金融危機が生じ，また回復したかを統計的に検証する。具体的には推定期間を両国のバブル発生，崩壊，危機，回復の時期に合わせ，内生変数として，為替レート，資産価格，貨幣ストック，産出高，物価，の5変数を用いたVARモデルにより検証する。

① **フィンランドのケース（図3−8）**

標本期間を同国のバブル，金融危機，回復の時期を考慮して，1985年第1四

図3-8 フィンランドの推定結果

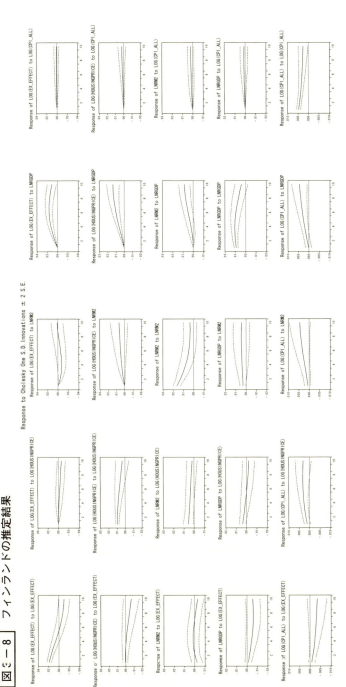

半期から1995年第3四半期とする。変数は具体的には，内生変数は為替レート（実効レート），住宅価格，実質貨幣ストック（M2），実質GDP，消費者物価指数の5変数を用いる。いずれも対数値をとる。推定結果は図3－8のとおりであった。点線は10％の信頼区間の上限と下限を示している。信頼区間の推定は，モンテカルロ実験の500回繰り返しにより求めた。

ラグ次数はシュウォーツ基準に基づき1としている。

第1列目は為替レートのショックが上から順に，為替レート，住宅価格，実質貨幣ストック，実質所得，消費者物価の各変数に及ぼす動学的反応を示している。まず，為替レートにプラスのショック（為替レートの上昇）が生じた場合，住宅価格はマイナスの方向に反応している。統計的有意性には欠けるが，マルカ高は住宅価格を下げ，マルカ安は住宅価格を上げる方向に働くことを示している。為替レートは貨幣ストックには影響していないが，実質所得および物価には大きな影響を与えていることを示している。マルカ高は実質所得および物価を下げ，一方マルカ安は実質所得および物価を上昇させていることが見て取れる。通貨切下げ政策が経済に大きなプラスの効果をもたらしたことが統計的に明らかにされた。

第2列目は住宅価格ショックの影響が示されている。住宅価格の上昇は実質貨幣ストックを増やし，実質所得および物価を上昇させることを示している。資産バブルは景気にプラスの影響を及ぼし，バブル崩壊は景気にマイナスの影響を及ぼしていることが見て取れる。

第3列目は実質貨幣ストックショックの影響を見ている。実質貨幣ストックの増加が住宅価格を引き上げ，実質所得および物価を上昇させていることがわかる。つまり金融緩和が住宅価格を押し上げ，物価を引き上げていることがわかる。

第4列目は実質所得のショックが各変数に及ぼす影響を示している。実質所得の増加は為替レートを上げる方向に，住宅価格を引上げる方向にそれぞれ作用し，また遅れを伴って貨幣ストックを増加させ，物価を上げる方向に働いていることがわかる。いずれも理論的に納得できる結果である。

第5列目は物価ショックの影響を表している。物価の影響が実質所得の変化に影響していない点が特徴的である。つまり，日本のようにデフレが経済に影響を及ぼしていないということである。これはフィンランドの不況が短期に済

んだことにより，債務デフレ，デフレスパイラル，のようなことがフィンランドでは発生しなかったことを証明している。

② スウェーデンのケース（図3－9）

標本期間はフィンランドと同様に同国のバブル，金融危機，回復の時期を考慮して，1986年第1四半期から1995年第4四半期とする。変数としては，為替レート（実効レート），株価，実質貨幣ストック（M_3），実質GDP，消費者物価指数の5変数を用いる。いずれも対数値をとる。推定結果は図3－9のとおりであった。点線はフィンランドの場合と同様に10％の信頼区間の上限と下限を示している。信頼区間の推定は，モンテカルロ実験の500回繰り返しにより求めた。

第1列は為替レートショックに対する各変数のインパルス応答関数を示している。まず株価の動学的反応については，マイナスの反応を示している。つまり，為替レートの切上げは株価を下げ，切下げは株価を上昇させることを示している。実質GDPの反応は見られないが，物価の動学的反応については，マイナスの反応を示している。つまり，クローナの切上げは物価を下げ，切下げは物価を引き上げる方向に作用している。

第2列目は株価ショックに対する各変数のインパルス応答を示している。実質GDPおよび物価はプラスの反応を示している。株価の上昇は資産効果を通じて景気にプラスの貢献をしていることが見て取れる。

第3列目は貨幣ストックショックに対する反応を示している。株価，所得，および物価の動学的反応はプラスであり，金融緩和は株価を引き上げ，所得を増やし，物価を引き上げることを示している。第4列目は実質所得ショックに対するインパルス応答関数を示しているが，物価にはプラスの反応を示しており，理論的に納得できる結果である。第5列目は物価ショックに対する反応を示しているが，すべての変数で有意な反応はほとんど見られない。ただ，貨幣ストックがわずかにプラスの動学的反応を示しているだけである。所得の反応もほとんどなく，フィンランドと同様にバブル崩壊後のデフレ効果は見られない。

以上のフィンランド，スウェーデンの推定結果を要約すると，次のようになる。
① フィンランド，スウェーデン両国とも為替政策が非常に重要であったこ

図3-9 スウェーデンの推定結果

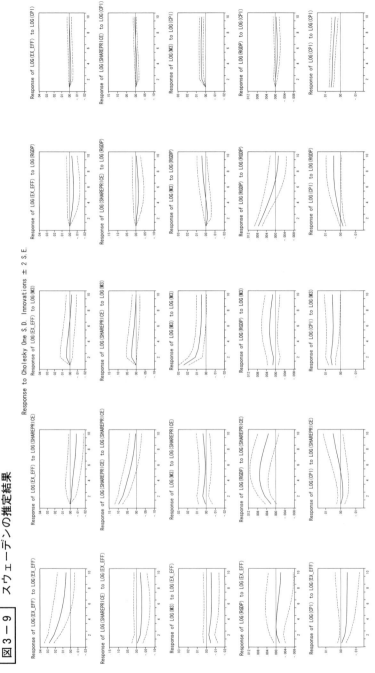

とが検証された。特に金融危機からの回復にマルカおよびクローナの切下げが大きく貢献した。
② 金融政策, 貨幣ストックの増減が資産価格の上昇, 下落に大きく関係している。とくに金融緩和, 引締めがフィンランドでは住宅価格に, スウェーデンでは株価に大きく影響していることがわかった。
③ 両国とも金融政策は景気に大きく影響している。特に貨幣ストックの増加は物価を引き上げ, 貨幣ストックの減少は物価を下げる働きをしている。
④ 物価の下落が景気にマイナスの影響を示す「デフレ効果」は両国ともに確認できなかった。

第6節　むすび

以上, フィンランドとスウェーデンの金融危機の分析を終えて, そこから得られる教訓を次のようにまとめ, 本章のむすびとする。
1. 両国に共通するのは, 1980年代始めに実施された金融規制の撤廃という新しい環境における知識の欠如である。金融市場は第二次大戦以降長らく規制, 保護されていたので, 政府, 官僚, エコノミスト, 銀行, 国民, すべてが金融自由化でどうなるかの知識がまったく欠けていた。金融リスクが限定されている資本管理の下ではこの知識はまったく育たなかった。国内金融市場が国際市場に統合されるにつれて, 安定化政策の前提がどのように変化するのかほとんど理解されていなかった。銀行は海図なき領域に入った。そこでは, 適正なリスク分析, 正確なスクリーニングやモニタリングが以前よりも強く求められる。しかし, これについては, 銀行自身も政府, 監督当局も十分理解できていなかった。金融自由化がどのような結果をもたらすかについて, 政策当局が全く知識を持っていなかったことは大きな不幸であった。自由化の進展によって貸付ブームが起こり, 消費, 資産が拡大しても, 多くの人は金融自由化の恩恵として, バブルを楽観的に捉え, 必要な安定化政策を実施しなかった。当時の経済学者の多くはフロー分析を重視するケインジアンで, 資産の変化がバランスシートに及ぼす影響を分析することはできなかった。その結果, 金融自由化のもたらす危険な兆候が見逃された。金融自由化がどのような結果をもたらすか十分学習しておくべきであった。

2．監督行政の甘さも指摘される。金融自由化と監督機関に充実は平行して行われるべきである。その点で両国の監督行政には遅れが見られた。金融監督はいろいろ分かれて複雑になっていた。フィンランドでは，銀行の監督は，商業銀行を監督する，銀行監査庁（Bank Inspectorate）によってなされていた。他に，貯蓄銀行監査庁，協同組合監査庁があった。両庁は銀行監査庁の下部組織であるが，独立していた。保険会社は社会保健省によって監査された。金融自由化の進む中でも大きな変化はなかった。フィンランドでもスウェーデンでも金融機関の監督はかなり杜撰なものであった。もちろん，規制の厳しかった時代ではそれで十分であったのかもしれない。金融危機後に監督局に大きなメスが入れられた。フィンランドでは1993年にその反省から，スタッフを質，量ともに充実した，新たな監査機関，金融監督庁（Financial Supervision Authority）ができた。スウェーデンでも，1991年にそれまでは，保険と銀行を別個に監督していたのを一つにまとめ，金融監督庁（Finansinspektionen）として新たな金融監督機関を設立した。これは金融業の構造改革を反映したものである。

3．固定為替を維持していると，結局そのコストは高くつくということである。なぜなら，国内景気が悪化した場合，固定相場の下では賃金，物価の調整ができず，自由な国内金融政策ができないからである。もっと早く，変動制に移行していたら，金融危機はこれ程厳しくなかったかもしれない。しかし，それは前述したように，現実に無理だったかもしれない。過去の体験に囚われすぎたのである。両国は最後まで固定相場制に拘って，大きな犠牲を払った。両国は過去に景気の悪化が来るたびに通貨切下げを繰り返したが，それは短期的に効果があっても，長期的には大きな問題を残すことを理解したからである。通貨切下げ（ソフト通貨政策）は長期的に物価，賃金の上昇をもたらした。70年代から80年代初めにかけて両国はインフレ，通貨切下げの悪循環に陥った。そこで，安易な通貨切下げを避けるべきだとして，ハード通貨政策に対する信頼を高めていった。この経緯から，90年の景気悪化の時も，両国は固定相場制の維持に必死になり，多大のコストを払った。金融が対外的に閉鎖されていた時代の教訓をグローバル化した時代にも生かそうとしたのである。

4．不良債権処理は速やかに行われねばならない。金融システムを守るとい

う政府の強い意思表示と迅速かつ透明性をもった処理政策が重要である。金融危機が深刻な場合には中央銀行のみでは修復不可能である。政府の役割，税金による公的資金の導入が不可欠である。スウェーデンとフィンランドの場合には単なる流動性危機（liquidity crisis）でなく，金融機関存続の危機（solvency crisis）であった。大恐慌との関連で言えば，大恐慌を終わらせたのは，1933年3月にルーズベルト大統領が「バンクホリデー」を宣言し，緊急銀行法を成立させたことが大きい。同法により，新設されたRFC（復興金融公社）が，金融機関に資本増強のために優先株を発行させ，それを直接買取ることで，金融機関の破綻を未然に防ぐ方策がとられ，金融システムは安定した。わが国の平成不況では不良債権処理が非常に遅れ，それが長期不況の最大の要因と考える人は多い[51]。

5．不良債権処理（構造改革）とデフレ対策は対立した考えではない。不良債権処理をすればデフレは加速されるという考えは根強いが，不良債権処理を初期段階で速やかに行うことが景気回復につながると，フィンランドとスウェーデンのケースは教えている。不良債権処理を速やかに行い，金融機関の資本不足には公的資本を充てたことが重要である[52]。B．バーナンキは銀行の自己資本不足こそが，「貸し渋り」の原因であるとした。したがって，公的資本の注入による「自己資本」の補強こそが，貸し渋りを解消して，不況を打開するためのカギになりうる。その意味では不良債権処理とインフレ目標とは同じ方向性の政策である。彼らはクレディット・クランチの分析にあたり，バンク・キャピタル・クランチという言葉で説明している[53]。

6．両国では，「不良債権買取機構」が株価や景気が底を突いたことを確認して，94年に設立されたことも幸いしている。つまり，さまざまな景気対策の後に不良債権と健全債権を切り離す政策が実行されたから成功したとも言える。不良債権処理の一方で大規模な景気緩和政策が必要であることも教えている。景気悪化のままで，不良債権処理を実施しても不良債権はさらに増加する可能性がある。

7．両国の統計的検証結果が示すように，金融政策は重要であり，マネーの役割を軽視すべきではない。

【注】

1 Peter Howells and Keith Bain (2008).
2 Peter Howells and Keith Bain (2008).
3 この図は Jonung, Lars, Jaakko Kiander and Pentti Vartia (2009) Figure2.3および2.4を一部加筆修正したものである。
4 本節は on Kalela, Kiaander, Kivikuru, Loikkanen & Simpura, (2002) および Nyberg and Vihriala (1994) によっている。
5 両国の金融危機はマネーストックとは関係なく,金融機関の仲介停止が問題であるという主張がある。例えば,Peter Englund and Vesa Vihriala (2009)。しかし,われわれは両国の金融危機においてもマネーストックが大きな影響を持ったと考えている。
6 ソビエトの崩壊による輸出損失は間接的効果も含めば,GDPの2.5%にもなると推定されている。Nyberg and Vihriala (1994) を参照。
7 Nyberg and Vihriala (1994) 図13を参照。
8 1992年には銀行の不良債権は420FIMから770FIMへと一挙に増加した。Nyberg and Vihriala (1994) を参照。
9 スウェーデンは5.2%でノルウェーは3%であった。Honkapohja and others (2009) p.24参照。
10 91−95年の中道右派政権は労働組合の力を弱める政策,中央の労働組合が主導権をにぎる集団的賃金交渉を廃止しようとした。これは反発を招き,2度ゼネストの危機があった。
11 その代表的企業ノキアも,危機以前はトイレットペーパを生産していた。
12 P. Engulung and V. Vihriala (2009) は,金融危機はまさに,シュムペータの創造的破壊を生むことになった,と考えている。
13 P. Engulung and V. Vihriala (2009)
14 P. Engulung and V. Vihriala (2009) p.48.
15 本節の説明は主として Peter Englund (1999) および Timothy Edmonds (2008) によっている。
16 1991年の税制改革によって,例えば,配当および金利に対する税控除は50%から一律30%に減少させられた。P. Englund (1999), p.89.
17 Peter Englund (1999), p.89.
18 Peter Englund (1999), p.89.
19 ゴータ銀行では1992年の春に1週間で預金の5%が流出した。Peter Englund and Vesa Vihriala (2009) p.125.
20 したがって,アメリカのS&L金融危機のように,預金保険の存在がモラルハザードを引き起こし,バブルをもたらし,最終的に金融危機を引き起こしたという説は成り立たない。
21 Lars Jonung, Jaakko Kiander and Pentti Vartia (2009) p.51.
22 Peter Englund and Vesa Vihriala (2009).
23 同行は当時のフィンランドにおける2大商業銀行の1つであり,1995年にはメリタ銀行となりその後合併を繰り返しノルディアとなる。

24 Peter Englund and Vesa Vihriala (2009) pp.102-3.
25 Peter Englund and Vesa Vihriala (2009) pp.103-104.
26 1993年末のは，CGFは168億マルカ，政府は107億マルカ，フィンランド銀行は116億マルカの支出となった。債務保証を含めると総額832億マルカが不良債権処理に充てられた。Burkhard Drees and Ceyla Pazarbasioglu (199).
27 Peter Englund and Vesa Vihriala (2009).
28 スウェーデンではこの問題は起きなかった。それは破綻銀行が国営銀行であったから。
29 Peter Englund and Vesa Vihriala (2009) p.106.
30 Peter Englund and Vesa Vihriala (2009) p.110.
31 1980年にアメリカでは預金保険の限度額が40,000ドルから100,000ドルに引き上げられた。この充実した預金保険のために，金融機関とくにS&Lが他よりも高い金利を付けて全国から預金をかき集め，それでもって，ハイリスク，ハイリターンの投資行動に出たこと，および規制緩和によって監督職員の数を大幅に縮小したことが金融危機をもたらした大きな要因と考えられている。宮川（1992）を参照。
32 2001年にエンスキルダバンクとスウェドバンクの合併話が持ち上がったが，シェアーが60％を超えることになり，EU当局の許可が得られなかった。スウェーデンでは今後当分の間大手行の合併は起ないだろうといわれている。平田完一郎（2007）を参照。
33 宮川（2007）を参照。
34 Englund, Peter and Vesa Vihriala (2009) p.109.
35 フィッシャーは次のように述べている。1．過剰債務の清算と投売りの発生，2．預金通貨の減少，3．物価の下落，株価の下落，4．企業価値の大幅下落，企業倒産の増加，5．企業利潤の減少，6．生産，販売，雇用の減少，7．悲観論の高まり，信頼感の喪失，8．通貨流通速度の低下，銀行倒産，貸し渋り，9．実質利子率の上昇（債務の実質負担の上昇），Fisher (1933) pp.342-343.
36 この点については，もし，銀行が「過小資本」の状態にあるのなら，モラルハザードが発生して，リスクテイキングは過小ではなく，過大になる。故に，不良債権問題は貸出し低迷の原因にはならない，という意見もある。クルーグマン（1999）を参照。
37 破産寸前の企業に追い貸しすれば，とりあえずその企業は存続でき，企業倒産によって銀行のバランスシートが劣化することもない。つまり，時間が稼げる。その間に景気が回復すれば，その企業は債務を返済してくれる。しかし，景気の回復が難しいときには，それはハイリスクの貸出しとなる。小林慶一郎・加藤創太（2001）を参照。
38 例えば，Mishkin（2007）は固定為替の長短を簡潔にまとめている。
39 1957, 67, 77, 82年に大きな切下げが実施された。
40 Englund, Peter and Vesa Vihriala (2009) p.91.
41 この段階で，投機家は1方向の賭けにでた。フランス，スペイン，スウェーデン，フィンランド，イタリア，イギリスのような国は必ずマルクに対して通貨切下げせざるを得ないであろう，と考えた。切下げ前に通貨を売り，切下げ後に買い戻せば投機家は高い

利益を得ることができるからだ。フランスのみは固定相場へのコミットメントが強く,切下げを行わなかった。他の国は必死に防衛したが,結局フロートに移行した。フランスは通貨をマルクにリンクさせ,国内の景気悪化に適切な金融政策ができなかったので,経済は停滞し,失業は増加した。これに対して,フィンランド,スウェーデン,イギリスなどは ERM から離脱し,インフレターゲット政策を実施し,景気は良くなった。

42 Lars Jonung, Jaakko Kiander and Pentti Vartia (2009) による。
43 Anne Wibble, *Tva cigg och en kopp kaffe (Two cigarettes and a cup of coffee)*, Kristianstad, Ekerlids, 1994. Lars Jonung, Jaakko Kiander and Pentti Vartia (2009) p.56より引用。
44 H.Bergstrom, Flerpartisamarbete i regering och opposition' (Cooperation between many parties in the government and in opposition), in B. von Sydow (ed.) (1993), *Politikens vasen. Ideer och institutioner i den moderna staten*, Stockholm: Tidens förlag. Lars Jonung, Jaakko Kiander and Pentti Vartia (2009) p.55より引用。
45 Feldt, K.O. (1994), *Radda valfardsstaten! (Save the welfare state!)*, Stockholm: Norstedts. Lars Jonung, Jaakko Kiander and Pentti Vartia (2009) p.57より引用。
46 Dennis, B. (1998), *500%*, Stockholm: DN. Lars Jonung, Jaakko Kiander and Pentti Vartia (2009) p.57より引用。
47 内閣府は世界各国の研究開発費の推移を計算しているが,それによれば研究開発費を GDP 比で見ると,フィンランドとスウェーデンの金融危機以降の増加が際立って高いことが見て取れる。内閣府(2009) p.178,第2－3－10図。
48 例えば,大学教育における授業料免除,毎月6～7万円の生活費援助は厳しい財政状況の中でも維持されたし,義務教育段階でも,OECD の実施する PISA 調査でも極めて良好な教育パフォーマンスを立証している。
49 Ari Kokko and Kenji Suzuki (2009) p.294.
50 1994年には財政赤字は GDP の6％であったが,2000年には GDP の7％の黒字に転換した。Lars Jonung, Jaakko Kiander and Pentti Vartia (2009) p.48.
51 この点について,吉富(1998)は,銀行経営者,監督当局,政治家,の3者がいずれも銀行危機の問題で責任をとりたくなかったからとして,その理由を次のように述べている。
   ① 公的資金の投入は銀行経営の責任を問うことになる。どうして,税金の投入を必要とするまで,巨額の不良債権を抱えるにいたったか,その責任追及がなされる。見返りに大リストラが求められる。
   ② 銀行の不良債権がここまで増幅したのは,監督に問題があると,監督の職務責任が問われることになる。
   ③ 公的資金の投入で,銀行家の責任が問われると,そのとばっちりで政治家の責任も問われる。
52 ただ,日本のように不良債権が長期にわたって増加し,経済が完全に疲弊した段階での不良債権処理は慎重を要する。
53 Bernanke, B.S. and Mark Gertler (1990).

第4章

サブプライム金融危機

　本章は2008年のリーマンブラザーズの破たんに伴う，金融危機がどのようにして生じたかを明らかにしたものである。今回の金融危機に関してはすでに多くの研究がなされており，それらの議論を整理紹介する形で，金融危機の問題を解明する。すでに，われわれは1930年代の「大恐慌」以来いくつかの大きな金融危機を経験してきているが，そのパターンはバブルとバストの繰り返しであり，バブルの背後には，常に金融緩和と金融規制緩和がある。そして，その後には必ず，金融引締めが行われ，規制強化が声高に叫ばれる。今回の金融危機でも改めてその認識の正しさが証明された。しかしながら，現実問題として金融危機は今なお継続している。ならば，政府および中央銀行はどのように対処すべきであるか。以上のことを念頭に，本章ではアメリカのサブプライム金融危機を通してこの問題に迫っていきたい。

第1節　金融緩和―住宅バブルの萌芽

　アメリカ経済は，実質GDPの推移を示した図4－1からわかるように，1992～1999年に急速に成長したが，2000～2007年には著しく停滞し，増加した債務返済を難しくした。いくつもの経済指標は金融危機の到来を示した。金融危機の最大の前兆は2000～2006年の不動産価格の急上昇である。株式市場は1990年代には経済の好調さを反映して，順調に上昇を続けた。経済は新しい段階に入ったと信じられた。ニューエコノミーは生産性を高め，その可能性を人々は信じ，利潤期待は高まった。当時の連銀議長グリーンスパンは次のように述べている[1]。「これまでの所，私たちの経済はプラスの循環を続けている。加速する生産性は将来の企業収益を高め，株価上昇に拍車をかけ，そして，生産性の上昇はインフレの抑制に繋がっている。物価の僅かな上昇，堅実な信用状況の下で，上昇する株価は支出を促進し，それが次には産出，雇用を拡大し，

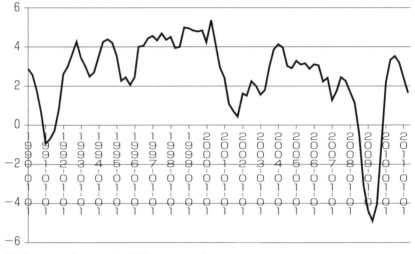

図4-1 アメリカの実質GDP成長率

（出所）FRED（セントルイス連銀データベース）

資本投資を高め，生産性を向上させている」。さらに，「住宅ローン金利の低下によって，多くの家計は住宅を購入し，また債務の借換えをおこなっている。このように，家計にとって債務のコストが低下したことから，借入れが容易になった。それがまた消費需要を高めている。そして，アメリカ経済は強い成長と低インフレによって，この半世紀でもっとも素晴らしい経済発展を遂げている」と述べ，その後の住宅バブルを想起させている[2]。グリーンスパンの跡を継いだバーナンキもこの期間のアメリカ経済の好調さを「偉大なる安定（Great Moderation）」と呼び，その原因はグリースパン率いるFRBの金融政策の成果であると考えた[3]。

しかし，皮肉にもその後株価は暴落した。インターネット関連株が多数を占めるナスダック指数は，1990年代末のITバブルの象徴であったが，2000年初めのピークから2001年末には60％も下落した。S&P500株価指数も，2000年7月の最高値1461から2001年10月には1077へと，30％近く下落した（図4-2）。

この急激な株価下落に対応して，2000年から大幅な金融緩和が実施された。アメリカの政策金利であるFFレートは2000年7月の6.54％から2003年12月の0.98％までわずか3年あまりで，実に6％近くも下げられた。グリーンスパンはアメリカ経済がデフレに陥ると判断した。アメリカ経済も日本と同じ長期の

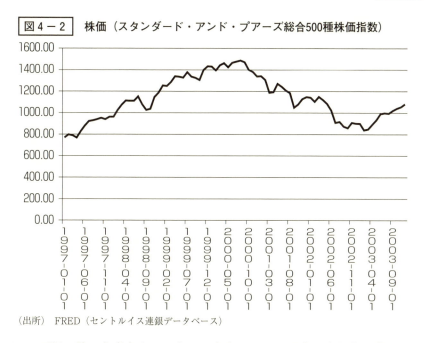

図4-2 株価(スタンダード・アンド・プアーズ総合500種株価指数)

(出所) FRED(セントルイス連銀データベース)

デフレ不況に陥ると考えたのである。当時，FRB の理事であり後に議長となるバーナンキも2002年11月に，日本の長期不況を例に挙げながら，たとえ，経済がデフレに陥り，金利がゼロ下限に達したとしても，政策の余地はまだある。金利はゼロ以下に下げることはできなくても，経済に十分なマネーを供給すれば，それはいつも最後にはデフレを解消してくれるからだ(Sufficient injections of money will ultimately always reverse a deflation.)。そして，これは「ミルトン・フリードマンの有名な『ヘリコプター・マネー(helicopter drop of money)』と本質的に同じ政策だ」と極めて楽観的なマネタリストの論陣をはった[4]。

事実，消費者物価指数の先行指標である生産者物価指数(Producer Price Index：PPI)は明らかに1999年以降マイナスのトレンドを示し始めた。図4-3で示すように，対前月比で見た物価上昇率は2002年にはマイナスになった(2002年7月には-0.33％)。株価の暴落に加えて，2001年9月にはニューヨークでテロが発生し，アメリカ経済は完全に悲観ムードに陥った。このような状況の中で，グリーンスパン率いる FRB は大幅な金融緩和を実施したのである。この金融緩和は長く続いた。FF レートは2003年に最低のレベルに達した後も

図4-3 物価変化率（PPI，対前月比）

（出所）FRED（セントルイス連銀データベース）

2004年になって若干引き上げられたものの，2004年にはなお1％台の低水準におかれていた。

図4-4は，テイラールール金利と現実のFFレートを対比したものである。テイラールール金利はもしFRBが過去の順調であった時期の政策に対応した金融政策を実施した場合の金利である。この図を見る限り明らかに現実のFFレートは望ましい金利水準を遥かに下回っている。これは明らかに金融が過度に緩和していたことを示す。この時期の大規模な金融緩和がその後の住宅バブルを生むことになる。テイラーは，金融引締めを2002年に始めるべきところを2004年にまで延ばしたことが住宅バブル発生の原因と考えている[5]。したがって，金融政策を巧みに運用していればバブルそしてその後の金融危機は避けられたことになる。しかしながら，これが，バブルであるという認識は当時のFRBにはなかった。

バブルの初期あるいは半ばの段階で，資産価格の上昇が経済のファンダメン

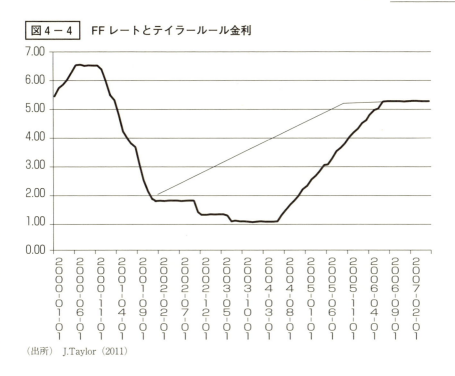

図4-4 FFレートとテイラールール金利

(出所) J.Taylor (2011)

タルの変化か，そうでなくたんなるバブルかという見極めは大変難しい。当時のFRB議長グリーンスパンもバーナンキもともに，FRBは資産バブルを抑えるべきだという見解には強く反対している。グリーンスパンは2002年にカンザスシティ連銀で開催された，シンポジウムの冒頭演説[6]において，「FRBでは，バブル，つまり資産価格の異常な水準までの急上昇に関係する諸問題について考えてきた。資産価格が上昇するにつれ，バブルだと疑うけれども，それが本当にバブルかどうかはそれが破裂するまで分からない」，「バブルを適切な水準に抑えるために，中央銀行がどの程度事前的金融引締めを実施すればよいか，といったことは出来ない相談である」と述べている。

彼はまた，企業，家計において急速に増加する債務比率の上昇について，それは金融技術の高まりの結果であると考えていた。「家計の資産・負債比率は，1952年の7.6％から2006年には19.3％に達している。非金融企業の資産・負債比率は，1952年の28％から1993年には54％に上昇したが，その後企業が大規模な財務体質の改善を進めた結果，2006年末時点で43％に低下している。このよう

な債務比率、いわゆるレバレッジの長期的な上昇がどの程度問題なのかを判断するのは難しい。というのは、リスク回避は昔からもともと人間には備わっているので、長年にわたって負債比率が高まってきたのは、金融の柔軟性が向上し、少なくともある水準まではリスクを高めることなく、負債比率を高めることができるようになったからだ。南北戦争直後の銀行家は、資産の5分の2を自己資本で裏付ける必要があると考えていた。それより高ければリスクは高すぎると見られた。現在の銀行は、資産の10分の1の自己資本で安んじている。それでも、140年前より破たんは少ない。同じことは、家計や企業にもあてはまる。債務比率の上昇は、情報技術とインフラストラクチャーのめざましい向上の結果であり、人間のリスク意欲が増進した結果ではないと思われる[7]。」また、彼は「証券化やオプション・プライシングといった金融イノベーションによりリスク分散を図る高度な新しい手段が生み出され、住宅のように従来は非流動的だった資産の流動性が高まった、したがってリスク資産の価格がどんどん値上がりするのは正常なのだ」と折に触れて主張していた[8]。

バーナンキもFRB理事就任前の2001年に「中央銀行の責務である成長と物価安定を脅かさないかぎり、住宅価格の動向にあまり神経質になってはいけない」と述べている[9]。また、2004年には、不適切な融資基準に起因する住宅バブルには規制でもって対応すべきであって、金融政策の範疇ではないと述べている。ミネアポリス連銀副議長ロルニック (Arthur J. Rolnick) のインタビューで次のように答えている[10]。

ロルニックの質問：

「いくつかの市場には投機的バブルの萌芽が見られる、と言う人たちがいる。ドットコム部門では、資産バブルが発生していたとも考えられる。また、住宅市場にも投機的バブルが発生していると言う人もいる。バブルは断定できるものでしょうか。もし、できるなら中央銀行としてはいかに対応すべきでしょうか？」

バーナンキの答え：

「中央銀行が資産市場にバブルが発生しているのかどうか知ることは、事前にだけではなく、事後的にも難しい。資産価格が上昇し、そして再び下落したという事実だけでもって、価格がファンダメンタルズから完全に乖離したとい

う意味で，バブルが発生しているとは言えない。その上，もしバブルが発生していたとしても，それを弾けさせることは，市場および経済の双方に混乱を起こさないという保証はなにもない。中央銀行としては，短期金利を用いて，物価および産出の安定に尽力する他はない。中央銀行が金利を使って，資産価格を適当な水準に安定させることなどとてもできない相談である。そういった類の政策は資産価格を大きく下落させるだけではなく，経済全体を混乱させるものであることは歴史が証明している。」

　2000年から2002年にかけての株価下落，2001年9月のテロ攻撃，2001年からの景気後退に対して続けられてきた金融緩和政策によって，FFレートは2003年半ばには1％にまで下がり，その後1年間はその低金利が維持された。そし

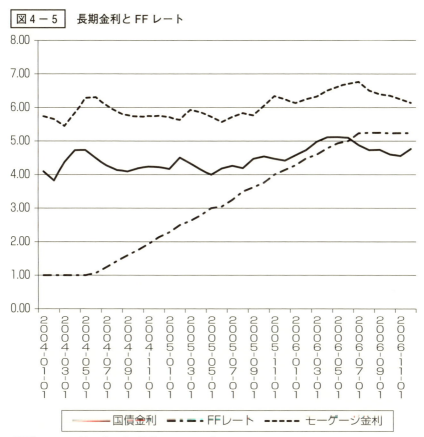

図4－5　長期金利とFFレート

(出所)　FRED（セントルイス連銀データベース）

て，連邦準備は2004年6月からほぼ3年ぶりに政策金利を上昇させた。これについて，グリーンスパンは，2004年7月の議会証言で，雇用は改善し，デフレ圧力は消え，むしろ，原油価格高騰により，インフレ傾向が見られ，米国経済を長期安定軌道に乗せるために利上げをしたと説明している[11]。その後もFFレートを，2004年11月には2％，2005年5月には3％，11月に4％と積極的に引き上げ，金融引締めにかかったが，長期金利とモーゲージ金利は上昇せず，逆に下落した（図4-5）。グリーンスパンは2005年2月の議会証言[12]で，これを「債券市場の謎（Conundrum）」と呼び，また，2005年5月の議会証言[13]では，「FFレートは2パーセント・ポイント上げたのに，財務省証券の長期利回りは明らかに下落している。このようなことは最近ではなかったことであります。10年物の財務省証券の利回りは約4％で，1年前に比べて80ベーシス・ポイントも下落しております。事業債にいたっては，さらに低下しております。…10年物の財務省証券の金利が異常に低いこと，したがってモーゲージ金利の低いことが最近の住宅価格急騰の原因であることは疑いの余地もございません。アメリカ全体としては，住宅バブルは発生していませんが，地域によっては異常な水準にまで住宅価格が上昇しております。」と述べている。しかし，この答えははっきりしている。日本，ドイツ，中国，などの資金余剰が豊富な国から，大量の資金がアメリカの長期金融市場に流れ込んだからである。Francis and Warnock（2005）およびCaballero and Krishnamurthy（2009）はグローバル経済の進展，海外の資金余剰がアメリカに向かい，住宅バブルを引き起こしたと述べている。とくに，Francis and Warnockは，比較的早い時期に，海外からの資金流入が米国の長期金利に大きな影響を与えていると指摘した。彼らの実証研究によれば，海外からの資金流入がなかったとしたら，10年物の国債利回りは150ベーシス・ポイント高くなっていたであろう，また平均的な資金流入に戻っただけでも，長期金利は105ベーシス・ポイント低下したであろうと推定している。

第2節　サブプライムローンのトリック

(1) 杜撰な貸付基準

　国内金融の大幅な緩和および海外からの資金流入が進む中で，銀行貸付とくに不動産貸付は急速に増加していった（図4-6）。

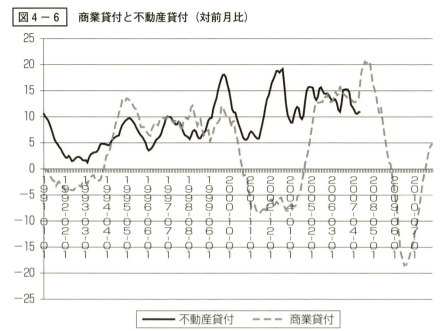

図4-6 商業貸付と不動産貸付（対前月比）

（出所） FRED（セントルイス連銀データベース）

　さらに，金融緩和に合わせるように，規制緩和がなし崩し的に進行していた。その1つが貸付基準の大幅な緩和であった。通常住宅ローンを受ける場合には，相当の頭金および毎月の返済条件が満たされる必要がある。住宅ローンの貸付業者はこの基準を下げた。その基準緩和はこれまでは当局によって禁じられてきたものである。住宅資金借入に必要な書類のいらない（嘘つき）ローン，頭金ゼロのローン，頭金どころか手続費用さえ支払う能力のない消費者に対するローン，当初の返済額を利子に満たない額に抑えて，その後は急激に未払い利子が加速するマイナスのアモティゼーションローン（amortization loan），さらには，最初の2年間は低利の優遇金利（teaser rate，通常は3％以下）固定で，その後は高い市場金利の変動金利となる変動金利ローン（Adjustable-Rate Mortgages；ARM）であった。これらのローンは「所得なし No Income, 仕事なし No Job, 資産なし No Asset」の人たちに対してのローンというわけで，それぞれの頭文字をとって忍者（NINJA）ローンと言われた。

　住宅バブルが膨らむにつれて，標準的な30年固定金利の住宅ローンはなくな

り，超金融緩和の下で，この種のローンは拡大を続けた。金利オンリー，あるいはオプションARMは拡大を続け，その全住宅貸付けに占める比率は，2000年の10％以下から2005年には30％以上にまで増加した。2005年にはサンフランシスコでは，全住宅ローンの半分以上，フェニックス，シアトル，デンバー，ワシントンDCでは40％以上を占めるにいたった。

　金融規制緩和は大いに推進され，大手の商業銀行および銀行持株会社は，その後の金融危機に大いに関係するABSおよび金融派生商品市場に積極的に関与するようになった。大手金融機関はABS，デリバティブ市場でビジネスチャンスを見出そうとし，それらの市場は急拡大した。規制の再解釈や法律も大手金融機関のこのようなハイリスク市場での活動を後押しした。規制緩和の具体的な進展については，節を改めて説明するが，銀行業務の拡大が大幅に認められ，その結果，シティグループやJPモルガンのようなメガバンクは大いにその恩恵を受けた。例えば，債務不履行が生じた場合のリスクに備える一種の保険であるデリバティブ金融商品であるCDS（クレディット・デフォルト・スワップ）を初めて生み出したのは投資銀行ではなくて，JPモルガンであった。銀行は伝統的な貸付業務から，デリバティブ取引へと移っていった。それにつれて，銀行の収益構造は変化した。1994年以降，銀行の総収入に占める金利以外の所得の比率が急激に上昇した。証券化およびその取引収入が銀行の収入の大宗になった。銀行の寡占化も進行し，トップ5の銀行で全商業銀行の収入の80％を占めるにいたった。その収入の3分の2は証券化による収入であった。1990年代の後半から銀行の収益は回復した。銀行は1990年代初めには不動産の下落，不況によって業績の悪化が続いていた。2000年になって，銀行は証券化およびデリバティブ取引に積極的に取り組むようになった[14]。

　さらに，1997年の納税者救済法（Taxpayer Relief Act of 1997）は初めて住宅資産（5万ドルまで）をキャピタル・ゲイン税の対象外とした。この法律によって，住宅投資は魅力的な投資対象になった。その結果，住宅需要は拡大し，その価格は上昇を続けた[15]。

(2) **証券化の方法**

　アメリカでは，抵当貸付の大宗は商業銀行，貯蓄銀行，信用組合の預金金融機関であり，その他としてはモーゲージカンパニーという抵当貸付専門の金融

会社もある。そのいくつかは、預金金融機関や投資銀行の子会社であったり、また独立した金融会社であったりする。預金金融機関だけで抵当貸付の70％以上を占めており、金融会社などは30％程度にすぎない。

アメリカでモーゲージ担保証券（Mortgage-Backed Security；MBS）が広く普及するようになったのは、1970年代後半からの高金利によって、規制金利の適用を受けている預金金融機関から大量の資金流出が生じるというディスインタメディエーション現象が発生したこと、さらにはその後の金融自由化の進展によって、高リスク投資を拡大し、不良債権の増大を招いたことにより金融機関の収益構造が悪化したことにある。このような金融機関を取り巻く負の環境の中で、各金融機関は新しい資金調達手段として証券化を利用することになった。例えば、銀行はBIS規制によって自己資本比率の規制が強化されたが、住宅ローンを証券化して売却すれば、資産としての住宅ローンは消えるから、自己資本比率はその分高く計算される。すなわち、同じ自己資本でより多くの資産運用が可能になる。また、情報通信技術の発達および、それに裏打ちされた金融技術の進展も見逃すことはできない。新しい金融技術はさまざまなリスクの証券を組み合わせることによってリスクの最小化と収益の安定を可能にした[16]。

図4-7　RMBSの組成

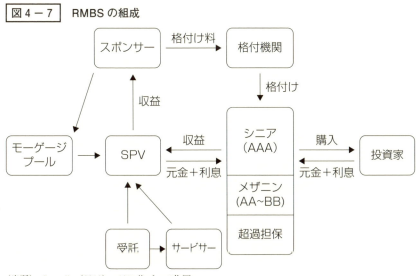

（出所）　Jarsulic（2010）p.19に基づいて作図

図4-7は住宅担保証券（RMBS）の組成を具体的に示している。モーゲッジのオリジネーター（住宅ローンの直接の貸手）は投資ポートフォリオの中にローンを抱えている。スポンサーあるいは発行者と呼ばれる，仲介機関はさまざまなオリジネーターから多数のモーゲッジを買い取り，それを投資目的事業体（Special Purpose Vehicle；SPV）に移し，それを管理する受託者を決める。SPVはRMBSを組成し，それを投資家に売却する。プールされたモーゲッジの日々の管理はサービサー（servicer）によってなされる。彼らは元金，金利を集め，また滞納，質流れ，ローンの抹消，などを扱い，信託者に手数料を払う。この証券化の過程で，リスクと利回りの異なる証券に分割して販売される。この証券の分割された部分をトランシェ（tranche：仏語で切り刻むという意味）という。シニア・トランシェはリスクが少なく利回りが低い証券（スタンダード・アンド・プアーズの格付けでは，AAAランクの証券）によって構成され，メザニン・トランシェは中リスク，中利回りの証券（AA＋からBBランクの証券）によって構成されている。最後のトランシェは超過担保（Over-collateralization）と呼ばれる。それはSPVが発行した証券の額面価値よりも高いモーゲッジを含むことを意味する。したがって，いったんその信託が損失を発生した場合には最初にその損失を被ることになる。平均的なサブプライムRMBSの資産構成は安全志向で，79.3％がAAA，6.6％がAA，5.4％がA，4.3％がBBB，2.6％がBB，その残りが超過担保，と言われている。したがって，シニア・トランシェは優良企業の社債と同格と見なされて販売されていた[17]。

　資産の回収業務はSPVではなくて，受託者（受託銀行）の委託を受けたサービサーが行う。SPVは証券発行のみの業務を行う仕組みになっている。したがって，スポンサーやSPVが倒産するようなことがあってもそれによって投資家が影響を受けることはない。これは倒産隔離（Bankruptcy Remoteness）と呼ばれる[18]。

　投資家の希望はさまざまである。利回りが高ければ，たとえリスクが高くてもかまわないと考える投資家もいれば，逆に安全志向の投資家もいる。証券化はこのような多様な投資家のニーズにあったものであった。また，モーゲージ証券の場合には借手がローンの返済期限以前に早期返済する場合があるなど，満期日が不確定であり，そのことによって投資家がリスクを受けることもある。この問題も証券化が解決してくれる。

図4－8 サブプライムCDOの組成

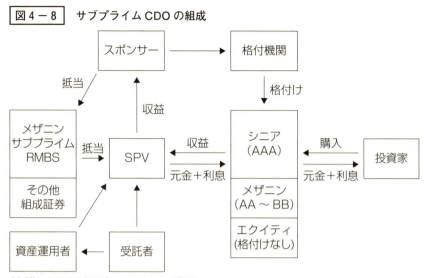

（出所）Jarsulic（2010）p.26に基づいて作図

　債務担保証券（CDO：Collateralized Debt Obligations）は先に組成されたRMBS，資産担保証券，CP担保証券などを基にして組成された証券であり，「ストラクチャーファイナンスCDO」と呼ばれる。この証券はさまざまな証券が複雑に入り混じっており，その評価にはきわめて高度な数学と統計学を駆使しなければならない。その証券に格付けする格付機関もきわめて高度な知識を要する。この組成法を図4－8に従ってみることにしよう。まず，スポンサーはさまざまな証券化された証券をプールしそれをSPVに移し，それを管財人が監督する。SPVは証券を組成し，発行する。それは格付機関によって格付けされる。その格付費用はスポンサーが支払う。トランシェのシニア部分はAAAからAAランクのものが入り，メザニンはAからBBランクのものであり，トランシェの最後には格付不能のエクイティが入る。トランシェの下位ほど，利回りは高いが，リスクは高くなる。最下位のトランシェは最も高い利回りを得るが，債務不履行などが発生した場合には一番先にその損失を受ける。

　CDOで注意すべきは，その一部がサブプライム関連のRMBSから組成されている点である。したがって，CDOのパフォーマンスはサブプライム証券のパフォーマンスに大きく依存している。メザニンを集めた場合でも，それを多数集めることによって，新たにメザニンだけでなく，シニアまで作り出せる。

したがって，このシニアは一次証券化のシニアとはリスクの性質が異なることに注意する必要がある。裏付けとなるトランシェが相対的に劣化すれば，それを多数集めてシニアに分類されたとしても，そのシニアのリスクはかなり高くなっている。

　CDO の急増はサブプライムローンが急拡大した時期に一致している。CDO は2004年から2006年にかけて3倍以上に増加している。しかも，CDO の組成者は RMBS の格付けの低い，高利回りのトランシェを取り込もうとした。サブプライムローンの末期にはその傾向が一段と加速した。したがって，CDO のかなりの部分はデフォルトリスクの高い RMBS のトランシェから組成されている。にもかかわらず，サブプライムローンが一斉に焦げ付き，RMBS の下位のトランシェが完全に消滅するようなことは絶対にないと仮定されていた。愚かにも，CDO の上位トランシェは AAA と格付けされ，安全と見なされていたのである。後になってこの AAA はいかに怪しげな，リスクの高い債券の集合であったがわかる。

　表4-1はサブプライムローン関連の MBS の発行高の上位10社を示している。カリフォルニアで積極的にサブプライム住宅ローン貸出を積極的に行っており，金融危機の最初の犠牲者になった，カントリーワイド・ファイナンシャ

表4-1　サブプライム MBS 発行体，上位10社（2006年）

順位	発行体	金額（10億ドル）	シェア（%）
1	Countrywide	38.5	8.6
2	New Century	33.9	7.6
3	Option One	31.3	7.0
4	Fremont	29.8	6.6
5	Washigton Mutual	28.8	6.4
6	First Franklin	28.3	6.3
7	ResidentialFunding Corp	25.9	5.8
8	Lehman Brothers	24.4	5.4
9	WMC Mortgage	21.6	4.8
10	Ameriquest	21.4	4.8
トップ10		283.9	63.3
総額		448.6	100.0

（出所）　2008 Mortgage Maraket Statistical Annual, M. Jarsulic（2010）より再引用

ル（Countrywide Financial）がトップになっている。また，当時の主要投資銀行の中でリーマン・ブラザーズ（Lehman Brothers）が第8位に位置している。リーマンがいかにサブプライム関連の投資にのめり込んでいたかがわかる。

モーゲージの証券化のシェアは過去20年間に急速に増加した。89年には僅か47.2％であったものが，2007年には全モーゲッジの75％以上を占めるまでになった。RMBSの投資家は基本となっているモーゲッジ担保からの収益の分配を受けるが，それはその担保のパフォーマンスに依存する。それゆえ，RMBSのリスクはプールされたモーゲージのリスクでもある。RMBSにはいくつかの一般的なリスクが存在する。

アメリカの住宅貸付けの中心であった，連邦住宅抵当公社（ファニメイ；Fannie Mae），連邦住宅貸付抵当公社（フレディマック；Freddie Mac)[19]，によって発行されたRMBSは「機関」証券と呼ばれる。ファニメイとフレディマックの証券の背後にあるローンは適格（conforming）ローンと呼ばれる。それは十分信用のある借手になされるローンだから，この2社は2000年代の住宅ブームの中で中心的な役割を果たした。とくに，サブプライムローンおよびオルトAローンに積極的に関わってきた。両社は2008年半ばで，1,143億ドルのサブプライム関連のMBSを保有していた。さらに，両社はサブプライムMBSの保証もしており，それらを加えると，不良債権となったMBSは総額で，1兆1,400億ドルにもなる。アメリカ全体の不良債権化したサブプライムMBSの実に28％になるというデータがある[20]。

第3節　住宅価格の下落

2004年7月にアメリカの不況は終わったとされる。第1節で述べたように，2004年7月から政策金利は少しずつ引き上げられた。1.03％であった6月の金利は，7月には1.26％に上昇し，翌年の1月は1％台を抜け2.16％になった。その後，金利上昇は加速し，2005年5月には3％に達し，その年の11月には4％となり，2006年8月には5.25％と最高レベルに達する。わずか2年で政策金利は1％台から5％台に一挙に4％も上昇したのである（図4-9）。

このような急激な金利上昇は，変動金利モーゲージ（ARM）でサブプライムローンを借りていた人たちに大きな衝撃を与えた。2006年春ごろには多くの借手の返済金額は金利上昇によって膨張し，2007年春にはその被害は一挙に拡

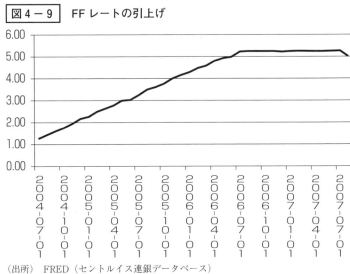

図4-9 FFレートの引上げ

(出所) FRED (セントルイス連銀データベース)

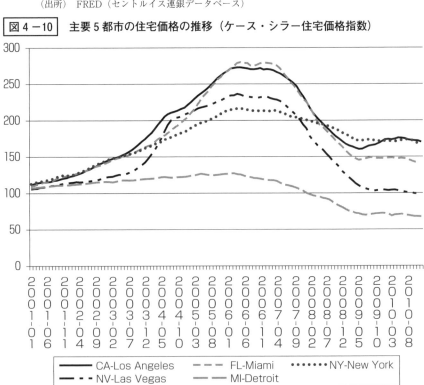

図4-10 主要5都市の住宅価格の推移(ケース・シラー住宅価格指数)

(出所) FRED (セントルイス連銀データベース)

大した。典型的なサブプライムの借手の月支払額は1,200ドルから1,500ドルに膨らんだ。当然のことながら，1,200ドルの返済を予定していた借手の多くは返済不能に陥った。借手は債務不履行を引き起こしたので，貸手は住宅を没収した。債務不履行者は2006年初めには，年775,000件であったが，2006年末には1,000,000件にまで急増した。さらに，2007年半ばには1,500,000件とさらに増えた。2007年夏から2008年春までには，空き家住宅は100万件増加した。他方で住宅販売件数は2007年初めの750万件からその年の終わりには550万件へと一挙に減少した。新規住宅の売れ残りが増え，担保として取り上げた中古住宅の販売も増え，住宅市場は一挙に悪化し，住宅価格は急下落した[21]。

図4-10は主要5都市（ロサンジェルス，マイアミ，ニューヨーク，ラスベガス，デトロイト）の住宅価格上昇を示したものである。

図4-12は住宅価格の2007年のピーク時から最近のボトムまでの下落率を都市ごとに示した。最も大きく下落したのは，ラスベガスでその下落率は，58%

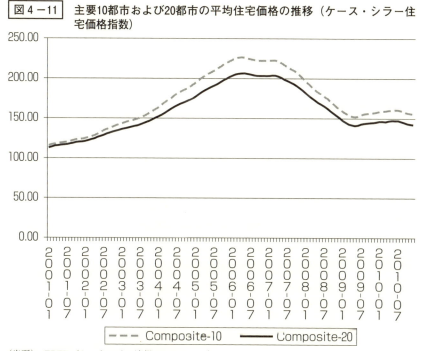

図4-11 主要10都市および20都市の平均住宅価格の推移（ケース・シラー住宅価格指数）

（出所）FRED（セントルイス連銀データベース）

図4-12 主要20都市の最大下落率（ケース・シラー住宅価格指数）

（出所） FRED（セントルイス連銀データベース）より作成

にもなった。以下，アリゾナ州のフェニックス：55％，フロリダ州のマイアミ：49.3％，ミシガン州のデトロイト：47％，フロリダ州のタンパ：45.6％，サンフランシスコ：45.1％，サンディエゴ：42.2％，ロスアンジェルス：41.3％と続く。

　2006年5月のバブルピーク時に50万ドルの住宅をラスベガスで購入した不運な家族について考えてみよう。頭金20％で40万ドルのローンを抱えたとしよう。ラスベガスの資産価値の下落率55％を考えると，2010年5月には，この住宅価値はわずか22万5,000ドル（＝50万ドル×0.45）に低下した。多額の頭金を払ったけれども，この家族は，17万5,000ドルの債務超過に陥ることになった。住宅価格に対するローン比率が80％というのは，当時の状況ではまだましな方である。多くの住宅購入者の頭金は10％以下であったと言われている。ラスベガスは住宅価格下落が厳しい極端な例であるが，もっと住宅価格下落が小さかった都市においても住宅購入者の債務が著しく増加したであろうことは容易に想像できる[22]。

第4節　危機の発端としての「影の銀行」

(1) SIVと導管体

　前節の証券化の方法で見たが，大手の銀行はCDOやMBSに巨額の投資をするために，本体とは切り離した形で投資目的会社である，「特別投資事業体 (Structural Investment Vehicle：SIV)[23]」や導管体（Conduits）を設立した。これらの金融会社は銀行本体とは別機関であるので，金融当局の規制を受けることもなく，自由な投資活動が許された。具体的には，資産を担保にして短期金融市場から資金を得て，その資金でもってサブプライム証券を含むさまざまな資産担保証券に投資してきた。短期金融市場で支払う金利コストをはるかに凌ぐ高い利回りを長期証券投資から得ていた。短期市場の金利が低く，安定し，他方住宅価格が上昇し，サブプライム関連証券が順調に高い配当を続けている限り，このような投資戦略はSIVに大きな利益をもたらした。この利点を最大に生かすために，SIVは自らの資本をはるかに超える高いレバレッジ投資にのめり込んで行った。SIVは銀行本体と分離されているので，金融規制の対象にはならず，自己資本比率規制の対象にもならなかった。それが「影の銀行 (Shadow Bank)」と言われる所以である。

　サブプライムローンの損失は，影の銀行である導管体とSIVに表れた。両者は短期または中期の組成証券（structured securities）の発行によって得た資金でMBSやCDOなどの長期でハイ・リターンの資産に投資をしていた。これらの機関は規制を受けなかった。それらの発行する証券は資産担保CP (asset-backed commercial paper：ABCP)と呼ばれ，相対で取引されていた。その主たる買い手はMMMFおよび機関投資家であった。これは通常，商業銀行，投資銀行，ヘッジファンドによって設立された。

　SIVや導管体の魅力は，①親主体のバランスシートから切り離されるので，資本を無視して取引ができる。さらに親銀行がCDOのトランシェを買いたいと思った時には，これらの主体は，短期債務の発行によって，必要なキャッシュを供給することができる。もし，銀行がリスク資産に投資する場合には，それなりの資本を必要とするが，SIVがその資産を購入すれば，遥かに少ない資本ですむからだ[24]。

　2007年には導管体，SIVの資産はそれぞれ，1.4兆ドル，4,000億ドルであった。

アメリカの商業銀行の総資産は2007年で10兆ドルであったから，導管体とSIVはアメリカの銀行の20%を占めることになる[25]。にもかかわらず，これらの実態は「影の銀行」として，当局が十分把握しておらず，それゆえ，これらの経済に及ぼす影響は大きかった。

(2) 短期借り長期貸しのビジネス

銀行が取付けに弱いのは，預金者から預かった短期の預金（負債）を長期の貸付に回しているからである。したがって，いったん預金引出しが始まれば，銀行の資金は一気に底を突き破たんする。その良い例は1973年12月に愛知県の豊川信用金庫で起きた取付け騒ぎである。女子学生の電車内でのたわいのない日常会話の中で出た「信用金庫は危ない」という発言が人の口から口へと誇張されて伝わり，一斉に豊川信用金庫から預金引出しがなされた。その額はわずか1週間で26億円にもなった。それにより，全く問題のない健全経営の豊川信用金庫が一挙に破たんの危機に立たされた。この事件は政府と日銀が全面的に表に出て，その噂を否定することにより収まった。

また，別の例は1980年代のアメリカの貯蓄貸付組合（Savings & Loan association：S&L）の危機である。当時アメリカの貯蓄貸付組合は，長期の住宅貸付を専門に行っていた。その長期貸付は住宅購入者の便利なように，固定金利でなされており，他方資金調達をその時々の金利で行われていた。短期の変動金利で資金調達して，長期の固定金利で資産運用していたのである。短期の金利は長期の金利よりも低いのが通常である。この状態が続いている場合には，このような資産運用に何の問題も生じない。しかし，1980年代は事情が異なった。インフレが進行していたのである。インフレの進行と共に短期金利は少しずつ上がり始め，S&Lの資金調達コストを上げ始めた。他方運用利益は長期固定であるので，いわゆる逆ざや現象が発生し，多くのS&Lは破たんに追い込まれた[26]。

これと同じことが，2007年のアメリカの短期金融市場で起きたのである。サブプライム金融危機の核となったSIVや導管体は，コマーシャル・ペーパー（CP）のような短期証券を発行して資金調達を行い，それをMBSなどの長期の高利回り商品に投資するという資産運用を行っていた。そのCPを購入したのは，主として1970年代の金融規制緩和によって生まれたMMMF（Money

Market Mutual Fund）という，オープンエンド型の投資信託である。その運用は CD, CP, TB, BA などの高利回りの短期証券であり，換金が自由なほか，小切手の振出しも可能なことから，銀行預金の強力な対抗商品として急成長した。MMMF の成長は CP 市場を急拡大させた。CP 市場の拡大はヘッジファンドや投資銀行も短期の資産担保証券を発行して資金を調達する機会を大いに高めることになった。彼らはそこで得た資金をより高い利回りを生む，MBS や長期証券に積極的に投資していった。

　このビジネスは経済環境が順調である時には上手くいく。しかし，経済状況が一転悪化すれば，資金の流れはストップし，このビジネスモデルは破たんを来す。それが，2007年に起きた。長期資金の運用を短期資金の借換えの繋ぎで行っていた，SIV，導管体などの金融会社をはじめ投資銀行はたちまち資金ショートを起こした。景気の悪化に伴い，CP を受け入れてくれる機関が無くなったのである。図4-13に示したように，ABCP 市場は急速に縮小した。クレディット市場が完全にフローズしたので，そこから短期資金を借り，MBS をはじめとする金融商品を購入していた，SIV をはじめとする金融会社は資金

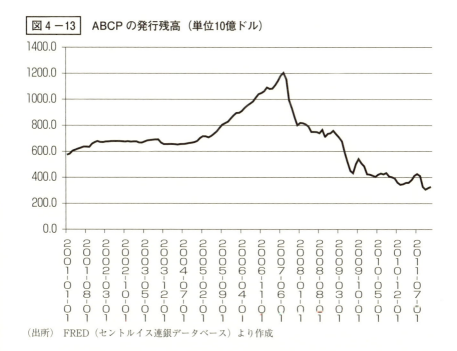

図4-13　ABCP の発行残高（単位10億ドル）

（出所）　FRED（セントルイス連銀データベース）より作成

の調達ができなくなり，破たんを余儀なくされた。彼らの保有する短期債が満期になったとき，新たな借手を見つけることができなくなったのである。このような状況の中で，資金不足を補うために，保有している長期債の売却を余儀なくされた。長期債のファイアセールである。それは長期債の価格を下げ，それらの市場をさらに混乱させることなった。アメリカの短期金融市場での主たる資金の出してはMMMFであったが，混乱する経済の中で，その資金供給はストップした。アメリカのCP市場は完全に機能不全に陥り，多くの主要企業はCPの発行ができなくなり，アメリカの産業は大きな痛手を受けることになった。

　また，SIVなどの金融会社が短期資金を得る方法としては，CP以外にレポという方法がある。これは正式には，repurchase agreementとよばれる資金調達の方法で，財務省証券，MBS，その他証券を貸手に，特定日に特定価格で買い戻すことを条件に売却し，資金を得る。これらの証券は差し出されるだけで，実際に売却されることはない。この取引は1日あるいは1週間という非常に短期の取引に用いられる。1,000万円で売却し，1,001万円で買い戻せば，その差額である1万円がこの短期取引における金利となる。

　実際には，このレポ取引では大手の銀行が仲介役となるので，3者型レポ取引（tri-party repurchase agreement）と言われる。この市場も2000年代に大きく成長した。この市場もCP市場と同様に，安全であり，その取引に不履行はあり得ないと考えられた。なぜなら，貸手に差し出す担保が財務省証券やMBSであったからだ。しかし，この市場もサブプライムローンの返済が滞ることにより，貸手の返済能力に疑問が生じるに及び，この市場からも一斉に資金の引き上げが起きた。レポ市場の崩壊である[27]。

　資産担保CP市場は急速に縮小したが，その様子は最も安全とみなされる財務省手形の金利とコマーシャル・ペーパーの金利の差によって知ることができる。図4－14によれば，両者の利回りの差は2006年を底に徐々に上昇し，2008年には一挙に5％ポイントにもなり，さらにその後2008年11月には9％ポイントにまで上昇していることが見て取れる。市場の要求するリスクプレミアム（リスク資産への投資の代償として期待する，リスクのない資産を上回る利回り）が上昇したのである。これは，投資資金の「質への逃避（flight to quality）」が生じたと解釈できる。

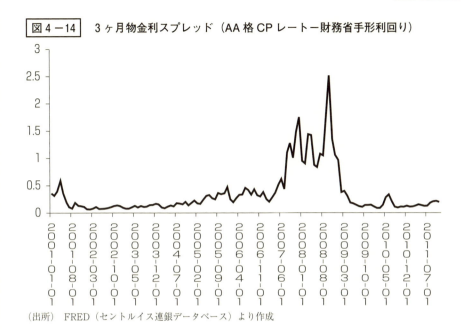

図4-14 3ヶ月物金利スプレッド（AA格CPレート－財務省手形利回り）

（出所） FRED（セントルイス連銀データベース）より作成

(3) レバレッジの問題

　前節で述べたように，大手の金融機関はその傘下にSIVや導管体を設立した。それは資産の一部をオフバランスすることによって，本体の自己資本比率を下げることなく，投資効率を上げるためであった。SIVや導管体はオフバランス事業体であり，彼らの投資行動は規制当局の対象にならなかった。本体はそれら事業体のおかげで，住宅ローンを証券化により流動化でき，手数料を受け取り，自己資本の規制から免れることができるという大きなメリットがあった。

　レバレッジがどのように金融危機に働いたかを，次頁の数値例でみることにする。

　例えば，SIVがレバレッジを20倍にしていたとしよう。ここで，SIVの資産が10％上昇したとする。この時，レバレッジは20倍から7倍に下がっている（110／15）。つまり，過剰資本 excess capital を保有していることになる。そこで，もっと債務を増やして，より多くの資産を購入しようとする。このSIVが目標20のレバレッジを達成しようとすれば，バランスシートを300億にすればよい。そこで，(20×15億)－110億＝190億ドル円分の資産を増やす。ABS

① **レバレッジが20倍の場合**

資産	負債
証券　100億円	短期債務　　95億円
	自己資本　　 5億円

② **資産価値が10％上昇した場合**

資産	負債
証券　110億円	短期債務　　95億円
	自己資本　　15億円

③ **再度レバレッジを20倍にした場合**

資産	負債
証券　300億円	短期債務　285億円
	自己資本　　15億円

が10％上昇したことによって，SIV のバランスシートは3倍になる。SIV はより多くの証券を買うためにより多くの ABCP を発行する。このように，資産価格が上昇している時には，債務を増やして資産を拡大することが利益の増加につながる[28]。

　当然のことながら，資産価格が下落し，自己資本が減少した場合には，高いレバレッジをかけている事業体はそうでない事業体に比べて，より積極的に資産を減らす必要がある。レバレッジ8倍の事業体において，2億円の自己資本の減少が生じれば，もとの均衡状態に戻すためには，資産を16億円減じなければならない。他方レバレッジを20倍にしている事業体は資本損失が同じく2億円発生すれば，元の均衡に戻るには40億円もの資産を減らす必要がある。したがって，住宅価格の下落に伴い資産の劣化が進行し，自己資本が減少するなか，SIV などの事業体は保有証券の売却を実施した。

　このように，金融機関はレバレッジを利かしながら，資産価格が上昇している時には，債務を増やして資産を購入しバブルを煽り，資産価格が下落している時には資産を売却して，債務を減らし，経済をさらに下降させるという，プロシクリカルな行動をとった。

第5節　ファイアセールと金融危機

　2007年ごろから，住宅市場とAAA格の証券に悪いニュースが流れるにつれて，AAA格のMBSの保有者に動揺が生じるようになった。短期資金の調達手段である資産担保CPの引き受け手がなくなり，2008年9月には市場の崩壊が始まった。CPの主たる買手であった，MMMFの解約は急増した。CPやレポ市場は完全に干上がり，銀行はリスク資産を整理する中で，銀行貸付を抑制した。その他金融機関，投資家が売却を進めている市場に銀行の売りが加わったことで，証券相場は急落した。抵当価値の下落およびリスク増加によるヘアーカット[29]の高まりで金融機関の自己資本は減少した。とくに，リーマン・ブラザーズの崩壊以降，証券の買手は全くいないという状況に陥った。証券価格の下落がさらなる下落をよぶファイアセールが生じたのである。

　FRBはこのような状況の中，市場に積極的に介入し流動性の供給につとめた。具体的には商業銀行の保有する株式を購入，リスク資産を担保に融資を実行した。リスク資産の購入は数千億ドルにのぼった。対象となったリスク資産のほとんどは，ファニメイとフレディマックのものであった。その結果，FRBは大量のリスク資産を抱えることになったが，市場から大量の証券を吸い上げたので，2009年春までには銀行および金融市場は安定した。FRBのこの政策によって，とりあえず金融危機の最悪の状況は避けられた。ここで重要なことは，ファイアセールによって引き起こされた流動性問題がリーマンショック以降，単なる流動性危機から支払不能危機に拡大したことである。

　ファイアセールのメカニズムは危機の拡がりについていくつかの点を示唆する。まず，ヘッジファンド，ディーラーバンク，商業銀行が手持ち証券の下落によって巨額の金融損失を出したこと，さらに，短期金融に依存していた投資家がなぜ危機に陥ったかを説明する。そこに共通して見られることは，下落する証券の買手が付かなかったことであり，それが金融市場の機能をほぼマヒさせたことである。破綻がいったん噂されると，その直前の債務超過額が数日でその数倍に膨れ上がる。事実，リーマン・ブラザーズの破綻した時の債務超過は250億ドル程度と見積もられていたが，破綻後に明らかになった債務超過はその当初の見積もりの3倍以上になっていたという[30]。Goodhart and Tsomocos（2011）はデフォルトがなぜ急激に債務超過を増やすかについて，次の3

点を挙げている。①破産ショックによって強制的な投げ売りが生じるという予想が生まれ，保有する資産価値が激減する。②破産した銀行の債務者は，もはや信用維持の必要がなくなったので，できるだけ少なく支払おうとする，あるいは支払いを延期しようとする。③専門的知識をもった社員がいなくなり，これまでのノウハウが突然失われ，混乱する。

　ファイアセールと銀行のバランスシートの悪化がどのように経済危機に繋がったか？　政府はどのように，市場を安定させたか？　という観点より，マクロモデルでファイアセールを扱った研究は多く存在する。ファイアセール理論を学説史的に述べるなら，I. Fisher（1933）を嚆矢とし，Bernanke and Blinder（1988），Bernake and Gertler（1989），Kiyotaki and Moore（1997）などがある。とくに，資産の清算が実体経済にマイナスの影響を及ぼすことを最初に理論的に明らかにした Fisher は高く評価されねばならない。最近の研究は，債券のような金融資産の売却がなぜ実体経済を悪化させるのかについて詳細に分析している。とくに，銀行の純資産の劣化に注目している。それは，銀行の資産劣化が進めば，銀行の貸出能力が減退するからである。したがって，金融危機を銀行経路の観点から捉えようとする研究が主流である。その代表的研究は Kahyap and Stein's（2000）や Stein（2010）である。これらの論文は，金融危機が生じた時に銀行貸付チャンネルがどのように投資減少を説明するかを理論的に説明している。

　また，ケインズの絶対的流動性選好に遡る研究もいくつかなされている。ファイアセールによる価格暴落は，銀行の意思決定に影響するが，その場合，投資プロジェクトに貸し出すのか，現金で保有するのか，あるいは他の金融資産を買うのか，という選択を銀行に迫ることになる。1つの重要な選択は現金保有である。なぜなら将来キャッシュは必要になるからである。ファイアセールが生じた時，実物投資や債券投資よりも現金選好が絶対的なる可能性が高い。Shleifer and Vishny（1997）および Holmstrom and Tirole（1998）は，企業あるいは銀行が将来の現金必要に備えて予備的に現金を保有することを理論的に分析した。Caballero and Simsek（2010）は銀行が取引先の銀行に不安が生じた時に現金保有を選択することを明らかにした。He, Kang, and Krishan-murthy（2010）は最近の現金保蔵の研究成果が，貸出を抑えて，現金保有および連銀積立を増加させている現実と一致すると示している。

ファイアセールを金融規制の観点から分析した研究もある。Stein（2011）は，家計，銀行，寛容な投資家（Patient Investors）の 3 部門から成る，キャップ・アンド・トレード・アプローチ（The cap-and-trade approach to bank regulation）を用いて，ファイアセールと金融規制の問題について分析した。金融機関は短期債務発行によって資金を得ようとするが，これは安易な資金獲得であり，金融機関はそれを過度に行うインセンティブが働く。しかし，そこではファイアセール・コストを十分考慮していない。したがって，金融機関の規制が必要である。これまでは，中央銀行の最後の貸手機能や預金保険がこれらの問題に対処してきたが，今日のように従来の金融機関以外にシャドウバンクの役割が大きい状況下ではこれまでと異なった金融規制が必要であることを理論的に明らかにした。

　このように，経済理論はファイアセールは非常に厳しいシステミックリスクを生み，金融危機を深刻なものにすると示唆している。したがって，政策的には金融危機を抑えるために，いかにしてファイアセールを起こさないかが重要になる。そこで，Shleifer and Vishny（2011）は，まず金融機関の資本を厚く積む（capital cushion）こと，およびヘアーカットやデリバティブ市場のマージンを高くすることを提案する。そうすれば，ファイアセールやレバレッジ低下の悪循環をストップできると考える。

　また，ファイアセールが現実に起きた時には，政府はいかに対応すべきであろうか。これについても，Shleifer and Vishny（2011）は，①政府がリスク資産を担保に貸し出すこと，②政府が直接に資産を購入するか，あるいは特定の資産購入を目標にして補助金を出すこと，の 2 通りが考えられるとして，Diamond and Rajan（2010）および Shleifer and Vishny（2010）の研究を紹介している。前者は政府の資産購入よりも銀行システムへの流動性注入が良いとする。なぜなら，政府は正しい資産価格が何か判断できないから。後者は銀行システムへの流動性注入は資産価格上昇に繋がらないし，新たな貸付増加にも繋がらないとする。銀行は流動性を予備的に保蔵する。あるいは証券を買うとしても僅かで，その利回りは新規貸付けが有利となる水準まで下がらない。銀行への貸付けあるいは資本注入することのさらなる問題は，政府が資金投入しても結局破産してしまう，あるいは，政府の資金でギャンブルに出てさらにリスクの高い行動を助長すると考える。

いずれにしても，ファイアセールが起きた時には政府・中央銀行の素早い対応が求められる。ファイアセールが金融市場を混乱させ，経済を麻痺させることは必定である。政府・中央銀行の市場介入は金融機関の救済よりもむしろ落下し続ける証券の価格を下げ止まりさせることに力点が置かれねばならない。その意味では，バーナンキが非伝統的金融緩和で信用緩和を実施したことは評価できる[31]。

第6節　金融規制の在り方

金融規制の在り方について考える。アメリカにおける金融規制を歴史的にみると，金融規制が始まったのは1930年代である。大恐慌を契機に金融機関に対する規制の重要性が認識されるようになる。1933年にはグラス・スティーガル法（Banking Act of 1933: Glass-Steagall）が制定されて，商業銀行業務と証券業は完全に分離させられた。また，連邦預金公社が設立されて，預金保険が制定された。同法のレギュレーションQでは，要求払い預金への付利が禁止され，定期預金の金利には上限が課せられた。1933年には証券法が策定されて，証券取引委員会（SEC）が設立され，投資家保護に目が注がれることになった。しかし，その後，1970年代ごろより世界的に規制緩和の流れが進み，金融の分野でも金利の自由化，業務の自由化が進展した。1980年の預金金融機関規制緩和・貨幣管理法（Depository Institutions Deregulation and Monetary Control Act: DIDMCA）および1982年のガーン・セントジェーメイン預金金融機関法（Depository Institutions Act of 1982, Garn-St. Gremain）により，NOW勘定の合法化，預金金利，貸付金利の上限が廃止され金利の自由化が実施された。また，1994年のリーグル・ニール法（Riegle-Neal Interstate Banking and Branching Efficiency Act of 1994）により，州際業務の禁止が撤廃され，1999年のグラム・リーチ・ブライリー法（Gramm-Leach-Bliley Financial services Modernization Act of 1999）によって銀証分離の原則が廃止され，金融持株会社形態による銀行と証券の兼業が可能になった[32]。

さらに，銀行には自己資本比率が課せられる。これはBIS規制として知られ，国際的に活動する銀行の自己資本比率に関する国際統一基準である。1988年のバーゼル委員会で，国際的な金融システムの健全性の強化と銀行間の競争条件の均一化を目指して合意されたものである。厳密には，アメリカ，イギリス，

ドイツ，イタリア，日本，オランダ，カナダ，スイス，スウェーデン，ベルギ，のG10諸国から成るバーゼル銀行委員会で合意された文書「自己資本の測定と基準に関する国際的統一化」(International Convergence of Capital Measurement and Capital Standards) に基づいている。

自己資本比率は厳密には，リスク調整済み自己資本比率 (Risk Adjusted Capital to Asset Ratio) と呼ばれ，実際の計算は，資産をリスクの程度に分けて，リスクの高いものを最大1とし，低いものを最小ゼロとして，それぞれ資産にリスクウェイトとして掛け合わせそれらを合計することによって，資産を計算し，それでもって自己資本を除して求めるようになっている。リスクウェイトが最大の1であるのは企業貸出し，銀行保有の株式であり，最小のゼロは現金，準備金，国債などである。他方，自己資本の方はTier ⅠとTier Ⅱに分けられ，前者には中核資本，後者には積立金，貸倒れ準備金，劣後債などの補助的資本が含まれる。そして，このようにして計算された比率が8％を上回ることが求められている。これが，バーゼルⅠとして知られる自己資本比率規制である。

バーゼルⅠの問題点の1つは，資産区分のくくりが大まかなことであった。企業向け貸出しは一律にリスクウェイト1とされ，倒産確率の高い企業および低い企業の区別はなされていない。また，住宅貸付けにしても，低所得者向けとそうでない高い所得者向けの区別がなされずに，同じく0.5というウェイトが付けられていた。さらに，問題はこの規制がクレディットクランチを引き起こす原因になることである。例えば，景気の悪化によって不良資産が発生し，それを償却する必要が出てきた時，銀行としては自己資本比率を維持するためには，自己資本を増やすか，資産を減らすかの選択を迫られる。不良資産の発生した銀行が資本増強のために新株を発行することは容易ではない。そこで，分母の資産を下げて自己資本比率を維持しようとする。まず，対象になるのが，リスクウェイトの高い企業向け貸出しであり，貸出しが抑制され，クレディットクランチが発生する。また，「追い貸し」を促進するという問題もある。自己資本比率の減少に直面した銀行は，優良企業には集中的に貸し渋り，貸し剥がしを実施して資産の減少を行うのに対して，他方で自己資本のさらなる減少を防ぐために，破産寸前の企業には追い貸しを続けるようなる。

また，レギュラトリー・アービトラジ (regulatory arbitrage) も生じた。

これは，銀行が資産のリスクの違いを利用して，貸出しを実行することである。銀行は子会社として SIV や導管会社を傘下に持ち，オフバランス化を推進したが，それはリスク債権を切り離し，自己資本比率を有利にするためであった。銀行の子会社への融資および債務保証のリスクウェイトは小さくて済んだ。そこで，資産を本体で保有するよりも，それらの子会社を通した方がより資産拡大が可能になる。もし，リスクウェイトが同じであれば，あのように子会社への融資拡大も生じなかった可能性がある。また，サブプライムローンもプライムローンもリスクウェイトが同じであったために，同じように貸出しが拡大した。サブプライムローンのリスクウェイトが高ければ，あれ程にサブプライムローンへの融資は拡大しなかった可能性がある[33]。

　バーゼルⅠのこのような問題点を考慮して，バーゼル銀行監督委員会は1990年代の末より大幅な見直しを進め，2004年6月に新 BIS 規制案「自己資本の測定と基準に関する国際的統一化：改訂された枠組」（International Convergence of Capital Measurement and Capital Standards : a Revised Framework）を公表し，この新基準は2006年度より実施された。新基準では信用リスクの計算方法が精緻化された[34]。融資先のリスク度によってそのリスクウェイトが計算されるようになった。業績の良い企業のリスク率は低く，悪い企業のリスク率は高くなる。このリスクウェイトの計算は格付会社のみならず，銀行内部の格付けでも認められるようなった。また，商業用不動産投資が金融危機の引き金になったことを背景に，不動産担保融資についてはリスクウェイトが高めに設定され，不動産融資を抑える効果が期待されている。ただ，この改訂が進められた時期にはサブプライムローンはそれ程問題になっておらず，したがって住宅ローンは一律に安全と解釈され，サブプライムローンのリスクが特別に考慮されることはなかった。また，この新基準でも自己資本比率があるがゆえにかえって，不況期にクレディットクランチが発生するという点は改められていない。景気が悪化すれば，融資先の企業の業績は悪化するので，リスク率はバーゼルⅠの場合よりも上昇し，分母は大きくなり，その分自己資本比率は低下する。そこで，クレディットクランチが発生することになる。

　自己資本比率規制の持つプロシカリティを是正する方法が今いろいろと検討されている。その1つは，銀行が景気拡大期には十分なバッファーとしての自己資本を積み増し，景気後退期にはこれを取り崩すという方法である。具体的

には，信用量対名目 GDP 比のトレンドからの乖離として定義される，「信用量対名目 GDP ギャップ」を自己資本バッファーの所要準備と金融状況を関係付ける変数として用いることである[35]。今回の金融危機では自己資本比率は十分あったのに，破綻したケースがいくつか見られた。自己資本比率の正確な計算には時間がかかる。あるいは，計算の過程で作為の働く可能性もある。そこで，自己資本比率よりも株価の方が銀行の健全性の指標になるという指摘もある[36]。

また，バーゼルⅢでは，自己資本比率をさらに厳格にする工夫がなされている。その背後には，金融機関の自己資本不足が金融危機の主因と考えられるからである。しかし，規制の強化にはベネフィットとコストがつねに相伴う。金融危機を未然に防ぐ役割を持つが，反面，規制の強化は金融機関の収益の低下をもたらし，過度なリスクテイクやシャドーバンキングの一層の拡大を助長する。金融機関の収益低下は貸出能力の低下を生み，世界規模での成長鈍化につながる危険も指摘されている[37]。

また，現行の会計基準の欠陥も指摘される。金融資産は原則として時価で評価すべきであるなら，金融負債も時価で評価されるべきである。資産・負債が非対称的に評価される現行の会計基準では，危機が起きて評価損が出た場合には，金融機関が互いに債権を持ち合っている金融システムの現状では，その評価損が相殺されることなく，関係するすべての金融機関を債務超過に陥れる危険がある。この会計基準の問題が金融危機をもたらしたというのである[38]。このように，市場が混乱している場合には適切な評価基準をどのようにするかは今後検討すべき重要な課題である。

金融機関の報酬制度も問題である。ゴールドマン・サックス，モルガン・スタンレーなどの主要投資銀行のボーナス総額は，250億ドル（2005年），360億ドル（2006年），380億ドル（2007年）という巨額のものであった。ボーナスは1年間の収益によって決まる。したがって，巨額のボーナスはトレーダたちにとって，ハイリスク，ハイリターンの投資行動のインセンティブになる。成功すれば巨額の報酬が得られる。失敗しても解雇されるだけで，損失はその金融機関が負うのみである。そして，最終的にその損失を補てんするのは，破綻した金融機関を救済する国民である。つまり，トレーダは最終的には国民の支払う税金を元手にして，巨額のギャンブルを行っていたことになる。トレーダに

とって成功すれば，巨額の報酬，失敗すれば自分の会社さらには国民が後始末をしてくれるという，モラルハザードが発生していたのである。そして，このモラルハザードを抑える仕組みは何もなかった。ガバナンス構造からいえば，株主がこのようなトレーダの報酬に歯止めをかける役割を果たすはずある。しかし，彼らもまた，わずかの投資資本で大きな見返りを期待するのである。彼らにとってもまた，ハイリスク，ハイリターン行動を助長するインセンティブが働くのである。銀行の場合には預金者が厳しい監視の目を向けるはずであるが，彼らにハイリスク，ハイリターン行動を抑止するインセンティブは働かない。なぜなら，たとえ，自分の銀行が破綻したとしても，預金保険機構が預金を保護してくれる，あるいは中央銀行が最後の貸手として銀行を救済してくれることを熟知しているからだ。

　そこで，この問題を解決する方法は，トレーダが短期的なリスクをとるインセンティブをなくすことである。Roubini and Mihm（2010）は次のような提案を行っている。1つは，ボーナスのプール制である。1年の業績で判断するのではなく，3年間程度の業績を平均してボーナスを支払うという制度である。その期間中に損失を発生すれば，そこからペナルティとして損失分を差し引く。2つめは，ボーナスを現金で支払うのではなくて，自分たちが組成した証券によって支払うという制度である。自分のものになるとすれば，その組成には慎重になると考えられる。このどれを採用するにしても，全金融機関が同じように一斉に実施する必要がある。そうでないと，この新たな制度を適用した金融機関から従来のままの金融機関に人材移動が起きる。したがって，Roubini and Mihm はこの報酬制度をめぐる議論には政府の関与が必要であると，強調する。

　また，今回の金融危機で金融システムに重大な影響をもっている金融機関（Systemically important financial institutions：SIFIs）が破綻すれば重大な影響を持つことがわかった。金融機関が大きくなれば，政府としては too big to fail あるいは too interconnected to fail 政策をとらざるを得なくなる。大きな金融機関はそれを見越してハイリスク，ハイリターンの資産運用を行いやすい。金融機関の肥大化は経営者のモラルハザードを招き，リスクテイクを促進するのである。危機になればなるほど大銀行になろうというインセンティブが発生する。現に2009年と2010年で250の小銀行が大銀行に吸収合併されている。ゴー

ルドマンサックス証券とモルガン・スタンレー証券が一斉に銀行持株会社になったのも，セーフティネットの中に入れ，FDIC の恩恵を受け，さらには中央銀行の融資が受けられるというメリットを狙ったものである。これは，規制当局を都合の良いように選択できるという意味で「規制ショッピング（reguratory shopping）」といわれる。今後も，金融市場の寡占化と規模拡大は進み，TBTF，TITF 問題は深刻化し，最終的には大きすぎて政府にも救えない状況に追い込まれないように，施策が求められる。そこで，この問題については次のようなことが考えられるであろう。

金融機関は大きくなれば，「規模の経済」および「範囲の経済」が働くと考えられるが，最近の実証研究では，最適資産規模は1,000億ドルで，それ以上大きくなると効率性は低下する傾向にある。したがって，現在約2兆ドルの資産規模を有するシティバンクは，20の銀行に分割し，それぞれ1,000億ドルの資産にするということである。巨大銀行が自らそのように選択するインセンティブとして，資産規模が1,000億ドル以下の金融機関の自己資本比率は12％に，それ以上の金融機関には20％にするというような案も考えられる[39]。さらに巨大銀行に対する課税強化も考えられる。

自己資本比率の厳格化も重要である。投資銀行の場合，SEC は自己資本比率を積極的に下げていった。例えば，大手投資銀行の自己資本比率が3％であったというのは，1ドルの資本で33ドルの資産運用をするという，非常にハイリスクな運用である（レバレッジが33であることを意味する$1 \div 0.03$）。

規制対象に漏れのないことも重要である。銀行は規制を逃れるために，シャドウバンクを設立した。規制を受けないことで，本体の銀行に代わってハイリスクな資産運用を行った。今回の金融危機はシャドウバンキングシステムの問題を大きくクローズアップした。これらの機関も通常の銀行と同様に規制の対象にしなければならない。オフバランス化基準の厳格化が必要である。大小の差をつけてはならない。なぜなら，大を規制して小を許せば，小の方にハイリスク行動が移転されるからである。

金融危機については，このように金融監督体制の不備が指摘されるが，それよりももっと重要なのは金融政策のあり方である。もし，すでに述べたようにFRB がもっと早めに金融を引き締めておれば，住宅バブルも発生せず，したがってその後の金融危機もなかったことになる。したがって，グローバル金融

危機は金融規制および監督体制の不備のみに帰するのは誤りである。80年代後半の日本のバブルと2000年代のアメリカの金融政策の失敗に共通するのは、物価水準の指標としてCPIを過大視し、資産価格とくに住宅価格や地価の動向に金融政策を反映させなかったことにある。最後にFRBの金融政策について考える。

第7節　連邦準備の政策対応の評価

　住宅価格の下落が顕著になり、金融市場に危機の兆しが見え始めた2007年夏頃よりFRBは政策金利を急激に下げ始めた。図4－15が示すように、2007年夏には5％以上であったFFレートは、約1年でほぼ0％になった。ただし、この政策対応については、遅すぎたという批判もある。例えば、Thomas (2011) は「ベアスタンズが破綻し、JPモルガンに吸収された2日後の3月18日にFRBはFFレートを0.75％引き下げて、2.25％とし、さらに4月30日のFOMC会議でさらに2％にまで下げたが、その後10月8日に1.5％に下げるまで5ヶ

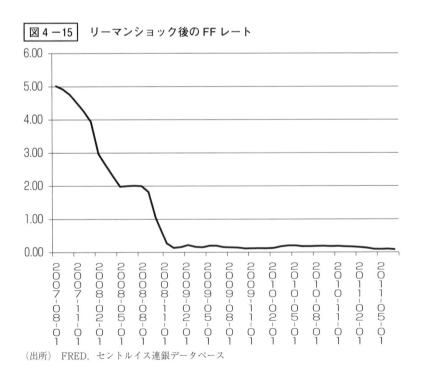

図4－15　リーマンショック後のFFレート

（出所）　FRED, セントルイス連銀データベース

第4章 サブプライム金融危機

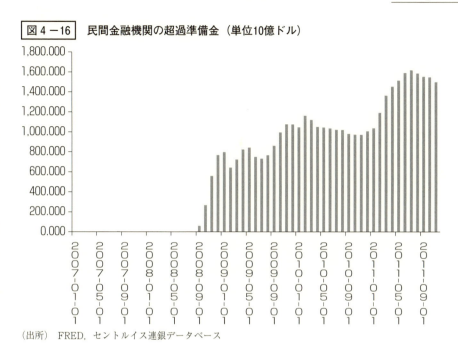

図4－16 民間金融機関の超過準備金（単位10億ドル）

（出所）FRED, セントルイス連銀データベース

月以上も2％に据え置いたままであった。これは明らかに実体経済の悪化を見逃し，インフレの方を恐れていたからだ」と厳しくFRBの遅い対応を批判する[40]。

しかし，いずれにしてもアメリカはわが国と同様に未知の非伝統的金融政策の世界に踏み込むことになった[41]。2007年夏に開かれたFOMC会議は，不況の到来を察知し，FFレートを5.25％から4.75％へと0.5％下げた。それ以降も徐々に下げ，2008年4月には2％とし，さらに2008年12月には0から0.25％にまで下げた。バーナンキは積極的かつ大胆に金融緩和を推進した。具体的にはゼロ制約に陥る前に積極的な資産購入を始め，流動性供給を実行した[42]。当然のことながら，その結果としてFRBのバランスシートは大幅に拡大することになった。表4－2は，2006年12月から2011年9月にかけてFRBの資産がどのように変化したかを示している。まず，資産が2006年12月の9,067億ドルから2008年12月には2兆2,934億ドルと一挙に2.5倍に跳ね上がり，2011年には2兆9,000億ドルとおよそ3.2倍に膨張している。次に，その中身であるが，2006年には総資産の90％近くが財務省証券で占められていたが，2009年にはわずか

35％を占めるにすぎなくなった。それはFRBの各種の貸付けが急増したからである。その主なものはターム入札制度（Term Auction Facility：TAF）である。この制度の特徴は，借手はその名前を明かすことなく，競争市場で資金を得ることができることにある。金融不安が急激に高まっているときには，誰しもが疑心暗鬼に陥り，少しの不安を誘う行動がその金融機関を破たんに追い込むことになる。FRBの融資を受けたことはその金融機関が資金ショートに直面していると受け取られる可能性が高い[43]。したがって，この時期におけるTAFの役割は大きかった。当初TAFが創設された2007年にはその資金規模は200億ドル程度であったが，その後拡大し，2008年のリーマンショック後には4,500億ドルに急増した。

　FRBはまた新たな融資プログラムを制定して，銀行以外にも流動性を供給できるようにした[44]。その中には，投資銀行への貸付けやCP，抵当証券，その他資産担保証券の買取り資金の貸付けが含まれる。2008年11月にはFOMCはファニメイやフレディマックなどが発行したMBSの買取りを宣言し，その後その買取りを大幅に増加させた。2007年にはゼロであったMBSは2009年には9,083億ドルにまで拡大し，現在もほぼ同額のMBSの買取りを継続している（2011年9月で8,850億ドル）。また，2009年からはスワップの項目が見られる。

表4－2　FRBの資産内容の推移（単位は10億ドル）

資産項目	2006.12.28	2007.12.27	2008.12.29	2009.12.31	2010.12.30	2011.9.8
金およびSDR	13.24	13.24	13.24	16.24	16.24	16.24
財務省証券	778.94	754.61	476.01	776.59	1,016.10	1,655.60
政府機関債	0	0	20.88	159.88	147.46	109.78
レポ	36.00	42.50	80.00	0	0	0
MBS	0	0	0	908.26	992.14	884.95
TAC	0	20.00	450.22	75.92	0	0
その他貸出	0.49	4.53	593.52	194.10	138.12	62.06
フロート	0.41	-0.34	-1.33	-1.96	-1.62	-1.87
その他資産	39.34	55.84	621.99	96.29	111.15	130.97
スワップ	0	0	0	10.27	0.08	0
政府通貨	38.25	38.81	38.84	42.72	43.57	44.11
総資産	906.68	929.20	2,293.37	2,278.30	2,463.23	2,901.82

（出所）　FRBのホームページより（http://www.federalreserve.gov/releases/h41/）

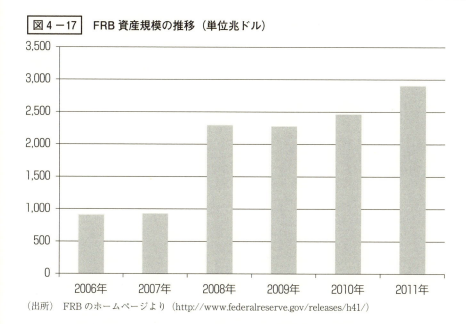

図4-17 FRB資産規模の推移(単位兆ドル)

(出所)FRBのホームページより(http://www.federalreserve.gov/releases/h41/)

これは,FRBが流動性を増やす1つの方法として海外の中央銀行とスワップを始めたことによる。海外の中央銀行もまた,大量の流動性供給を実施しているが,自国の通貨でしか供給できない。他方で傘下の金融機関はドルを必要としている。そこで,FRBは海外の中央銀行にそれぞれの国の通貨で預金してもらう代わりにドル預金を供給することにしたのである。

2007年以降FRBの融資計画は著しく拡大し,現在ではバランスシートは3兆ドル近くまで膨張している。この膨張したバランスシートを今後いかに縮小していくかがFRBの重要な政策課題になっている。

このように,アメリカの量的金融緩和政策は日本のそれとは異なる。わが国ではひたすら民間銀行から国債を買い取り,銀行の持ち金である日銀当座預金を増やそうとした[45]。流動性の供給に重点が置かれたのである。これに対して,アメリカの量的緩和政策は,MBSなどの積極的な購入に見られるように,流動性の供給よりも,金融市場の需給を引き締め,そのことによって市場の安定をめざすものである。言い換えれば,日本銀行の量的緩和政策はバランスシートの負債側に注目し,アメリカのそれは資産側に注目する政策である。リーマンショック後金融機関は疑心暗鬼に陥り金融市場は機能不全に陥り,MMMF

| 図4-18 | 非伝統的金融政策

資産	負債
安全な金融資産	準備預金
	現金

資産	負債
リスク資産	準備預金
安全な金融資産	現金

(出所) 白塚重典（2009）を一部修正

からは資金流失が続き，CP の需要はなくなった。そこで，日本の場合のように，単に銀行から直接国債を購入し，日銀当座預金を積み上げたのではなく，CP などのクレディット市場が円滑に機能するように，CP などを担保に直接銀行に貸出す政策を実施したのである。その意味でアメリカの量的金融緩和政策は信用緩和政策（Credit Easing）であった[46]。図示すれば図4-18のようになる。資産の中にリスク資産を取り込みながら，バランスシート全体を拡大していく政策と理解できる。

　以上概観したように，2008年12月以降の FRB による大規模な資産購入（large-scale asset purchases ; LSAPs）は，2008年以前の2倍以上に及ぶものであり，それは，「モーゲージ貸出および住宅貸付市場を積極的にサポートするものであり」，「民間信用市場の改善を促す」ためであった。このいわゆる非伝統的金融政策，量的金融緩和政策（信用緩和政策）は効果があったのか否か。その結果は実証研究に待たねばならないが，その検証は今なお継続している。この政策の特徴は期間の長い民間資産の供給を減らし，期間ゼロの資産供給（銀行準備）を増やすことであった。リスクの高い長期資産の供給が減ったことにより，長期資産保有に付随するリスクプレミアムが下がり，したがってその利回りも低下した。LSAPs が効果を発揮するチャンネルは理論的には購入資産のリスクプレミアム[47]に影響することであると考えられる。長期債の利回りは，その資産の満期までの短期金利（リスクを考慮しない）の平均とリスクプレミアムを合計したものから成る。LSAPs は市場から長期のリスク債券を

購入することによって，市場に流通する長期資産の量を減らすことに効果があったと考えられる。長期のリスク資産の量が減少すれば，投資家が要求するリスクプレミアムは低下する。したがって，LSAPs は MBS や財務省証券のような直接 FRB の購入対象になった債券だけでなく，事業債，株式などの他の証券の利回りにも大きく影響した。その結果，多くの借手にとって，長期資金の借入コストは下がり，他方ではまた家計や企業の保有する長期資産の価値を高めた。これらは経済にとって大きなプラスの影響があったと推測できる[48]。

この点についての実証研究はいくつかある。例えば，J. Gagnon et al.（2010, 2011）はこの考えを支持する実証結果を得た。彼らは具体的に次のようなモデルを OLS で推定している。$Y_t = X_t \beta + E_t$，ここで Y は10年物債券の期間プレミアムであり，X は失業率ギャップ，コア CPI 変化率，予想インフレ率，金利不確実性，そしてこの分析で重要な長期債務の供給量である。標本期間は1985年1月から2008年6月までである。その推定結果は①失業率ギャップ，インフレ率，インフレ予想，および金利不安が1％ポイント上昇すれば，期間プレミアムをそれぞれ，20，30，40，そして100ベイシス・ポイント上昇させる，②長期債務の供給が GDP 比で1％ポイント上昇すれば，10年物の期間プレミアムを4.4ベイシス・ポイント上昇させる。この結果から，彼らは2009年 Q4 に FRB が実施した1兆7,250億ドルの債券購入は，名目 GDP のほぼ12％であり，それはリスクプレミアムを52ベイシス・ポイント下落させた（12％×4.4＝52），と主張する。

もっともこのような長期債の大量購入による，FRB のベース拡大が経済にプラスであったことに疑問を呈する研究もある。例えば，Gurdia and Woodford（2010）は，金利もすでに下限に達し，さらなる銀行貸出が不可能になっている状況の下では，マネタリベースを拡張しても，総需要を増やす効果は期待できないと論じている。Kuttner（2004），Bernanke（2009）もまた，量的緩和それ自体が有効であることに疑念を呈している。彼らは，バランスシートの拡張は貸出緩和の結果と解釈されるべきであり，重要な経路は資産購入および流動性供給を通じて様々な格付けの資産間の金利差を縮小することであると，強調した。

Eggertsson and Woodford（2003, 2004），Woodford（2003）は期待に及ぼす効果を重視した。2009年3月に FOMC は「異常に低い低金利（exceptionally low)」を「かなりの期間にわたって (for an extended period)」維持すると宣言した。低金利をかなりの期間にわたって継続すれば，長期金利を下げ，インフレ期待を生む，したがって実質金利を下げるという，いわゆる時間軸効果である。2012年1月25日開催のFOMCは事実上のゼロ金利政策をさらに延長して2014年末まで継続する方針を決めた[49]。これも市場に現在の金融緩和政策を長期に続けるというメッセージを市場に発信することによって，時間軸効果を狙っているのである[50]。

アメリカの量的緩和政策の有効性をめぐる議論は多くなされ，実証研究も数多いがいずれもまだ説得的になっていないのが，現状である。

第8節　むすび

1929年のニューヨーク株価暴落に端を発した，あの世界大恐慌をめぐる議論が終息を見せたのは比較的最近である。1963年にフリードマンとシュオーツが『アメリカ合衆国の貨幣史』でマネーサプライの減少が最大の原因であると明らかにした後も活発な議論が続いた。その意味でもこのアメリカのサブプライム金融危機についての議論，研究は今後進むであろう。しかし，これまでも大体のことは明らかになったように思われる。

残された課題をいくつか示して本章を終えることにしよう。アメリカのサブプライム金融危機が残した教訓は，やはり「金融緩和」と「規制緩和」が同時に起きるとバブルが発生する，そして，バブルが崩壊した後には，政府と中央銀行の役割が非常に重要であるというものであった。これはすでに見たように，大恐慌，北欧金融危機，日本のバブルとその後，と同じ状況であるといえる。したがって，これまでの政策対応が今回の金融危機についても教訓として役立つはずである。アメリカの政府，金融当局も当然のことながら，これまでの金融危機の教訓を生かそうとしたことはすでに見たとおりである。

バブル崩壊後の金融緩和ということでいえば，今回の金融緩和は日本の量的緩和とは異なり，金融資産の買支えにあったことが大きな特徴である。FRBは当初から，流動性対策（リクイディティ対策）では不十分と見て，支払能力対策（ソルベンシー対策）を実施したが，これは，明らかに日本の不況対策からの教訓を生かしているように思われる。A. Shleifer and R. Vishny（2010）の言葉を借りれば，ファイアセールの時期に金融資産を中央銀行が買い取るこ

とは，破綻エアラインの飛行機を買うこととは意味が異なる。「金融市場は経済に対する影響度という点で中古市場とは大いに異なる。銀行のバランスシートが回復すれば，貸付チャンネルが回復する。エアラインのバランスシートが回復してもそうはならない。政府がエアラインの所有者になっても，飛行機をいかに効率的にリースするか，その知識は全くない。これに対して，FRB がレモンを避け比較的安全な資産を買いとれば，その証券から安定した所得を得ることができる[51]。」また，そのことによって，金融市場に直接マネーが投入されることになり，マネーストックは増加する。わが国のように，銀行の日銀預け金を目標にしていたのでは，銀行の貸出しが増えない限り，マネーサプライは増加しない。マネーサプライが増えないと景気は良くならない[52]。ただ，中央銀行がリスク資産を購入することが果たして中央銀行の守備範囲であるのかどうかという問題が残されている。

　第2の問題は金融機関の肥大化をどうするかである。金融システムの寡占化は今後も進むと思われる。これは，規制のアービトラジの問題でもある。すでに述べたように，金融機関が大きくなれば，政府としては too big to fail あるいは too interconnected to fail 政策をとらざるを得なくなる。その意味でオバマ大統領がドッド・フランク法によって，ボルカー・ルールを適用し，リスクの高い投資銀行業務を決済業務中心の商業部門から切り離し，金融機関が過度に大きくならないように監視を強化するにいたった点は評価でき，その成果に期待がかかる。

　最後は，いわゆる出口問題である。あまりに肥大化した連邦準備の資産をいかに正常にもどすかが，問われている。肥大化した資産は，将来のインフレ，バブル再燃の種になる。かといってすでに表4-2で見たように，現在保有する資産の多くは，MBS および長期国債である。これらを市中に売却すれば，まだ十分回復していない住宅債権市場は再び混乱するかもしれないし，また長期債の売却は長期金利を上昇させ，景気回復の足を引っ張るかもしれない。事実，2013年春には出口問題に絡んで，当時の議長が「テーパリング」という言葉を使っただけで，金融市場は大混乱した[53]。1937-38年に大恐慌は終息したと早合点した，FRB は所要準備率の引き上げによって，超過準備を吸収しインフレの種を除去しようとした。それが再びアメリカ経済を悪化させたという先例がある。出口は慎重であらねばならない。ここでは，Thomas（2011）の

アイデアが参考になる。現在アメリカの金融政策はFFレートを指標として実施されている。FFレートを上昇させるには、今日のように銀行の準備需要が金利に対してきわめて弾力的になっている時には、大量の資産売却がなされねばならない。幸い、アメリカでは民間銀行が連邦準備に預ける当座預金には2008年10月9日から付利が認められることになった[54]。したがって、この金利を上げれば、おのずとFFレートも上昇する。当座預金金利よりもFFレートが低ければ、どの銀行もFF市場より資金を借りて、準備預金としてFRBの口座に積むようになるからだ。FFレートは当座預金金利に引っ張り上げられるように上昇する。

【資料】 本章の理解を助けるために、2007年の住宅価格下落後の経済状況と政府、FRBの対応を時系列でたどる[55]。

2006年	住宅市場の状況が変化の兆しを見せ、ローンの滞納率や差し押さえが増加する。
2007年2月27日	The Federal Home Loan Mortgage Corporation（フレディマック：Freddie Mac）がサブプライム証券およびその関連の証券を今後購入しないことを宣言。
4月2日	サブプライムローンの大手貸付会社、ニューセンチュリー・ファイナンシャル社が倒産。
6月1日	格付け会社、S&Pおよびムーディーズがともに、サブプライム関連証券100以上について格付けの引下げを決定。
6月25日	FOMCはFFレートの目標値を5.25％に据え置くと発表。
7月24日	SECがカントリーワイド・ファイナンシャルが危機的な状況にあると発表。
7月31日	ベアー・スタンズがその傘下の2つのヘッジファンドを破産させたと発表。
8月6日	アメリカ住宅モーゲッジ投資会社が倒産。
8月7日	FOMCはFFレートを5.25％に維持すると発表。
8月9日	フランス最大の銀行、BNPパリバ3つの投資ファンドの解約を停止（パリバショック）。
8月16日	格付け会社フィッチがカントリーワイド・ファイナンシャルをBBB+にまで下げる。
8月17日	FOMCは金融市場でリスクが高まりつつあるという認識を発表。

9月14日	イングランド銀行が5位の住宅貸付会社，ノーザン・ロックに緊急融資。
9月18日	FOMCはFFレートを50ベイシスポイント下げて，4.75％に。
10月31日	FFレートを4.50％にまで下げる。
12月12日	FRBは民間金融機関への融資としてターム入札制度（Term Auction Facility：TAF）を設立，さらに，欧州中央銀行とスイス国立銀行と通貨交換のスワップラインを締結。
2008年1月11日	バンク・オブ・アメリカがカントリーワイド・ファイナンシャルを400億ドルで買収。
1月18日	格付会社がNYに本店をおく金融持ち株会社，アムバックファイナンシャル・グループの格付けを下げ，クレジットウォッチの対象に。
1月22日	FFレートを3.5％に。
1月30日	FFレートを3％に。
2月13日	ブッシュ大統領が経済促進法（Economic Stimulus Act of 2008）に署名。
2月17日	ノーザンロックが国有化される。
3月16日	FOMCが金融機関への貸出を拡大するために，プライマリー・ディーラー向け資金供給制度（Primary Dealer Credit Facility：PDCF）を設立。
3月18日	FFレートを2.25％にまで下げる。
3月24日	JPモルガンチェイスのベアスタンズ買収のために，FRBの特別融資が決定。
4月30日	FFレートを2.0％に。
6月5日	バンク・オブ・アメリカのカントリーワイドの買収が認可される。
6月5日	S&PはモノラインのAMBACおよびMBIAの格付けをAAAからAAに下げる。
7月11日	貯蓄機関監督局がインディマック銀行を閉鎖。
7月13日	連邦準備理事会がNY連銀に対して，ファニメイとフレディマックに緊急事態が生じた場合，融資することを認める。財務省もこれら両機関に資金の必要が生じた場合，その株式を購入する用意があると公表。
7月15日	SECが両金融機関の証券の空売りを一時禁止。
9月7日	連邦住宅金融機関（Federal Housing Finance Agency：FHFA）がファニメイとフレディマックを政府の管理下に置くと公表。
9月15日	バンク・オブ・アメリカが500億ドルにてメリルリンチを買収すると公表。
9月15日	リーマンブラザーズがアメリカ連邦破産法第11条を申請し，倒産。

9月16日	連邦準備理事会がNY連銀が連邦準備法第13条に基づき，AIGに850億ドルを限度に救済資金を提供することを認める。
9月16日	リザーブ・プライマリマネーファンドの株式の純価値が額面1ドルを割る。
9月17日	SECは金融セクターのすべての企業の株式の空売りを一時的に禁止。
9月18日	FOMCは日本銀行，イングランド銀行，バンク・オブ・カナダとスワップラインを締結。
9月19日	連邦準備理事会は銀行および銀行持ち株会社がMMMFから優良の資産担保CPの買い取りを促すために，「資産担保CPMMF基金（Asset-Backed Commercial Paper Money Market Mutural Fund Liquidity Facility）」を設立。
9月19日	財務省はMMMFの投資活動を維持するために，為替安定基金より最高500億ドル支出する用意のあることを公表。
9月21日	連邦準備理事会は投資銀行，ゴールドマンサックスとモルガンスタンレーが銀行持ち株会社に移行することを認可する。
9月24日	オーストラリア準備銀行，リクスバンク，デンマーク国立銀行，ノルウェイ銀行とスワップラインを締結。
9月25日	貯蓄銀行監督局はワシントンムチュアルを閉鎖し，JPモルガンチェイスに吸収させる。
9月29日	財務省はMMMFの一時的全額保証のプログラムを制定。
10月3日	「緊急経済安定化法（Emergency Economic Stabilization Act of 2008）」が議会を通過し，7,000億ドルの「不良資産救済プログラム（Troubled Asset Relief Program：TARP）」が決定される。
10月6日	FRBは預金金融機関の所要準備および超過準備に付利することを決定。所要準備にはFFレートマイナス0.1％，超過準備にはマイナス0.45％。
10月7日	FRBはCP市場の活性化のために，「CP買取基金（Commercial Paper Funding Facility：CPFF）」を設立。
10月8日	FOMCはFFレートを1.50％にまで下げる。
10月12日	FRBはウエルスファーゴのワコビア買収を認可。
10月14日	財務省がTARPの実行を宣言。主要金融機関9社に総額で1,250億ドルの資金提供を求める。
10月22日	FRBは超過準備の金利を所要準備積立期間のFFレートの最低値マイナス0.35％に変更。
10月29日	FFレートを1.00％に下げる。
11月10日	FRBはアメリカンエクスプレスの銀行持ち株会社への移行を認可。

11月14日	財務省は「資本購入計画（Capital Purchase Program：CPP）」により21の銀行から総額335億ドルの優先株を購入。
11月18日	GM，フォード，クライスラーのTARPによる資金救済を求める。
11月20日	ファニメイとフレディマックは2009年1月まで抵当住宅の売却を停止すると宣言。
11月21日	財務省はCPPの下で23の銀行から30億ドルの優先株を購入。
11月23日	財務省，FRB，FDICが共同でシティグループ救済のプログラムを発表。
11月25日	FRBは「資産担保証券貸付基金（Term Asset-Backed securities Lending Facility：TALF）を設立。これによって，NY連銀はAAA格のMBSや消費者ローンおよび小口のビジネスローンの貸手にノンリコースで2000億ドルまでの融資が可能に。その信用保証として，財務省はTARPの200億ドルを用意する。
11月25日	FRBはファニメイ，フレディマックの債務及びこれらGSEが保証しているMBSの購入計画を公表。直接の債務は1,000億ドル，MBSは5,000億ドルを上限に購入する。
11月26日	FRBはバンク・オブ・アメリカのメリルリンチ買収を認可。
12月3日	SECは格付機関の格付けの説明責任，そのプロセスの透明性を強化し，投資家により確実な情報を提供できるように新たな制度を作る。
12月5日	財務省は35の銀行の優先株を総額40億ドルにて購入。
12月10日	FDICは倒産銀行に対する預金保険は万全であると繰り返し強調。
12月11日	NBERは景気のピークは2007年12月であり，その後景気は下降していると発表。
12月12日	財務省は28の銀行に対して総額62億5,000万ドルの優先株を購入。
12月16日	FOMCはFFレートを0－0.25％にまで下げる。
12月19日	財務省はTARPから，GM，クライスラーに対してそれぞれ134億ドル，40億ドルを融資する。
12月23日	財務省は43の銀行から総額151億ドルの優先株を購入。
12月30日	財務省は11月25日のGSE救済計画に基づき，それぞれの保証債権の購入を実施すると発表。
12月30日	SECは公正価格会計基準に反対の報告書を発表。この報告書は2008年の緊急経済安定化法に基づくものである。
12月31日	財務省は7銀行の優先株を総額191億ドルにて購入。
2009年1月5日	NY連銀が2008年11月25日の決定に基づきファニメイ，フレディマック，ジニメイの固定金利のMBSの買取りを開始。

【注】

1 Greenspan（1998）.
2 グリーンスパンはマエストロと讃えられ，その政策に対する信頼は絶大であった。投資家は経済が不安定になれば，必ず中央銀行が救済してくれると信じ切っていた。グリーンスパンの巧みな金融政策は，もし資産価格が下落しても機敏な金融緩和で即座に下落を阻止してくれると信じた。投資家はこれをグリーンスパン・プットと呼んだ。
3 Bernanke（2004）.
4 Bernanke（2002）.
5 J.Taylor（2011）.
6 Greenspan（2002）.
7 Greenspan（2007）pp.359-340.（邦訳 pp.145-146）.
8 G. Reinhart and K. Rogoff（2009）邦訳 p.308.
9 Bernanke and Mark Gertler（2001）.
10 Rolnick（2004）.
11 Greenspan（2004）.
12 Greenspan（2005a）.
13 Greenspan（2005b）.
14 A. Bhide（2011）p.97を参照。
15 S. Gjerstad and V. Smith（2011）p.114を参照。
16 遠藤幸彦（1999）は証券化が発展した理由として，さらに，M&A や LBO の多発，企業のリストラによって，債券の急落が頻繁に生じ，投資家の間で従来の債券投資に不満が高まったこと，さらにこれらの証券の流通市場が完備されてきた，ことを挙げている。
17 M.Jarsulic（2010）pp.19-21.
18 現実にはサービサーが倒産する場合もあるので，それをバックアップする仕組みも考えられている。
19 この2社は政府支援機関（GSE）と呼ばれる実質的には民間会社であるが，現在は国の管理下にある。
20 Jarsulic（2010）p.32.
21 L.Thomas（2011）pp.70-71による。
22 この数値例は L.Thomas（2011）pp.71-72.
23 余談ながら，SIV には，サル免疫不全ウイルス（Simian Immuno-deficiency Virus：SIV）というものもある。
24 しかしながら，最終的にはスポンサーである親主体にも被害が及んだ。親主体は SIV が資金不足に陥った時には，貸出を実行するという，バックアップラインを結んでいたからである。その結果，親主体も資金不足に陥り，資産の投げ売り，クレジット市場の凍結が加速した。
25 M.Jarsulic（2010）pp.63-64.

26 1980年代のS&L金融危機については，宮川（1992）を参照。

27 カリフォルニアで積極的に住宅ローン貸出を行っていた，カントリーワイド・ファイナンシャル（Countrywide Financial）はこのレポ崩壊の犠牲となった。カントリーワイドはモーゲジローンの資金を得るために，翌日物のレポ市場で借入を行っていた。2007年の真夏までに，貸手はカントリーワイドがレポ取引で差し出しているMBSの価値に疑いを持つようになった。8月に3社型取引の仲介銀行がニューヨーク連銀にカントリーワイドがさらなる担保を差し出さなければ，貸手に現金ではなくてカントリーワイドが担保として差し出しているMBSで払い戻すことになるだろうと話した。当時のNY連銀総裁ガイトナはこのような事態が進めばMBSのダンピングが起こると考えた。ガイトナは両者の仲介を果たした。その後すぐに，バンクオブアメリカ（Bank of America）が破綻しつつあったカントリーワイドを吸収した。ともかく，この事件はレポ市場の脆弱さを示した。その後6ヶ月して，レポ取引の問題悪化によってあの名門ベアスタンズが破たんした。住宅価格とMBS価格の下落によって1年もしないうちに，レポ市場の年額取引は4.5兆ドルから2.7兆ドルにまで縮小した。L. Thomas（2011）pp.77-78.

28 この数値例はJ.Jablecky and M.Machaj（2011）p.215による。

29 担保資産の掛目のこと。ヘアーカットが20％であれば，担保資産の価値は80％となる。債券を担保に資金供給を受ける場合，もしヘアーカットが20％であれば，その債券の80％しか資金供給を受けることができない。

30 Goodhart, Charles A. E. and Dimitrios P. Tsomocos（2011）．

31 バーナンキは2008年3月に開催されたアトランタ連銀での会議で，ウォルター・バジェット（Walter Bagehot）の『ロンバード街』（Lombard Street）を取り上げて，ファイアセールが起きた時には，中央銀行が売却できなくなった健全な資産を担保に積極的に貸し出すことが，金融危機を止める重要な施策であると述べている。Bernanke（2008）．

32 Mishikin（2011）および白杵政治「米国の金融規制改革法の影響：資産運用への示唆」ニッセイ基礎研究所，特別レポート2を参照。

33 渡部和孝（2009）p.158.

34 その詳細は，日本銀行「新BIS規制案について」を参照。http://www.boj.or.jp/announcements/release_2004/data/bis0406a2.pdf.

35 Basel Committee on Banking Supervision（2010）および白塚重典（2011）を参照。

36 Goodhart, Charles A. E. and Dimitrios P. Tsomocos（2011）．

37 清水啓典（2011）。

38 福井義高（2011）を参照。

39 Friedman（2010）p.220. また2010年7月に制定されたドッド・フランク法は商業銀行に対してボルカー・ルールで規模やリスクのある取引を直接制限する規制を導入した。つまり，リスクの高い投資銀行業務を，決済業務を扱う商業部門から切り離し，商業銀行にのみ厚いセーフティネットと規制を課し，かつ過度な規模拡大を是正しようという規制である。最終的にドッド・フランク法で採用されたボルカー・ルールは，①銀行が自

己の利益のためにヘッジファンドやプライベート・エクイティ・ファンドの保有や投資またはスポンサーになることの禁止，自己勘定取引の禁止といった業務規制と，②金融機関の負債全体を分母とし，個別金融機関負債のシェアの上限を10％とする，といった規模の規制である。翁（2011）。

40　Thomas（2011）p.154.
41　わが国の量的金融緩和政策は2001年3月から2006年3月までなされ，アメリカは2009年3月から2010年3月まで（QE1），2010年11月から2011年6月まで（QE2），さらに2012年9月から2014年10月まで（QE3）実施した。
42　2002年にFRBの理事であったバーナンキはフリードマンの90歳の誕生日に，次のように述べている。「大恐慌に関してあなたが言ったことは正しかった。私たちが間違ってました。申し訳ありません。しかし，あなたたちのおかげで，二度と過ちをおかしません」。Bernanke（2002）．
43　連銀貸出は2つの問題を持っている。①連銀貸出を受けることはその銀行の業績が悪いシグナルとして捉えられる恐れがある。②連銀貸付は銀行のみを対象として，他の金融機関は利用できない。
44　バランスシート拡大には幾多の方法が新たに考えだされた。TSLF（ターム物証券貸出制度），PDCF（プライマリー・ディーラー向けの資金供給制度），AMLF（MMFを対象にしたABCP流動性供給ファシリティ），MMIFF，CPFF（コマーシャル・ペーパー買取制度），TALF（ターム物資産担保融資ファシリティ）などである。しかし，その後のQE2，QE3では，「信用緩和」という言葉は使わなくなった。
45　日銀も2010年10月から実施した包括的金融政策では，リスク資産買入れも念頭においている。ただ，その総額は5兆円程度であり，アメリカの6,000億ドルと比較すれば非常に小さかった。しかし，2013年のアベノミクス開始以降，日銀は金融政策の目標をマネタリーベースに置き，年間80兆円のペースで増加すようにし，その対象となる資産は，従来の期間の短い国債ではなく，リスクの大きい長期国債，さらにはETFおよびJ-REITとしている。間接的ではあるが，株式市場や不動産市場に介入している。
46　Bernanke（2009）は，米国のこの非伝統的金融緩和政策は「信用緩和政策」であり，日本の量的緩和とは実質的に意味が異なることを強調している。この政策は日本の量的緩和政策が十分な効果を発揮していないという連銀の判断によるとも考えられる。あるいは，日本の金融システムが銀行中心であるのに対して，アメリカは市場中心のシステムによるからであるとも考えられる。
47　リスクプレミアムとは，金利変動，信用リスク，流動性リスクなど将来の資産収益を不確実にする要因をカバーするために通常の収益にプラスされるものである。
48　Mishkin（2011）．
49　Press Release, Federal Reserve Bank, January 25, 2012. 日本銀行も，時間軸効果を念頭に，「コアCPIの前年比上昇率が安定的にゼロ・パーセント以上となるまで」量的緩和政策を継続するとの政策コミットメントを行った。

50 2012年よりFOMCはFFレートの誘導目標についての予想を初めて公表することを決めたが，これも市場に確かなメッセージを送り，時間軸効果を高めるためであると考えられる。Minutes of the Federal Open Market Committee, December 13, 2011。鵜飼（2006）は，わが国の量的金融緩和政策の有効性に関する実証研究をサーベイし，イールドカーブを押し下げるという意味で，時間軸効果があったとする研究をいくつか紹介している。

51 A. Shleifer and R. Vishny (2010).

52 わが国ではM2増加率は年率2.5％前後に留まっている。これに対して，アメリカでは2010年以降，10％を超える非常に高い増加率を示している。今日，マネーサプライを軽視する傾向にあるが，マネーサプライを住宅バブルと関連付ける研究もある。例えば，Wen（2010）を参照。

53 この辺の連銀と市場の微妙な駆け引きは，バーナンキ（2015）第23章に詳しい。

54 連邦準備はかねてより超過準備に付利する許可を議会に求めていた。しかし，連銀の収益は基本的にすべて国家収入になるので，国家収入の減少になる，付利には議会は反対してきた。ちなみに，日本でも2008年11月16日より超過準備に付利を実施しており，これがコール市場の下限になっている。

55 金融危機の展開および政府，連銀の対応については，主としてセントルイス連邦準備銀行のホームページ，以下のサイトによる。http://timeline.stlouisfed.org/index.cfm?p=home

第5章

◆

アジア金融危機
――タイを中心として

　アジアの奇跡と騒がれ，高度経済成長を享受していた東アジア経済は，1997年を境に激変した。97年5月に始まるタイバーツ（Thai Baht）の通貨危機は瞬く間にアジア全域に及び世界を震撼させた。具体的にはタイの経済危機は1997年秋までに，まるで伝染病のように，フィリピン，インドネシア，マレーシア，そして韓国と次々に襲った。韓国の株価と通貨ウォンは瞬く間に半値以下の下落となり，インドネシアは政情不安もありその影響はとくに大きく，これらの国はタイ同様にIMFに援助を求めざるを得なかった。これらの国ほどではないが，シンガポール，香港，台湾の経済も深刻な打撃を受けた。わが国も例外ではない。あれ程好調を伝えられていた東アジア経済がかくももろくも崩壊したのはなぜであろうか。崩壊のプロセスを吟味し，その因果関係を明確にすることは，不況のどん底にある日本経済の再生を考える場合にきわめて重要であるばかりか，危機を未然に防御する何らかの示唆を提供してくれるはずである。

　本章では，東アジア経済危機の引き金になったタイの金融危機について現地調査を基に分析する[1]。

第1節　タイ経済危機の経過

　タイの金融危機は1997年7月2日にタイの為替制度が変動相場制に移行したことから始まる。これによりアジア地域，マレーシア，インドネシア，フィリピン，香港，韓国の各通貨が一斉に減価した。とくに，危機的状況に陥ったのは，タイ，インドネシア，韓国で外国からの民間資本が流出し，銀行倒産および経済崩壊が生じた。これらの国は一斉にIMFに対して金融システムの保護と信頼の回復のために，資金援助の要請を行った。

　タイの場合，為替相場の変更後，数週間でIMFに資金援助を要請した。こ

表5-1 各国の主要経済指標

	1990	1991	1992	1993	1994	1995	1996	1997	1998	1999
タイ										
実質GDP成長率	11.6	8.1	8.2	3.4	8.6	8.8	5.5	-0.4	-8	1
インフレーション	6	5.7	4.1		5.1	5.8	5.9	5.6	8.1	0.5
経常勘定のGDP比	-8.3	-7.5	-5.5	-5	-5.4	-7.9	-7.9	-1.9	12.2	8.8
政府支出のGDP比	4.6	4.14	2.53	1.98	1.98	2.49	1.04	-1.62	-2.88	-3.84
広義マネーサプライ増加率	26.7	19.8	15.6	18.4	12.9	18.1	12.7	2.1	7	4.7
民間債務のGDP比	64.5	67.7	72.2	79.8	90.9	97.5	100	116.3	109.5	...
インドネシア										
実質GDP成長率	9	8.9	7.2	7.3	7.5	8.2	8	4.6	-13.6	-3.9
インフレーション	7.8	9.4	7.5	9.7	8.5	9.4	7.9	6.6	60.7	25.4
経常勘定のGDP比	-2.8	-3.4	-2.2	-1.5	-1.7	-3.3	-3.2	-3	-0.1	2.8
政府支出のGDP比	1.34	0.04	-1.15	-0.71	0.01	0.77	1.16	-0.67	-4.46	-6.48
広義マネーサプライ増加率	29.7	24.6	22.6	21.1	21.8	26.7	27	27.4	61.7	15.6
民間債務のGDP比	46.1	45.8	45.5	48.9	51.9	53.5	55.4	61	51.6	...
韓国										
実質GDP成長率	9.5	9.1	5.1	5.8	8.6	8.9	7.1	3.5	-5.5	2
インフレーション	8.6	9.3	6.2	4.8	6.3	4.5	4.9	4.4	7.5	1.8
経常勘定のGDP比	-0.8	-2.8	-1.3	0.3	-1	-1.9	-4.7	-1.8	13.1	7.1
政府支出のGDP比	-0.67	-1.62	-0.49	0.64	0.32	0.35	0.28	0.28	-3.78	-5.12
広義マネーサプライ増加率	17.2	21.9	14.9	16.6	18.7	13.6	15.8	16.1	25.2	...
民間債務のGDP比	52.5	52.8	53.3	54.2	56.8	57	61.8	69.8	73.6	...
マレーシア										
実質GDP成長率	9.6	8.6	7.8	8.3	9.3	9.4	8.6	7.7	-7.5	-1.6
インフレーション	2.8	2.6	4.7	3.5	3.7	3.4	3.5	2.7	5.3	3.8
経常勘定のGDP比	-2.1	-8.8	-3.8	-4.8	-7.8	-10	-4.9	-5.1	12.3	8.7
政府支出のGDP比	-3.08	-2.48	0.13	0.52	1.45	1.3	1.07	2.58	-1.91	-6.05
広義マネーサプライ増加率	18.2	24.4	18.1	23.8	15.8	18.2	23.7	9.6	1.3	6.1
民間債務のGDP比	71.4	75.3	74.3	74.1	74.6	84.8	89.8	100.4	108.7	...
フィリピン										
実質GDP成長率	3	-0.6	0.3	2.1	4.4	4.7	5.8	5.2	-0.5	2.3
インフレーション	14.1	18.7	9	7.6	9.1	8.1	8.4	6	9.7	8.5
経常勘定のGDP比	-5.8	-1.9	-1.6	-5.5	-4.6	-4.3	-4.4	-5.1	1.8	2.1
政府支出のGDP比	-3.8	-2.4	-1.3	-1.6	-1.7	-1.3	-0.6	-0.7	-2.6	-2.7
広義マネーサプライ増加率	15.5	15.5	11	24.6	26.5	25.3	15.8	20.9	7.4	15
民間債務のGDP比	20.5	18.9	21.5	27.2	30	38.2	50	57.6	50.5	46.9

(出所) IMF (1999) より作成

れに対して，IMFは，97年8月20日に世界銀行，アジア開発銀行，その他日本などからの融資も含め総額172億ドルの借款を実施した。表5－1は各国の主要経済指標の推移を示している。

第2節　ヘッジファンドとタイバーツ投機

　1997年の通貨危機はまずタイから始まった。タイの通貨バーツは，1997年2月と5月にヘッジファンドの攻撃を受ける。当初，バーツを防衛するために積極的に外貨が売却された。その結果，タイの外貨準備は1997年1月の390億ドルから，97年6月には320億ドルに減った。さらに，タイ中央銀行は先物市場にて230億ドルの外貨を売却した。バーツを支えるための外貨売却により外貨準備は急減し，7月2日ついにタイ中央銀行は変動相場制（管理フロート制）への移行を余儀なくされた。表5－2はタイの外国為替制度の推移を示している。

　ヘッジファンドの攻撃と平行するように，金融部門の問題点は一挙に表面化した。例えば，タイの金融機関として中位行のバンコク商業銀行（The Bangkok Bank of Commerce Ltd.）が債務不履行に陥り，1996年5月には大蔵省の管理下に入った。その影響を受ける形でタイ最大のファイナンスカンパニーの1つファイナンス　ワン　パブリック（Finance One Public Co.Ltd.）が1997年初めに倒産した。金融システムの信頼が失われるにつれ，資金の借り手は短期債務の転がしがますます困難になった。商業銀行，ファイナンスカンパニーからの資金流出は激増し，株式市場での売り圧力は強まった。為替市場と株式市場が相互に悪影響を及ぼす展開になり，タイ経済は大混乱し，IMFの援助を受けることになる。

　続いてインドネシアも97年8月には為替市場で売り圧力を受け，インドネシアの通貨ルピアの暴落は始まり，変動相場制に移行せざるをえなくなる。その後もルピアへの売り圧力は止まず，インドネシア政府も1997年10月にはIMFに援助を求め，400億ドルの借款を受ける。

　韓国も同様の通貨攻撃を受け，また大量の資金流出が生じたために，IMFに援助を求め，97年12月には570億ドルの借款を得る。フィリピン，マレーシアも同様の自国通貨の売り圧力を受けた。これら各国の為替レートと株価指数は表5－3に示すとおりである。

表5－2　タイの外国為替制度の推移

期間	バーツの値	為替制度
第二次世界大戦以前	1ポンド＝11バーツ	ポンドとの固定為替相場
第二次世界大戦中		1942年為替管理法の制定、貿易は日本とのみに限定
1947年	1ポンド＝40バーツ 1USドル＝9.93バーツ	多重為替制度
1949年	1ポンド＝35バーツ 1USドル＝12バーツ	タイがIMFのメンバーに
1955年	1ポンド＝56バーツ 1USドル＝20バーツ	為替平衡基金（EEF）の設立、インフレと貿易赤字のために、多重為替制度の廃止
1955年－63年	1USドル＝20バーツ	
1963年10月	1USドル＝20.80バーツ， 1バーツ＝金0.0427245バーツ	ブレトンウッズ体制下での固定相場制度（Par Value System），平価の上下1％内に固定（1USドル＝20.59－21.00バーツ）
1973年－78年	1USドル＝20.0バーツ	1USドル＝20.0バーツに変更，為替レートの変動幅を平価の上下2.25％に拡大（1USドル＝19.55－20.45バーツ）
1978年－81年		1978年11月1日より，金，ドルとリンクした固定相場制を廃止し，通貨バスケット方式（Basket of Currencies）に変更，日々のレートは商業銀行と相談して決定（Daily Fixing）。
1981年－84年	1USドル＝23バーツ	1981年7月15日USドルに対して8.7％の切り下げ，為替平衡基金（EEF）は商業銀行と相談して日々の為替レートを決定する方式を廃止し，独自で決定。
1984年11月2日		為替制度を通貨バスケット方式に戻す。EEFはバーツとUSドル

			の交換比率を毎日公表し，午前8時30分から正午まで，前日に公表されたレートで商業銀行との間でUSドルの売買取引を無制限に実施する。この新しい制度は，USドルに高いウエイトを置くために，バーツはドルとの関係でもっとも安定した通貨となった。その結果，大量の資金が海外から流入し，タイの急速な成長を支えた。
1984年11月5日		1USドル＝27バーツ	貿易赤字が拡大したために，USドルに対して15％切り下げる。
1997年6月30日		1USドル＝25.79	通貨バスケット方式の廃止
1997年7月2日		1USドル＝27.383	管理フロート制に移行，バーツはUSドルに対して5.8％下がる。

（出所）Bank of Thailand（1998）より作成

表5-3　外国為替レートと株価指数

	為替レート			株価指数		
	1996年6月25日	1997年12月30日	1998年5月20日	1996年12月30日	1997年12月30日	1998年5月20日
タイ	25.3	47.0	39.4	832	366	355
インドネシア	2,432	5,570	11,700	637	401	424
韓国	888	1,635	1,410	651	376	369
マレーシア	2.52	3.89	3.82	1,232	589	569
フィリピン	26.4	40.5	38.8	3,171	1,869	2,100

（注）各国の為替レートは1USドルに対する値である。
（出所）Azizul Islam（1998）より

第3節　ヘッジファンド攻撃の前兆

　1997年になって突然ヘッジファンドが攻撃を仕掛けたのではない。その前兆はあった。1996年には経済のファンダメンタルズの悪化，金融問題の露呈，通貨切下げの噂などからすでにタイバーツへの売り圧力は強まっていた。外国投資家の信頼は揺らぎ，タイからは投資の引揚げが静かに進行していた。しかし，

その後当局の市場への直接介入と大規模な予算削減の公表により外国投資家の信頼を取り戻した。その結果，97年1月にはかなりの資本流入が生じた。だが，それもつかの間であった。97年2月になると為替制度を変更するのではないかという噂がまことしやかに流れ，通貨危機は始まった。市場での売買は通常の数倍に膨れ上がり，為替レートは大きく揺れた。ヘッジファンド攻撃のサインははっきりと表れた。輸出の停滞は為替レートにあるのではなくて，構造的なものであると考えていたタイ中央銀行はヘッジファンドの攻撃に屈しない決定を下した。中央銀行，実際には中央銀行内に設置されている為替平衡基金（Exchange Equalization Fund：EEF）はバーツの為替レートをEEFバンド（決められたレートの上下2サタン，1サタンは100分の1バーツ）内に守るべく大規模な市場介入を実施した。国内の金融は引き締められ，インターバンク金利は97年1月の9～15％から2月には30％にまで一気に上昇した。

　その後，ヘッジファンドの投機圧力は弱まり，中央銀行は国内金利を若干低下させる政策を実施した。これは金融部門が弱く，資産デフレが始まっていたために必要な措置であった。97年の3月から4月にかけては金融市場，為替市場共に比較的安定していた。この時期をねらって，中央銀行はタイ経済のファンダメンタルズを急ぎ改善するべくいくつかの政策を実施した。ファイナンスカンパニー10社には急ぎ資本増強を求めた。それと平行して，Property Loan Management Organization（PLMO）を設立して，金融機関からのローンを買い取り，そのバランスシートの改善をはかった。さらに政府は財政引締めを実施した。これにより市場はタイ経済の安定を確認したように見えた。

　しかしながら，ヘッジファンドはこの安定した金融市場を利用してスワップ市場にて静かにバーツを借り集めていたのである。政府および中央銀行の必死の努力にもかかわらずタイ経済は改善の兆候を見せることができず，金融機関に対する国民の信頼は大きく揺らぎ始めた。そこに政治不安が加わり，タイ経済はヘッジファンドに大きな隙を見せてしまった。97年5月14日にヘッジファンドは今がチャンスとばかりに突如大量の空売りを仕掛けたのであった。これに対してタイ中央銀行は自国通貨を守るべく必死の防戦を行った。その様子はまさに通貨戦争であったという。

　5月末になるとヘッジファンドの攻撃は新たな局面を迎える。ヘッジファンドに対抗するために，政府は非公式の資本管理を実施し，バーツの供給を抑え

ようとした。非居住者との為替取引およびバーツ貸付はタイでの明確な経済活動の目的を持った者に限定された。この緊急措置により，2種類の為替市場が成立した。バーツが通常通りに供給されるオンショアマーケットとバーツが完全に枯渇してしまったオフショアマーケットである。オフショアマーケットではバーツのオーバナイト金利は1,000％になったとも言われている。このような思い切った資本管理とタイ中央銀行の大規模な市場介入によってヘッジファンドの執拗な攻撃の阻止に一応成功し，国民の経済に対する信頼も回復したかに見えた。しかしその安心も束の間で，チャワリット首相とアムヌエイ大蔵大臣の対立が表面化し，再び政治不安が再燃した。この対立によって，財政再建を強力に主張するアムヌエイ大蔵大臣が辞任し，その後任にはタイの大手商業銀行であるタイ軍人銀行のタノン・ピタヤ頭取が就任した。大蔵大臣の突然の辞任は地元企業をパニックに追い込み，彼らは自分達の保有する外貨資産をヘッジするためにドル買いを急いだ。しかし，それはEEF窓口を通しての大量の外貨準備の流出につながった。タイ中央銀行は不胎化することなしに，すみやかに市場に外貨供給を行った。外貨需要を抑えるために短期金利が引き上げられたが効果はなかった。国内の動揺はおさまらず，中央銀行はもはや打つ手を完全に失っていた。

　ついに，7月2日ペッグ制は廃止された。この日からバーツおよび株価は大暴落しタイの経済は瀕死の状態にいたる。7月末にはこの混乱の責任から，タイ中央銀行総裁が更迭された。

第4節　なぜ，タイがヘッジファンドに狙われたか

　ヘッジファンドがタイを攻撃対象にした理由はその経済の弱体化にあった。なぜ，あれ程の高度成長を遂げていたタイの経済が，ヘッジファンドの餌食になるほど悪化の兆候をみせたのであろうか。

　タイの経済を悪化させた要因はいくつかあるが，最も重要なものは経常勘定の悪化であると考えられる。経常勘定の赤字はタイ経済のネックであるとかなり前から言われてきた。しかし，1990年代に入って輸出が好調な伸びを示し経常赤字は安定した。1990年～94年に輸入の伸びが6％～18％であったのに対して，輸出は同期間13.0～22.5％も伸びた。しかし，95年からはこの関係は逆転し，1996年末には経常赤字はGDPの8％を占めるまでに悪化した。経常勘定の赤

表5-4 輸出額と経常収支の変化

	輸出額（ドル）の変化率（％）			経常収支のGDP比（％）	
	1993-1995	1996	1997*	1993-1995	1996
タイ	20.1	-1.2	2.3	-6.3	-8.0
インドネシア	10.2	9.7	8.9	-2.2	-3.5
マレーシア	21.9	6.2	3.2	-6.5	-4.9
フィリピン	21.7	16.7	24.0	-4.2	-4.7
韓国	18.1	4.2	0.3	-0.8	-5.0

＊1997年は前半のデータを年率で示している。
（出所） Azizul Islam（1998）より

図5-1 実質実効為替レート

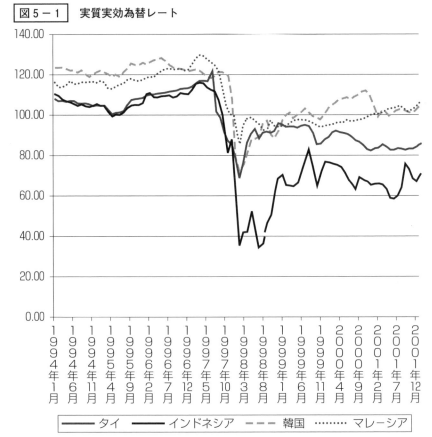

（出所） FRED（セントルイス連銀データベース）

字の増加は，タイのみならず今回の経済危機を経験した国に共通して見られる。表5－4に示したように，インドネシア，マレーシア，フィリピン，韓国のいずれも経常勘定が悪化している。赤字の対GDP比が最も大きいのはタイであるが，最も急激な悪化傾向を示したのは韓国である。1993年～95年の赤字比が年平均1％以下であったものが，1996年には5％に急激に増加した。

　これらの地域における経常赤字急増の原因としては，電子部品の需要減少，日本の不況などによる貿易の停滞などが考えられるが，一番の原因は国内物価の上昇，とくに賃金コストの上昇に伴う輸出産業の競争力の低下である。さらに考えられる重要な要因としては，図5－1に示したように実質実効為替レート（real effective exchange rates）の上昇がある[2]。

　これら各国の通貨はUSドルとの関係は安定していたが，国内のインフレ率が米国を含む貿易相手国のそれよりも高かったために，実質実効為替レートが高くなってしまった。タイでは1994年から96年にかけて実に20％以上も上昇している。この経常赤字急増の問題をタイについて限定しもう少し詳しく分析すると，労働集約型のタイの伝統的輸出品（繊維，靴など）が，もっと賃金の安い隣国との競争に敗れるようになったこと，それにタイの有力な輸出産業である缶詰産業の材料となる魚，エビがとれなくなったこと，さらにはインフラストラクチャーの不整備，熟練労働の不足などを挙げることができる。インフラストラクチャーの点で言えば，交通網の不整備による慢性的な交通渋滞を挙げることができる。また，労働力の質という点で付加すれば，1990年代に入って，金融部門が急成長し，高額の所得が約束されたために，多くの優秀な大学卒が

表5－5　各産業の利潤の変化（％）

	1994年	1995年	1996年
農作物関係	5.5	－12.4	－7.2
建築・家具関係	18.1	－4.9	－55.4
電子部品関係	177.3	13.4	－6.2
宝石装飾関係	－23.2	－14.3	－51.2
紙・パルプ関係	469.4	269.2	－164.8
繊維関係	24.4	－21.7	－125.5
自動車・部品関係	12.6	10.7	－26.8
合計	32.6	6.7	－9.7

（出所）　Bank of Thailand（1998）より

金融関連の企業に集中した。本来，医者，技師，法律家になるような者までが，金融，証券，銀行に流れたことは産業の競争力，経済の質的発展，格上げを抑制する結果になった。

また，1995年4月に起きた記録的なドル安も重要な原因である。相対的に高くなった円とマルクにタイの輸入は輸出よりも多く関係しており，輸出物価の上昇よりも輸入物価の上昇が高くなった。その結果，タイの交易条件は悪化し，多くの企業の利潤を圧迫した。表5－5は1994年から1996年までの各産業の利潤の推移を示している。市場はこのタイ企業の利潤減少を循環的なものではなく，構造的なものであると判断した。そこで，資本流出が生じ，為替市場も崩壊したと解釈できる。

第5節　キャピタル・フローの問題

経常勘定の赤字は当然のことながら，海外からの資本流入によって補填されなければならない。金融直接投資（FDI）は資本流入の重要な部分を占めるが，資産運用としての資本流入が急増した。このような資本流入のGDPに占める割合は，タイでは1990年から92年にかけては0.2％にしかすぎなかったが，1995年から96年にかけては2.2％に急増している。この傾向は，タイだけではなく経済危機の影響を受けた他の国でも見られる。韓国では，2％から2.8％，インドネシアでは－0.1％から2.3％，マレーシアでは0.1％から2.6％（95年）の増加となっている。FDI以外の民間資本流入のGDPに占める比率は，タイでは1995年～96年にかけて9％にも達した。

多くの海外投資家は，国際金融市場におけるポートフォリオ多様化の一環としてタイをはじめとする東アジアの国での利潤機会をねらっていた。これらの国では安定した為替相場を維持するために比較的高い金利政策をとっていた。国際金利とこれらの国の金利差および為替レートがドルと安定した関係をもっていることが投資家を魅了したのである。例えば，96年にはタイの金利が15％であるのに対してアメリカの金利は5％であった。つまり，簡単に言えば，ドルで資金を借りてタイで投資すればその差額の10％を為替リスクを気にすることなしに利益として得ることができた。

その結果，これらの国では外国債務が急増した。それらのほとんどは，為替リスクに対してヘッジをかけていなかった。タイでは海外債務が1992年から96

表5-6　外国債務残高，1992-1997

	総額（10億 US ドル）						短期（総額比）*					
	1992	1993	1994	1995	1996	1997	1992	1993	1994	1995	1996	1997
タイ	23.0	29.6	43.4	62.8	70.1	69.4	69.0	72.1	71.0	69.4	65.2	65.7
インドネシア	28.4	30.5	34.2	44.5	55.5	58.7	60.5	61.7	61.8	61.9	61.7	59.0
マレーシア	8.5	13.0	13.5	16.8	22.2	28.8	45.7	40.8	47.4	48.8	58.2	58.8
フィリピン	6.9	5.8	6.5	8.3	13.3	14.1	71.4	70.8	71.1	70.0	67.5	67.9
韓国	38.7	41.2	56.5	77.5	100.0	103.4	48.1	56.8	48.8	47.2	50.3	56.4

＊短期とは満期1年以下のもの
（出所）　Azizul Islam（1998）より

表5-7　外貨準備

（10億 US ドル）

	1993-1995	1996	1997
タイ	29.9	37.7	31.4
インドネシア	12.4	18.3	20.3
マレーシア	25.5	27.0	26.6
フィリピン	5.7	10.0	9.8
韓国	26.2	34.0	34.1

（出所）　Azizul Islam（1998）より

年の間に3倍近く増加した。マレーシア，韓国，インドネシア，フィリピンでも同様に増えた（表5-6）。ここで，重要なことはこれらの民間債務のかなりの部分が短期債務であるということである。短期債務の特徴は環境が変化すれば突然引き揚げられるということである。これらの資本流入は経常勘定の赤字分を上回っており，その上回った部分は外貨準備として保有されることになる。したがって，表5-7に見られるようにこれらの国では経常勘定が赤字であるのに，外貨準備が増加している。しかし，この外貨準備も短期債務からなっていることを考えれば急劇な経済変化にきわめて弱いと言える。

また，このような短期の資金を長期，中期の投資に回しておれば，その資金の継続性をどうするかという，満期ミスマッチの問題が生じる。さらには，こ

の投資資金が土地,建物,インフラ整備という非貿易財に回された場合には,収益はバーツで上がってくるが,返済はドルでしなければならないという,通貨ミスマッチの問題が生じる。このミスマッチの問題はタイのみならず今回の危機を経験した国では大きな問題となった。

第6節　金融システムの問題

今回の危機のかなりの部分は,金融機関が容易に海外から資金を集めることができたために,過剰貸付けに走ったことが原因になっている。タイでは国内主要金融機関（タイ中央銀行を除く）の総資産は1990年には960億ドルであったものが,1995年には2,900億ドルに,また商業銀行に限定すると710億ドルから2,000億ドルにそれぞれ急増している。また,同じ期間中,タイの商業銀行の海外債務は全債務の6％から23％に,ノンバンクの場合には5％から7％にそれぞれ増加している。1987年の統計で同じ値を見ると,商業銀行で1.5％,ノンバンクでは0.1％にしかすぎなかった。

貸出について見ると,1985年から1996年にかけてタイでは製造業への貸出が10倍になったのに対して,不動産部門への貸出は22倍になった。株式市場および不動産市場は1989〜90年以降急激な上昇傾向を見せた。その結果,海外から資産運用の資金が流入した[3]。

不動産市場ではオフィスビルなどの過剰な供給により,その価格は下落し,金融機関に深刻な影響を及ぼし始めた。1993〜94年より株式市場の下落が始まった。タイの金融機関の貸付けは抵当貸付けであった。不動産,株式市場が共に好調であったので,金融機関は抵当の評価に多くの時間と費用をかける必要がなかった。金融機関はまた,株主から高い配当を得るためにハイリスク・ハイリターンの投資を実行するよう圧力をかけられた。その結果,貸付けに対してモニタリングや適切な措置がおろそかになった。このように,金融システムには危険がせまっていたが,それは不動産ブームと株価上昇の影に隠れてしまっていた。

不動産市場と株式市場の崩壊が始まると,貸付けの担保となっていた資産は急激に減価した。企業が金融機関からの借入れを返済できなくなった時,これらの金融機関融資は不良債権となり金融機関の経営に打撃を与えた。1997年前半までには,不良債権は急増し,タイでは全貸付けの20％が不良債権となった。

表5－8 タイ企業のファイナンス構造

（10億タイバーツ）

	1995年	1996年	1997年	1998年（1月－6月）
株式	129.6	117.9	63.3	185.4
社債	87.4	139.9	43.3	3.9
民間借入（ノンバンク）	238.0	333.7	－48.5	－79.4
銀行借入（BIBF信用を含む）	837.6	610.5	391.4	－272.7
ファイナンスカンパニーからの借入	286.2	209.7	－204.5	－794.6
合計	1,578.8	1,411.7	245.0	－957.4

（出所）　Bank of Thailand（1998）より

　破産に対する法的整備が不十分であったために，金融機関は不良債権に対して有効な措置を速やかにとることができなかったことも，事態を悪化させた1つの重要な要因として指摘されている。

　次に，資金の受け手の側であるが，タイの企業は借入れに依存している。表5－8は危機の始まる以前，企業が資本市場よりも銀行借入れに多く依存していたことを示している。タイでは直接金融と長期債務市場は未発達である。また，公共部門からの借入れは銀行借入れに比べてコストが高く手続も困難であると指摘されている。その意味で，もし資本市場が発達していれば，銀行貸付けの役割ももっと低下し，一国の金融資源を商業銀行の裁量にまかせることもなかったであろうという反省もある。

　また，タイの企業が借入れに依存してきたことは，金利上昇や海外からの資金調達コストの変化に大きな影響を受けるということを意味する。そこで，タイの金利が高くなった時，企業の収益は大きく圧迫された。今，タイ経済を反省すると，銀行の建て前は外貨を稼ぐ産業，つまり大規模製造業や輸出関連企業に優先的に融資を実施していた。そのことは銀行の報告書からも明らかである。しかし，実態は違った。銀行からのこれら優先企業への融資は，その子会社の不動産関連部門に回された。金融自由化が進められる中でのこのような資金の転用は，道徳的説得や貸付管理を中心としたタイ中央銀行の金融政策を無効にした。バンコク・オフショア市場のアウト・イン貸付によっても大量の資金が不動産部門に流れたと見られている。とくに，大量の資本流入が生じた

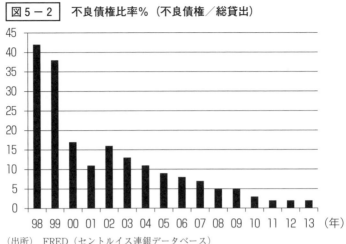

図5-2 不良債権比率%（不良債権／総貸出）

(出所) FRED（セントルイス連銀データベース）

1987年から91年にかけては、不動産、株式市場へ年当たり50～90％の増加率で資本が流れて行った。

この反動で1996年に経済活動全般が停滞すると、株式、不動産市場は厳しい下落圧力を受けた。これらの資産は抵当として用いられていたので、金融機関の経営は急激に悪化し、さらにこれらの金融機関は大量の海外からの債務返還が困難になり始めた。輸出の減少、不動産、株式市場の悪化、金融機関の不良債権の増加、これらが投資家の信頼を揺さぶり、大規模な資本流出の引き金となった。それがまた通貨の売り圧力を受ける結果になった。

第7節　財政・金融政策と資本流入

今回の危機の1つの教訓は、海外からの資本の流れに対して財政金融政策は基本的に無力であるということである。

まず、財政政策であるが、財政支出や租税の変更というものは、短期的な資金の流れに対処するために実施されるのではなく、長期的観点から実施されるべきものである。急速な短期資金の変化に対応して機敏な財政政策をとることは不可能である。財政政策の実施というのは本質的に議会の審議など時間を要するものである。とくに、政治情勢が安定していない国においてはこのことが当てはまる。財政政策の場合には政治的決断が重視されるのである。また、海

外からの資金が大量に流入した時期には、金融機関からの消費者信用が急拡大した。それは財政政策による総需要抑制政策の効果を相殺するものであった。他方、経済に対する悲観的な見通しから海外資金が引き揚げて行った時期には、政府が拡張政策を実施するための資金を国内、海外市場から安価なコストで調達することはできなかった。

次に金融政策であるが、これはマネーストックの増加に関係するので、非常に重要である。この時期、タイには固定相場を前提に海外から大量の資金が流入し、それが国内のマネーストックを増加したと考えられる[4]。図5－3はタイのマネーストックの推移を示したものであるが、1990年から96年にかけてわずか6年で2倍の量に増加している。これがタイの繁栄、バブルを引き起こしたことは間違いない。海外からの資本流入が国内経済に及ぼす影響を遮断しようとすれば、金融当局は不胎化政策を実施しなければならない。具体的には2つの政策を同時に実施しなければならない。名目為替レートの上昇を抑えることと国内のマネーサプライが増加しないようにすることである。為替レートの上昇を抑えるためには、金融当局が外国為替市場に介入し、外国通貨を購入し国内通貨を売却しなければならないが、これはマネーサプライの増加につながる。タイをはじめとして今回の危機を経験した東アジアの国ではこの不胎化政策はうまくいかなかった。国内の信用残高は増加し、他方不胎化政策の結果短

図5－3　マネーストックの推移（広義流動性，1990年＝100）

（出所）　FRED（セントルイス連銀データベース）

期金利は上昇した。不胎化政策を中止しても金利は高止まりし，海外から資金を誘導した。短期金利の上昇は国内の投資を抑制し，他方政府の短期債のようなリスクの低い資産が有利となった。そこで，不胎化政策の結果，流入資本の構成が長期のものから短期のものに移った。さらに，金利上昇の結果，金融機関の貸出審査が甘くなり，リスクと収益の関係に十分な注意を払うことなく貸出を増やしていった。それが不良債権を生むことになる。

このように，大量の資金流入がある時には，国内の信用増加を抑えようと高金利政策をとっても，それは流入資本の構成を長期から短期のものに変えるだけであり，なんら有効な政策にはなりえない。また，逆に大量の資本流出が生じている時には，高金利政策は金融部門を悪化させ，国内需要を抑える。この場合には資金の流出を抑えるという点でのみ効果を持つが，同時に国内のデフレ圧力を増し産出，雇用に厳しいマイナスの影響を及ぼす。

タイはバスケットペッグの為替制度を実施していたので，機動的な金融政策を実施する余地はなかった。タイ中央銀行は基本的にはマネーサプライと信用残高を金融政策の指標としてきたが，マネーサプライと経済活動の関係が不安定になったために，金融状況を判断する指標として「複数指標」アプローチをとるようになった。そこでは，短期金利，商業銀行貸付，預金金利，銀行準備，マネタリーアグリゲート，キャピタルフロー，などが指標とされた。「複数指標」アプローチは変動する経済状況および金融環境の下では政策の柔軟性を生むという長所がある反面，中央銀行が経済状況をタイムリーにかつ正確に把握することを難しくした。さらに，長年にわたる財政黒字のために，国債の発行が少なくかつ流動性に欠けるために，中央銀行としては公開市場操作が使えなかった。

タイ政府としては，ペッグ制度を維持するか廃止するかの難しい選択を求められた。タイ政府としては通貨危機を避けるために，経済の根本問題および金融部門の再生をはかるための時間かせぎとして，従来の為替制度を維持しようとした。当時タイバーツに対しては強い投機の売り圧力があり，経済が衰退過程にある時に為替制度をいじることはバーツの全面売り，および急激な経済危機をもたらす危険のあることを当局は十分知っていた。さらに，当局はバーツの切下げは次の理由によりタイ経済に不利益になると考えていた[5]。

1. バーツが下がっても，タイの輸出産業が受ける利益は限定的である。
2. 多数の企業は為替リスクをヘッジする事なしに，大量の外貨を保有しているので，バーツの切り下げは多数の企業倒産を生じ，失業を増やし，社会不安をもたらす。
3. 企業部門の悪化は銀行資産の劣化を招く。
4. 輸入財価格の上昇，賃金の上昇圧力からインフレ圧力が高まる。
5. インフレによる高金利が金融機関の再建を困難にする。

第8節 金融システムと監督・規制の問題点

タイの金融システムはすでに見たように，直接金融よりも間接金融が中心となっている。つまり，銀行貸出の役割が大きい。図5-4はタイの銀行貸出の対GDP比について示した。タイでは90年の70％から97年，98年には約160％と2倍以上に上昇していることがわかる。このことは，タイでは90年代に入って銀行貸出が異常に増加したことを物語っている。

この異常ともいえる貸出増加が今回の危機の重要な要因である。民間金融機関の財務内容についてのディスクロージャーがきわめて不十分で，貸出リスク

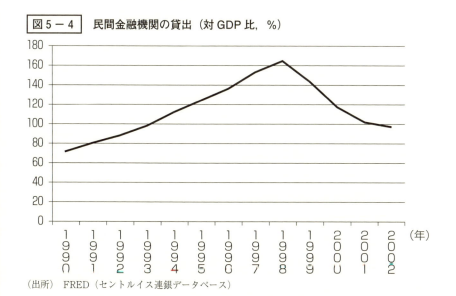

図5-4 民間金融機関の貸出（対GDP比，％）

（出所）FRED（セントルイス連銀データベース）

の分析も甘かった。モラルハザードの問題も指摘されている。タイの金融機関は基本的に「参入なしの退出なし」(no entry, no exit) であった。つまり，わが国同様に銀行は決して潰れないという神話が預金者，資金の借り手，および経営者に浸透していた。金融機関は新たに設立することは難しいが，いったん設立してしまえば絶対に政府が守ってくれると全ての人が考えていた。この政策の背後には，銀行は経済の発展のために欠くことのできない重要な機関であり，政府の保護育成が必要だという考え方があった。この考えに乗じて，若い経営者はリスクの高い投資を十分な審査を行うことなく実行するというモラルハザードをおかした。

今回の銀行の不良債権額が公表されたのが，1997年6月になってからであるというお粗末さであった。このことを見ても金融機関の情報開示がいかに不十分であるかがわかる。

タイ政府は今回の経済危機以降，金融システムの再構築を重要な政策優先課題とし推進している。金融システムに対する海外投資家の不振を払拭するために，当局はまず，ファイナンスカンパニーの営業停止を実施した。ファイナンスカンパニーは商業銀行のように預金を集めることはできないが，その代わり一種の定期預金のような約束手形 (promissory note) を発行して資金を集めている。今回の不況で最も深刻な不良債権の被害を受けたといわれている。1997年6月27日に16社，1997年8月5日に42社，の合計58社の営業が停止させられた。金融機関の預金および負債を保証し，さらなる倒産およびシステムリスクを避け，国民の信頼を回復するために，金融機関発展基金 (Financial Institutions Development Fund；FIDF) が用いられることが確約された。

同基金は1985年に設立された，独立した機関であるが，実質はタイ中央銀行が運用している。同基金の役割は年々拡大され，現在では経営困難に陥った金融機関に預金者および債権者を保護するために資金援助をすることができる。タイ中央銀行は適切な抵当を設定できない金融機関には貸し出すことができないために，経営困難に陥った金融機関に対して同基金は最後の貸し手としての機能を果たしている。

タイでは流動性の高い債券市場は未発達であり，また経済危機で信用力が落ちているときには資金難に陥った金融機関がインターバンク市場で資金を確保することも難しい。そこで，そのような金融機関が利用できるのは国債を扱う

現先市場に限定される。1999年4月の時点でFIDFから金融機関への貸出は9,620億バーツ，実にGDPの20％にまで膨張している。同基金の課す金利は市場金利に1～3％上乗せしたものであり，貸出形態によってその金利は異なる。

現在の同基金の目的は単に金融機関の支払能力を支えるだけではなく，流動性を積極的に供給することに変わっている。また，最近法律が改正され，タイ中央銀行は抵当がなくても経営難の金融機関に流動性を提供できるようになった。現在は信用秩序を守るために無制限に投資家，預金者を守る政策がとられているが，将来はその保証を制約し，納税者および同基金の負担を軽くするために預金保険の導入が考えられている。

さらに，金融機関の再生をはかるために，1997年10月には「金融再生局（Financial Sector Restructuring Authority；FRA）」および「資産管理公社（Asset Management Corporation；AMC）」が設立された。FRAの目的は営業停止になった58のファイナンスカンパニーの再生計画を調べ，資金繰りを監視することであった。FRAは97年12月には58社の内の2社に営業再開を許可している。AMCは56の閉鎖されたファイナンスカンパニーの資産が投げ売りされ，それが金融機関全体の抵当価値を下げることのないよう，最後の買い手としてその価値を守る目的で設立された。したがって，当初91社あったファイナンスカンパニーは56社が清算され現在は35社が営業している。金融機関の中で最も大きい役割を果たしているのは商業銀行であるが，その数は表5-9のとおりである。1996年から1997年にかけてタイの商業銀行の支店は146店増加したが，1998年には37店減少しているのが特徴的である。BIBFとは，Bankok Internatinal Banking Facilityの略で，バンコク・オフショア市場を意味し，1993年に始まった。BIBF業務を行うことを認められた銀行の数は1998年末で46となっている。

弱体化した金融機関は金融仲介の本来の役割を果たしていない。これがデフレスパイラルを生み，タイの経済成長を抑えている。輸出業者は銀行から融資を受けることができず，これが経済回復を遅らせているともいわれている。それが金融機関をさらに苦境に追い込むことになり，また貸し渋りが発生し，健全な企業までも資金繰りの悪化から倒産しているというのが現状である。そこで，この悪い連鎖を断ち切るために，タイ政府は1998年8月14日に金融機関再生のための政策パッケージを発表した。それは，次のようなものであった。①

存続可能な銀行およびファイナンスカンパニーの再建のために資金援助を行う。②企業の債務整理を促進するように積極的に働きかける。③不良資産の効率的運用，④存続不可能な銀行の廃止，統合，売却を進める。⑤公共部門のコスト削減とモラルハザードの回避に努める。⑥監督機関の強化と国際基準の積極的適用。⑦国立銀行の再構築と民間への移行準備を進める。

さらに，市場メカニズムの積極的活用が求められている。為替や金利が市場原理によって自由に決まるような状況のほうが，規制されている場合に比べて企業ははるかに効率的な投資を実行することができる。自由な市場はタイムリーで正確な情報を提供してくれる。同族，地縁が重視されるタイ経済においては，市場原理はきわめて重要な政策課題である。

市場経済を重視することは，併せてルールを重視することでもある。そのためにはルールを見守る監視機構の整備も必要になる。原則自由でルールに違反したものには厳しい罰則を課すようなシステムは是非必要である。このような機関を中央銀行内に置くべきか，それとも独立した機関にするべきか，またそれはどのようなものであるべきか積極的に今議論されている。

表5-9　タイの商業銀行の数

	1996年	1997年	1998年
タイの地場銀行	15	16	13
支店	3,138	3,284	3,247
外国銀行支店	14	20	21
BIBF（タイの銀行）	12	12	11
BIBF（外国銀行支店）	11	17	18
PIBF（外国銀行支店）	10	10	17
BIBF（タイに支店を有しない外国銀行）	19	19	17
PIBF（タイに支店を有しない外国銀行）	20	20	6

（注）　BIBF＝Bangkok Internationl Banking Facilities（バンコク市内で営業することを認められた銀行）
　　　　PIBF＝Provincial International Banking Facilities（バンコク市以外で営業することを認められた銀行）

第9節　IMFプログラム

　経済危機が始まって，タイ政府は IMF に資金援助を求め，1997年8月20日に172億ドルの貸付けが実施された。その際に付けられた条件は，金利を上げることと政府支出を削減することであった[6]。この IMF の意向に従って，金融政策は引き締められ，抑制的な財政政策が実施された。この金融引き締め政策の目的は，バーツの安定とインフレの抑制であった。通貨価値の安定により海外の投資家の信頼を回復することが狙いであった。

　財政政策も当初は引締めにより GDP の1％の黒字を出し，それを金融システムの再生の費用に充てるべし，というものであった。この IMF 政策はタイ経済を復活させるどころか弱めてしまった。高金利は海外からの投資を呼び戻すどころか，タイ経済をさらに弱めることによって，海外の投資家を失望させる結果に終わってしまった。高金利は国内需要を抑え，タイの経済を悪化させてしまったのである。

　1998年の夏にはタイ経済は非常に厳しい局面を迎えたので，IMF は政策を転換し，金融緩和を求めた。財政政策も景気を刺激し，失業を抑えるために緩和された。強く求められていた財政黒字は，GDP の2％さらには3.5％の赤字になることも認められるようになった。もともと，同国では放漫財政などはなく，財政規律は常に守っているのに，このような押しつけがましい緊縮財政プログラムは迷惑であるという IMF に対する反発もあるが，全体としてはタイ経済の構造改革を推進するには今後も積極的に IMF や世界銀行からのアドバイスを受ける必要があるとしている。

　現在の IMF 政策は，マクロ経済政策だけでは経済の再生は不可能であるという認識の下に，金融部門の構造改革に重点が置かれている[7]。

第10節　アジアファンドの構想

　アジアファンドの設立はいろいろな意見があるにせよ，積極的に取り組むべき課題であると考えられている。それはなによりも今回のような危機が生じる可能性自体を下げるし，もし生じたとしてもその悪影響を最小限にとどめることができると考えられる。IMF を廃止するのではなくて，アジアファンドがIMF の支援を援助する形で行われるのが良い[8]。このように，いつでも流動性

供給の準備ができているということは，市場関係者を含むすべての人や機関に安心感をあたえ，悲観的で急激な市場変化を抑制する効果をもつであろう。危機に際してのアジアファンドの行動は速やかでなければならない。現在では，IMFに資金援助を求める場合は，その見返りとしてIMFが提示する条件をさまざまな形で交渉しなければならない。その時間は非常に重要である。IMFに援助を依頼したということがさまざまなマイナスの憶測を呼び，市場は悪い方向に動いてしまう。病が高じた後に治療を開始することになる。それでは遅いのである。アジアファンドには迅速性が期待できる。

　アジアファンドに対する反対論の1つにモラルハザードの指摘がある。アジアファンドがあることを幸いに政策当局がいい加減な政策を実施する危険性があるというのである。そのようなことが現実にありうるであろうか。アジアファンドが設けられたからといって，モラルハザードは生じ得ないというのが，タイ中央銀行の考え方のようである。また，アジアファンドに対してモラルハザードの心配があるとすれば，同ファンドからの資金借入れの頻度や額によって金利を変更するようにすれば，モラルハザードの危険を完全に払拭することができる。

　また，IMFはすでに述べたように援助の融資に際して，種々の条件を提示するが，その条件提示はIMFから援助対象国へ一方的になる傾向がある。その場合，アジアファンドが援助対象国の側に立ち，IMFとの条件交渉を手助けしてくれる可能性がある。その場合の方が，援助対象国もすんなりと条件を受け入れることができるであろう。

　いずれにしても，アジア地域の国々が協力して，互いに助け合える組織を構築することが必要と思われる。

第11節　むすび

　ラインハートとロゴフは膨大な歴史データを用いた分析により，「資本が国境を越えて自由に移動する時代には，国際的な銀行危機が繰り返し起きている」と述べている[9]。東アジア金融危機の場合にはピッタリ当てはまる。金融自由化に伴う海外からの資金流入，それが国内の金融緩和と重なり貸出増加を生み，資産バブルを引き起こした。急増するマネーストックに注意の目が向けられることはなかった。人びとはかりそめの繁栄に酔いしれた。その背景には，経常

勘定の赤字が累増しており，その赤字は海外投資家のポートフォリ運用の手段としての短期資金によってファイナンスされていたという事実がある。これはタイだけの話しではなくて，同時期に金融危機に見まわれたインドネシア，韓国などの東アジアの国すべてに当てはまることである。それゆえ，経常赤字がGDPのどれ程の割合を占めているかについて絶えず注意することは必要であろう。そして，その赤字がどのような形でファイナンスされるかということも重要である。赤字の短期資金に対する依存度が高まれば，たとえ赤字のGDP比が高くなくとも危険は増すことになる。

　その意味ではタイをはじめこれらの国では輸出競争力を増す施策が望まれる。どのような施策を具体的に実施すべきかという点は本章の域を越えるものであり，今後のさらなる調査研究を待たねばならないが，今回の調査を通して受けた印象という点からすれば，教育の充実，とくに初等・中等教育の充実であろう。底辺からの人的資本の充実が望まれる。そして貧富の差をできるだけ少なくすることである。この教育の充実という点に関して，日本からの資金，人材両面からの積極的な援助が望まれる。また，車に乗っても1時間で100メートルも進まないような交通渋滞はまさに異常である。交通渋滞に伴う大気汚染もかなり深刻である。筆者も滞在中すっかり喉を痛めてしまった。自動車の使用制限などの思い切った交通規制が望まれると同時に，鉄道などの新たな交通網の回復を含めたインフラストラクチャーの整備が強く望まれる。

　当然のことであるが，輸入は海外からの短期の借金で賄われるのではなくて，自分たちが輸出して稼いだ外貨で賄われるべきである。この自明のことの再確認が必要である。借金で栄えた経済はまさに「張り子の虎」でしかない。経常勘定の赤字は投資－貯蓄バランスとも関係している。消費が多く貯蓄が少なければその国の経常勘定は赤字になる。しかし，貯蓄を奨励するために金利を高くする政策をとると，それが国内金利と海外金利の格差を生じ，短期資金流入を促すもとになるので，金利政策には注意が必要である。マネーストックの動向に注意を払うことも重要である。ある程度の増加は発展途上国として必要であるが，今回のタイのように短期間に急増した場合には注意が必要である。

　第2の問題は資本の自由化のもたらす影響である。資本の自由化はポートフォリオ運用のための短期資本の流入を促す。これは国内経済の発展にとって望ましくない資本である。短期資本の流入を抑制し，期間の長い資本の流入を

促進する何らかの方策が必要である。しかし，これは資金の流れがグローバル化する現状では難しいことである。そのような政策は資本流入全体を抑制してしまう可能性がある。自分たちが保有するよりも遙かに巨額の資金を動かし，「空売り」で弱小国家への容赦のない通貨攻撃を仕掛けるヘッジファンドに対しては，まことに苦々しい限りである。何らかの規制をせよという意見は当然であろう。しかし，より重要なことは彼等に隙を見せない健全な経済の確立であり，万一攻撃された場合には，地域間の国家が強力な協調体制を組むことであろう。

　第3の問題は規制・監督当局の整備充実である。もし，当局の金融機関に対する監督が十分なものであったならば，バブルで経済全体が酔いしれていた時に，危機の警告を発することができたであろう。タイでは貸付けが不良債権になり，株式市場が突然崩壊し，為替レートが暴落することなど誰も予想できなかったのである。もちろん，ここでいう規制・監督は，市場原理を十分尊重したものでなくてはならない。それは市場原理が上手く作用するためのルールを監視する機関でなくてはならない。同族，地縁が重視され，政治家，官僚，財界の癒着が問題になるタイ経済においては，市場原理の活用が強く求められる。タイのケースは，金融自由化は規制・監督の整備を伴って進められることの必要性を改めて教えてくれる。競争原理の導入は金融革新を促し長期的にはタイの金融機関の競争力を強めるものである。市場原理の貫徹とルールを監視する監督機関の充実が平行して実行されることが望まれる。

　第4の問題はアジア諸国の協力である。今回の危機に際しても，IMF，世界銀行は経済危機を脱するためのさまざまなプログラムを積極的に提供し，これらの国における経済専門家スタッフの不足を補った。しかし，本章で指摘したように，欧米の視点から一方的な指導を受けるのではなく，アジアの隣国同士の速やかで組織だった援助の重要性が求められる。アジアファンドの設立はまさに望ましい方法の1つであろう。その過程で，経済力のある日本が好むと好まざるとにかかわらず，積極的な貢献を求められるのは当然であろう[10]。

【注】

1　本章は1999年8月24日から9月5日まで，タイ中央銀行で行った現地調査に基づく。インタビューに応じてくれたタイ中央銀行のエコノミストは下記の5名である。Dr. Pichit

Pataravimonporn, Dr. Teerapol Rattanalungkarn, Dr. Kobsak Pootrakool, Ms. Supaporn Senawongse, Ms. Pornsawan Kongkabij, Mr. Anusorn Tamajai from Citibank, N.A.

2 　物価の変化を考慮した為替レートが実質為替レートであり、貿易対象の国々の為替レートをその貿易量で加重平均したものが実効為替レートである。物価の変化および貿易相手国の為替レートの両方を考慮したものが、実質実効為替レートである。この値は通常次のような加重幾何平均によって計算される。$REER_i = \Pi (E_j/P_j) W_j (i \neq j)$。$REER_i$はi国の実質実効為替レート、$P_j$はj国の物価指数、$W_j$は貿易量によるウエイトでその和は1となる。$E_j$はi国通貨のj国通貨に対する名目為替レートであるが、通常は次のように指数化される。例えば、円がドルに対して基準時点から30％上昇したのであれば、現在の円のドルに対する為替レートは130になり、円がポンドに対して同期間に10％上昇したのであれば、円のポンドに対する為替レートは120になる。このようにして求められた指数を各物価指数で除しそれぞれの貿易量に応じたウエイトを掛けその平均を求める。かくして計算された$REER_i$の上昇はi国の通貨の実質的な価値の上昇であり、輸出財の国際的競争力の低下を意味する。$PEER_i$の低下は逆に国際競争力の強化を意味する。

3 　この数値は Bank of Thailand (1998) p.11による。

4 　資金流入の半分以上は日本からのものであったと言われている。その意味でタイの金融危機に日本が大きく関係していると言える。1997年6月時点で、海外からタイへの貸出総額の54％が日本からとなっている。その他、EUからが28％、米国からが6％となっている。また、内外金利差が2倍近くあったことが、資金流入を促進した。例えば、1993年には国内の短期金利は10％であったのに対して、ドルでの資金調達は5％で可能であった。Kokko, Ari and K. Suzuki (2009)。

5 　この点の指摘は、Bank of Thailand (1989) p.20による。

6 　IMFは具体的に融資の条件として、管理フロート制の維持、金融不安の解消、間接税の引上げ（付加価値税VATの7％から10％への引上げ）、公共事業の見直し、などをあげた。

7 　それは、例えば2000年までに貸出を国際基準に合った厳しい分類にすることを含んだ破産法の修正（98年3月）、タイ銀行法の改正（98年10月）、58社の停止させられたファイナンスカンパニーの資産の処分および新しい規制に関する法律の制定（98年11月）などである。

8 　IMFに関しては厳しい意見が存在するのも事実である。例えば、Shultz, Simon, and Wriston (1998) は、「IMFは非効率で、不必要で、時代遅れのものである。…アジア危機が一段落ついたら、廃止すべきだ」と述べている。また、Federal Reserve Bank of Minneapolis (1998) は、最後の貸し手として単に資金援助をすることは止めて、国際的債務問題を処理する裁判所のような役割を果たすべきであると述べている。これに対して、今回のインタビューでのタイ中央銀行関係者の反応は、現在のIMFに対して好意的であり、とくに自国経済の改革を推進してくれる機関としてその存在を評価している。

9 カーメン・ラインハートとケネス・ロゴフ（2011）pp.240-241.
10 1945年にIMFが設立された時，その加盟国は30であったが，現在は150を超えている。加盟国は原則として，Quotaと呼ばれる資金の出資を義務付けられているが，その金額は加盟国のGDPによって決定される。日本の出資額はドイツと並んでアメリカについで第2位である。1997年時点での出資比率を示すと，アメリカ18.3%，日本5.7%，ドイツ5.7%，フランス5.1%，イギリス5.1%の順になっている（Federal Reserve Bank of Minneapolis, 1998, Figure 3より）。このように，日本はすでにIMFに対して資金面でかなり大きな貢献をしているのである。

第6章

日本のバブルとバスト

　本章では，日本のバブルがどのような経済状況の下で発生し，その後どのようにしてバブル崩壊，そして長期デフレの軌跡をたどることになったかを，時系列的に分析する。そして，金融規制緩和と金融緩和が重なったことがバブルを生み，同時にその後の不良債権問題を引き起こし，それに対する，政府，日銀の対応の遅れがあったことを指摘する。

第1節　バブルへの道

　1980年代に生じた日本のバブルの原因も北欧と同様に，金融自由化と金融緩和に求めることができる。金融規制の緩和は奇しくも北欧諸国と同様の時期に始まった。日本の金融システムも北欧と同様に政府により厳しく規制されていた。第二次世界大戦後の日本経済にとって重要な課題は，豊富な労働力が存在する一方で深刻な資本不足にあることであった。

　その問題に答えるために種々の施策が講じられた。なかでも重要なのが銀行預金の金利規制であった。人為的に低く抑えられた預金金利は金融システムの安定を保つと同時に主産業の資金コストを下げることに貢献した[1]。それは一種の家計から産業への補助金であり，政府，大蔵省が大きな権限をもって金融機関をコントロールしていた。証券市場は厳しく規制され，企業が資本市場で資金調達することは限定されており，企業金融は金融機関を通じる間接金融に依存していた。1970年代の初めまで企業金融の90％以上が銀行貸付であった。企業は銀行貸付に依存し，資本獲得における株式市場の役割は極めて小さかった点も北欧の場合と同じである。

(1) 規制された金融システム

　預金金利の低位規制は金融機関の過当競争を抑制した。地方の零細金融機関

でも貸出と預金金利の利ザヤを確保することができた。地方金融機関が集めた預金は都市銀行にコール市場を通じて貸出にまわされた。それは都市の大銀行が大手の企業を顧客に持つのに対して，地方銀行は預金のわりには有力な貸出先を持たないからである。資金過剰の銀行が存在する一方で資金不足の金融機関が存在するという「資金偏在」現象がこの時期の日本の金融システムの特徴であった[2]。こうした資金偏在現象の結果，インターバンク市場は発達しており，多くの金利は規制により固定している中，この市場金利であるコールレートだけは資金の需給を反映して変動した。

(2) 規制緩和の始まり

このような金利規制も1970年代以降緩和される方向にすすむ。そのきっかけになったのは2つの「コクサイ化」である。まず第1は，1973年に起きたオイルショックである。オイルショックによる歳入の減少とその時期に始まった社

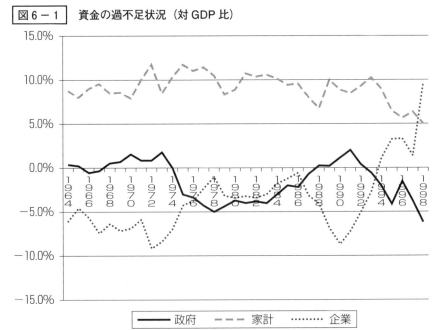

図6−1 資金の過不足状況（対GDP比）

（注）プラスが資金余剰（貯蓄超過），マイナスが資金不足（投資超過）を示す。
（出所）内閣府『国民経済計算年報』

会福祉の拡大が重なり，これまで均衡していた財政が大きく赤字に転換する。図6-1は1970年以降の企業，家計，政府各部門の資金余剰と不足の推移を示している。家計部門の資金余剰が増加する中で，政府部門が1972年を境に急速に資金不足に陥っていくのが見て取れる。1975年度の予算は赤字国債の発行を余儀なくされ，以降国債の発行は増加する[3]。それまで，国債の大半は大蔵省の決める低い金利でシンジケート団により消化されたが，日銀が1年後に国債を買い入れることを約束していたので，金融機関としては資本損失の心配はなかった。しかしながら，国債が大量に発行されるようになると，日銀は発行される多額の国債を十分吸収できず，金融機関は1年後も国債保有を強いられるようになった。低利規制の国債に魅力はなかった。金融機関の不満が高まる中で大蔵省は1976年に国債の現先市場を認め，国債の市場での売却を許すことになった。こうして，国債金利は自由化されていった。国債金利の自由化は他の債券金利の自由化に繋がり，預金金利の方も徐々にではあるが，規制緩和の方向に進んだ。

　もう1つのコクサイ化は，国際的な資本移動の自由化である。戦後外貨枯渇に悩む政府は資本移動を禁止していた。しかしながら，国際的に資本移動が進展する中で，外貨を借り入れて国内企業に融資することが，79年から80年にかけて認められるようになった（インパクトローンの取入れ）。1980年には外国為替法が改正されて，為替取引が原則自由化された。これにより，企業の資金調達は国内に限らず，海外でも可能になった。さらに，1984年には「日米円ドル委員会」が開催され，日本に金融システムの自由化に向けての強い要請がなされた。それを受けて，為替取引も輸入に関わる実需だけでなく，為替の先物取引も自由化された。それに合わせるように，86年には東京オフショア市場が開設され，国内の証券市場の自由化も進展した。その結果，銀行の昔からの有力な顧客であった大企業は資金調達の軸足を銀行から資本市場に移していった。

　大企業の銀行離れが起きたのである。資本市場の自由化が進む中，預金金利の自由化は緩やかにしか進行せず，預金金利は比較的高止りし，銀行の利潤は徐々に減少した。その結果，銀行はリスクはあるが，比較的高い金利を求めることができる小企業，不動産関連の企業に貸付の経路を見出さざるをえなかった。表6-1は北欧諸国と日本の金融自由化の銀行利潤に及ぼす影響を示している。金融自由化の進む，80年代から銀行の利潤が減少していることが見て取

れる。また,日本の銀行の利潤が他国と比べて,金融自由化以前と以後の両方で,少ないこともわかる。

表6－1　商業銀行の利益比較（純利子収入／資産,%）

	1980年	1984年	1987年	1990年	1991年
フィンランド	2.28	1.65	1.57	1.60	1.25
スウェーデン	2.26	2.21	2.49	2.08	2.09
ノルウェイ	3.50	3.30	2.78	2.63	2.49
日本	1.61	1.36	1.20	0.90	1.11

(出所)　Shigemi（1995）

(3) 金融緩和

　資産インフレは一般に金融緩和によって起きる。資本市場の自由化と金融緩和が重なったことが日本でバブルが生じたと言える。日本での金融緩和は次のように説明できる。金融緩和の原因は貿易黒字にある。累増する黒字は他国から,とくにアメリカから厳しく批判された。日米の貿易不均衡は年々悪化した。これはレーガン大統領がレーガノミクスを始めて以降とくに厳しくなった。レーガノミクスはマネタリスト政策および供給サイド経済学を基本に,低インフレと強いドルを目指した。強いドルは双子の赤字という大きな経済問題を生むことになった。アメリカの貿易赤字は大きく,とくに日本との間で顕著になった。80年代にはアメリカの全貿易赤字の半分以上は日本との赤字であった。その結果,日本への反発は強まり,アメリカ議会は日本への報復法案を提出するまでに至った[4]。

　1985年9月にはプラザ会議が開催され,アメリカの貿易赤字を解消するために,各国が協調することが決められた。具体的にはドル高是正に向けての為替市場への直接介入であった[5]。わが国政府も大規模な円売りを実施した。その結果,1ドルが250円であった円レートはわずか1年で150円台にまで急上昇した。急速な円高,ドル安は日本企業に大きな打撃を与えることになった。この円高不況に対応するために,日本銀行は急激な金融緩和を実施することになる。まず,1986年1月には当時5.0%であった公定歩合を4.5%に引き下げ,86年3月には4.0%に,同年4月には3.5%に,11月には3.0%に。さらに翌年2月のルー

図6-2 不動産関連向け銀行貸出し（対前年度比％）

(注) 不動産関連3業種とは，不動産，建設業，ノンバンクを含む金融業
(出所) 日本銀行

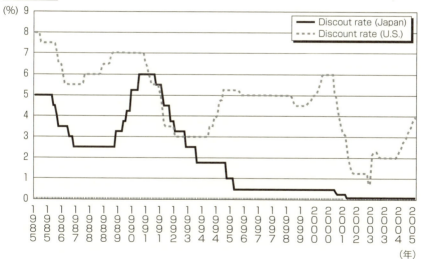

図6-3 日米の公定歩合

(出所) 日本銀行とFRB

ブル合意では,日本はアメリカから貿易黒字の削減と一層の金融緩和が求められ,日銀は公定歩合を戦後最低の2.5％にまで引き下げた(図6-2)。プラザ合意は日本経済にとって転換点となった。

この間,短期金融市場の繁閑を示す,コール・レートは大きく低下し,貨幣ストックは急増し,1987年第1四半期から1990年第2四半期にかけて年率にして10％以上も増加した(図6-3)。こうしたカネ余り現象の中,企業とくに大企業は積極的に株式を中心としたいわゆる財テクに走ることになる[6]。株価は通常,次のように理論価格が決定される。

　　　株価＝配当／(金利＋リスクプレミアム－配当増加率)

したがって,金融緩和で金利が下がり,企業業績が好調になれば株価が上昇するのは当然である。これは,ファンダメンタルズから見た株価上昇である。わが国が87年から経験した資産バブルはこのファンダメンタルズでは説明できない,資産価格の上昇である。それがバブルと言われるものである。金利は今後も低下し続けるであろう,企業の好調な業績も今後持続し,配当金は増えるであろう,したがって株価が上がることはあっても下がることはないという,確たる根拠のない自信が国民の間に広まったのである。

図6-4　貨幣ストックの増加率(対前年度比)

(出所)　日本銀行

その後1987年2月まで合計5回の公定歩合引下げを実施し、当時としては異例の低水準であった2.5%が89年5月までの2年3ヶ月間継続することになる。その結果、マネーサプライも10%を超える水準を維持することになる。

(4) バブルの始まり

原油価格の下落もまた日本経済を急激に押し上げた要因である。円が50%高くなり、原油価格の下落と重なり、日本の交易条件は改善された。円でみて、86年8月の原油価格の下落は日本経済に5%の所得移転が生じたと考えられる[7]。

87年10月に起きたブラックマンデーはこのようなユーフォーリアを蔓延させる大きなきっかけとなった。ニューヨーク株価急落による、世界的な資産価格の急落はさらに金利低下の圧力をかけた。世界の為替市場は不安定になり、日本が金融緩和を維持しない限り、世界経済は大混乱するという噂が流れ、日本は当分金融緩和を継続せざるを得ないという「永久低金利神話」が生まれた[8]。これが日本のバブルの始まりであり、株価は急速に上昇する。地価についても同様である。金利や地代といったファンダメンタルズでは説明できない異常な上昇が生じた[9]。そのきっかけとなったのは、1987年の第四次全国総合開発計画（四全総）の策定と総合保養地域整備法（通称リゾート法）である。前者では国際都市として発展する東京にはオフィスビル不足が生じると予測され、東京湾岸のウォーターフロント開発計画が持ち上がった。この周辺に土地をもつ企業の株価も上昇した。後者はアメリカの批判を受けて作成された、前川レポートに基づくもので、内需拡大による経済の安定化の核となるものであった。著名な評論家たちがテレビなどを通じて、働き過ぎを批判し、余暇を楽しむことの大切さを訴え、国民のユーフォリアをあおった。

土地税制の歪みも地価高騰の要因となった。当時の税制の下では土地の保有は取引の場合に比べて低い税率が課せられていた。地価高騰の過程で、土地取引には高い税が課せられる一方で、土地の保有に対しては低い税しか課せられないという現象が起きた。例えば、バブル期の東京では固定資産税は市場価格のわずか0.1%という低率であった。それによって、将来の価格上昇を見越して土地を保有しようとするインセンティブが作用した。その結果、土地の供給は抑制され、土地の需要は大都市でのオフィスビル、地方でのリゾート開発に

より急速に高まった。

　地価は永遠に上昇するという「土地神話」が日本経済の根源にあった。豊富に資金が利用できることで，銀行は貸付事業を拡大した。土地という資産を抵当に差し出せば誰でもが簡単に融資を受けることができた。そこで，日本もまた北欧と同様にレバレッジバブルに直面することになった。銀行貸付けの構造にも変化が起きた。金融緩和で銀行に預金が集中する中，大企業はエクィティファイナンスにより容易に資金獲得ができるようになったので，銀行は新たな顧客を開拓しなければならなくなった。そこで，銀行は小企業や不動産関連企業にシフトした[10]。それにより，88年から89年にかけてバブルが発生した。これは経済のファンダメンタルズでは説明できない。以降日本経済はバブル・バストサイクルに陥ることになる。

　以上のようにして起きた，わが国のバブルを簡単なVARモデルを用いることにより，検証してみよう。VARモデルは経済構造を特定化することなく，変数相互間の互いの影響をフィードバックしながら，最終的な影響を見る統計分析手法である。ここでは変数として，コールレート（CALL），為替レート（EXRATE），株価（STOCK），名目の変化率GDP（NGDP SA），消費者物価指数（生鮮食料品を除く）（CPI CORE）の5変数を用いる。推定期間は1981年第1四半期から1990年第1四半期である。推定結果は図6－5のとおりであった。破線は標準誤差5％の信頼区間を示す。1列目は金融政策の各変数に及ぼす影響を見ている。為替レートへの影響は見られない。通常金融引締めは円高を金融緩和は円安を促すと考えられるが，金融政策は為替レートには影響していない。この時期，為替レートは各国の政策的介入によって決まっていたことが推測される。これに対して，金融政策は株価に有意に影響を与えていることが理解できる。コール・レートの引下げは株価の上昇をもたらしていることが見てとれる。金利の変化の2期目（6ヶ月後）にもっとも大きな影響を与え，その後影響力は衰退する。名目GDPと物価に対する直接的影響は確認されない。

　2列目は為替レートの変化が各変数に及ぼす影響を示している。円安はコール・レートにプラスの影響を及ぼしている。つまり，為替相場が円高に振れれば，金融が緩和（コール・レートの低下）されることが見てとれる。このことは，85年のプラザ合意直後の円高不況に対して日銀のとった対応を示している。

第6章 日本のバブルとバスト

図6-5 VARモデルによるバブル要因分析

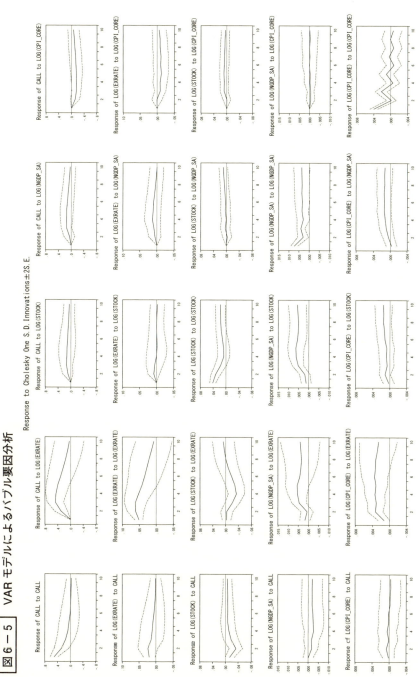

Response to Cholesky One S.D. Innovations ±2 S.E.

また，為替の変化は株価に対しては有意な影響を持っていないが，名目 GDP および物価に対しては統計的に有意な影響をもっていることが見て取れる。円安は名目 GDP および物価に対して，プラスの影響を及ぼしている。80年代の物価の安定は円高によるという指摘を裏付けるものである。3 列目は株価の各変数に及ぼす影響を見ている。株価の上昇が日本経済に大きなプラスの影響をもたらしたことが見て取れる。

　以上から，80年代，金融緩和は株価の上昇をもたらし，株価の上昇は経済にプラスの影響を及ぼしたといえる。また，為替レートの上昇（円高）は物価の上昇を抑える役割を果たし，それが日銀の金融緩和を止める機会を失わせたことも理解できる。

第 2 節　バブル崩壊

金融引締め

　景気過熱を警戒していた日銀は1989年 5 月31日に久々に金融引締めに転じた。1987年 2 月以降続いていた2.5％の公定歩合を3.25％に，実に 2 年 3 ヶ月ぶりの引上げである。しかし，この引上げはあくまでもインフレ予防を目的としたものであり，市場はなお強気で株価，地価は上昇を続けた。89年12月に三重野康が日銀総裁に就任した。彼はかねてから過剰な金融緩和による副作用に強い懸念を抱いており，総裁就任と同時にバブル退治に強い意欲を見せた。矢継ぎ早に金融引締めを実施する。しかし，市場はなお強気であり，地価，株価は基礎的条件から乖離して上昇を続けた。90年 3 月には第 4 次公定歩合引上げを実施，4.25から5.25％に，さらに三重野は90年 8 月の湾岸戦争によるホームメイドインフレを避けるため，第 5 次の公定歩合引上げを実施，公定歩合は6.0％となった。

　わずか，1 年 3 ヶ月の間に 5 回も連続して公定歩合が引き上げられたことになる。日銀は不幸にも株価裁定の役割を実施した[11]。また，日銀の第 4 次公定歩合引上げ直後の90年 3 月には，政府は不動産関連融資に総量規制を実施した[12]。資産価格が高騰する中で，金融引締めが遅れた原因については，消費者物価が比較的低位で安定していたことにある。当時の山口副総裁は「インフレが生じていない時に，金利を 8 ～10％も上げることはできない」と述べている。物価がこの時期安定していたのは，円高，原油価格の下落，それにアジアの新

興国から安価な輸入品が増えたからと考えられる[13]。

ついにバブルは破裂した。マネーストック（M_2＋CD）は急速に減少し、92年半ばまでに増加率はマイナスとなった（図6－3）。株価は89年末に38,915円の最高値を付けた後、急激に低下し、92年8月には15,000円を切った。ピークから63％もの低下である（図6－6）。地価は90年9月にピークを付けたあと、下落し始めた。その後の長期資産デフレの始まりであった。資産価格の下落に対応して、日銀は91年7月から93年2月に6度にわたり公定歩合を6.0％から2.5％に引き下げた（図6－2）。政府もまた92年から93年にかけて総額29.9兆円の財政支出を実施した。

しかしながら、地価、株価ともに下落を続けた。資産価格の下落はデフレ圧力を強め、企業は資産価格下落で毀損したバランスシートの調整を強いられた。銀行は巨額の不良債権を抱え込んだ。不良債権で最も大きな打撃を受けたのは住専であった。日本の主要銀行は70年代に住宅金融を専門に扱う子会社として8つの住専を設立した。しかしながら、すでに見たように、80年代に入り優良借手としての大企業の資金調達が大きく変わり、銀行借入れに依存しなくなった。優良借手を失った親銀行は住宅融資の分野に参入し、住専を住宅融資の市場から締め出すようになった。前川レポートでも内需拡大の一環として、住宅

図6－6　株価の推移（日経平均、円）

（出所）　東京証券取引所

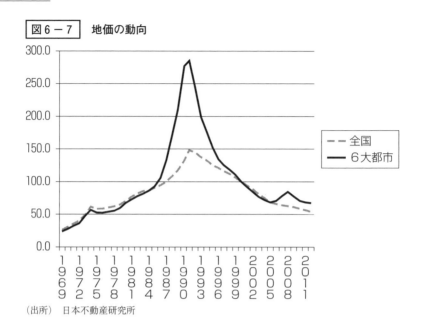

図6-7　地価の動向

(出所)　日本不動産研究所

図6-8　物価変化率（対前年度比％，GDPデフレータ）

(出所)　内閣府

建設は推奨された[14]。融資先を親銀行に奪われた住専は，不動産，建設関係，とリスクの高い案件融資にのめり込んで行った。その結果，バブル崩壊によって最も大きなダメージを受けることになった。

　95年8月には大蔵省の監査で全資産（住専7社で約13兆円）の半分に相当する6.4兆円の不良債権が存在することが明らかになった。住専7社[15]の破たんが明らかになった時，誰がその損失を補てんするかが大きな政治問題になった。住専に多額の融資をしていた農林系統金融機関が主として負担すべし（貸し手責任論）という意見と，住専の各親銀行が負担すべし（母体行責任論）という意見に真っ二つに割れた。政治家，官僚を巻き込んだ大議論が行われたが，最終的には，その折衷案で銀行側がやや多めの負担をするということで決着した[16]。96年の国会（住専国会と呼ばれた）では，農林系金融機関の負担を超える6,850億円は公的資金の導入で穴埋めする法案が可決され，住専7社の財産を譲り受けそれらの財産の管理・回収・処分を行う住宅金融債権管理機構（中坊公平社長）が設置された。しかしながら，この公的資金導入については十分な説明責任が果たされないままの強行採決になり国民の大きな批判を浴びた。当時の村山内閣はその責任をとって内閣総辞職した。それ以降公的資金導入は政治的タブーとなった[17]。

第3節　長期デフレ

　1995年には阪神淡路大震災や急激な円高はあったものの，1996年の国会で，いわゆる金融6法が成立し，金融機関経営の安全性の確保，預金保険法の改正による，預金の全額保証（2001年3月まで）などが決定されたことにより，国民の間に広まった不安感はいったん解消し，日本経済は回復の兆しを見せ，GDPも増加し始め，公表される不良債権も減少した。

　しかしながら，その背後では不十分な金融緩和の下で物価は下落し，地価は低下を続けた。金融機関も企業も継続的な地価下落によって毀損するバランスシートの調整を余儀なくされた。金融機関は自己資本比率を正常な値に維持するために，資本の劣化に伴い貸出を抑制した。一方で，政府も金融機関も地価の反転を期待して，正確な不良債権額の公表をしなかった。政府，大蔵省銀行局と金融機関の内部での極秘の調整が進められる中で国民にその実態が知らされることはなかった。その背後には安易な不良債権公表は国民をパニックに陥

れるだけと考えていた。地価は下落しないという土地神話はなお生きていた。

(1) 金融危機の勃発

1996年，村山内閣の後を受けた橋本内閣は6大改革を掲げ日本経済の長期的発展を目指した。とくに，財政の悪化を懸念した橋本内閣はこの一時的景気回復をチャンスとみて，「財政構造改革」と「社会保障制度改革」に力をいれた。まず，消費税を3～5％に引き上げ，所得税の特別減税を廃止する一方で，サラリーマンの医療費負担を1割から2割負担に引上げ，薬代についても一部負担とした。これらの改革による国民負担は総額9兆円に及んだ。この実質9兆円の増税により，消費は急激に落ち込み，さらに東アジアの金融危機が同時期に起こり，日本経済は急速に悪化に転じた。

強いデフレ圧力の下で金融危機が勃発した。しかしながら，6大改革の1つ「金融システム改革」は自由競争を基本とする「金融ビッグバン」として進められており，政府大蔵省は従来の規制，保護を重視する金融行政から大きく転換し，問題金融機関に救済の手を差し伸べることはなかった。こうした中で，当時の都銀上位20行のうちの北海道拓殖銀行，4大証券の1つ山一證券が97年11月に破たんした。この2大金融機関の破たんは政府はもはや金融機関は1行たりとも潰さないという方針を放棄したと受け止められ，国民は金融機関に対する不安を強く抱くようになった。金融機関の倒産は増え（図6－9），金融機関の株価は暴落した。また海外ではジャパンプレミアムが発生した。日本の銀行が海外で資金を得るためには追加的な金利を払うことを余儀なくされた。東京オフショア市場での金利，TIBORとロンドンオフショア市場での金利LIBORとの差が拡大し，一時は100ベイシス・ポイントも上昇した（図6－10）。日本の金融機関の債券および国債はムーディーズのような格付機関によって軒並み下げられた[18]。

しかし，金融機関も政府もなお不良債権の正確な公表をしなかった。政府および金融機関の不良債権対策も及ばず，厳しいデフレ圧力の下で不良債権は増加し，その処理額は急増した（図6－11）。政府も問題銀行をいかに処理するかという点で大変遅れていた。後知恵ではあるが，もっと早期に公的資金により不良債権を処理していればこれほど長期にわたって不況は続くことはなかった。

図6-9　金融機関の破たん件数（銀行，信用金庫，信用組合）

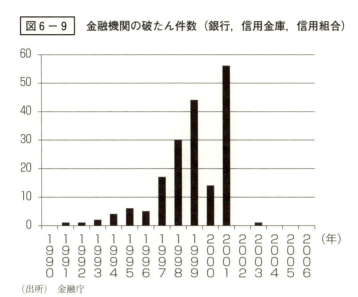

（出所）金融庁

図6-10　ジャパンプレミアム

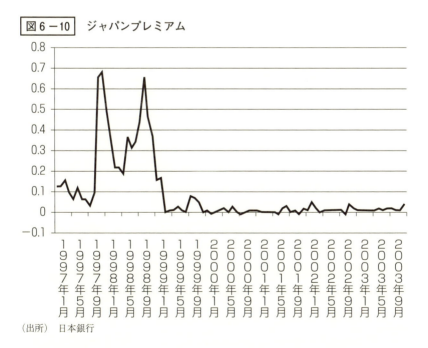

（出所）日本銀行

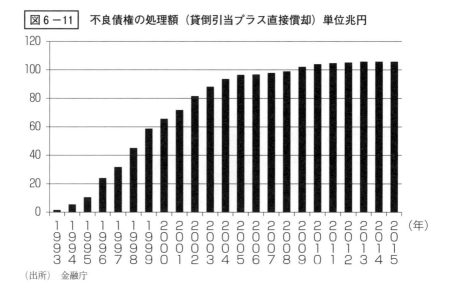

図6-11 不良債権の処理額（貸倒引当プラス直接償却）単位兆円

(出所) 金融庁

(2) 債務デフレの発生

97年末にはデフレの兆候は明らかになった。深刻な状況の中，日銀も政府もようやくデフレであることを認めた。日本経済はIrving Fisher (1933) によって指摘された債務デフレの状況に陥った。過剰な債務を抱える企業は物価の下落によって，債務の実質負担を減らすために保有する土地，株などの資産の売却を急ぐ，それがまた資産価格の下落を生じ，資産の処分を急がせるというデフレスパイラルに陥った。GDPは97年Q4から5四半期連続でマイナス成長となった。実質GDPの成長率がマイナスになったのは，第1次オイルショック直後の74年以来である。95年にGDP統計が始まって以降初めてのことである[19]。

1998年7月の参議院選で政権与党である自民党が敗北し，橋本内閣は退陣し，その後継である小渕恵三内閣はそれまでの政策を大きく変更することになる。まず，大規模な減税を実施し，公共事業の拡大を目指した。その財源として，30兆円の赤字国債を発行した。公的資金の導入についても積極的になった。これまで政府は住専問題のトラウマがあり，公的資金導入には消極的であった。国民も不良債権問題は銀行と企業の民間経済主体の合理的貸借行動の結果生じたものであり，そこに政府が介入すべき理由が理解できなかった[20]。しかしな

がら，金融機関の状況は厳しく，議会も国民もようやく問題銀行への公的資金導入に反対しなかった。1998年2月には金融機能安定化法が成立し，金融システム安定のために，30兆円の公的資金導入が認められた。98年末には60兆円まで拡大された。30兆円は2つのカテゴリに分類された。13兆円は預金保険制度の強化のために，17兆円は問題金融機関への公的資金導入のために。

実際には政府は98年3月に大手21行に自己資本比率強化のために，1.8兆円を投入。しかし，銀行側は経営責任を問われることを恐れて十分な額を申請せず，また金融不安の拡大を恐れて，各銀行に等しく配分されたことにより，その効果はほとんどなかった。政府が最終的には銀行を守ってくれるという護送船団の意識がなお健在であった。その結果，公的資金が導入されたにもかかわらず，その翌年の98年には日本長期信用銀行，日本債券信用銀行の2行が破たんした。99年3月には7.5兆円が再度投入された。今回は前回と異なり，再建計画などの詳細な資料を求め，慎重な投入が実施された[21]。また，健全な銀行であっても信用収縮の回避のために，公的資金の投入が可能になった。例えば，自己資本比率が8％以上ある健全な銀行の場合には，経営者の更迭や役員賞与の抑制が，資本注入の条件からはずされた[22]。

(3) 日銀の対応の遅れ

日銀もまた日本経済の危機的状況を把握した。98年にはコールレートは0.25％にまで下げられ，さらに99年2月12日開催の金融政策決定会合では，コールレートを実質ゼロ％にすることが決定された[23]。しかし，2000年8月にゼロ金利政策をいったん廃止するが，その後の予期しない経済悪化に驚いた日銀は2001年に入ると再度金融緩和に踏み切る。まず，2001年2月の金融政策決定会合で公定歩合を0.15％引き下げ，0.35％とし，新たに補完貸出制度（ロンバード型貸出）を新設，3月19日の会合では，操作目標をこれまでの無担保コールレート（オーバナイト物）から日銀当座預金残高に変更することを決定し，それを消費者物価の前年比上昇率が安定的にゼロ以上になるまで継続することを決めた。いわゆる量的金融緩和政策の開始である。この金融緩和政策によって日本経済は回復の兆しを見せた。

深刻なデフレが続くなか，日銀は厳しい批判に晒された。98年には80年代後半のバブルの反省から日銀法が改正された。旧日銀法は第二次大戦中の1942年

に制定されたものである。日銀の独立性が弱く，政府に従属する内容であった。新日銀法は日銀の独立性をとくに強調した。例えば，政府は審議委員会のメンバーに加わることはできず，決定会合にオブザーバーを送ることができるだけであった。新法は日銀が積極的なデフレファイターになることを妨げていた。多くのエコノミスト，例えばKrugman (1998) の提言する，「インフレターゲット」に反対し続けたのはその例である。

　日本の金融危機は不良債権処理の遅れと日銀のデフレに対する甘さにある。この時期，不良債権処理をどうするかについて活発な議論が展開された。不良債権処理を急ぐべしというエコノミストは，不良債権によって金融機関の貸し渋りが発生し，大企業のように銀行貸出以外のコマーシャルペーパーや社債による資金調達手段をもたない中小零細企業はきわめて厳しい状況におかれる，と主張した[24]。1990年代デフレの要因は不良債権の増加により金融仲介機能が低下した結果であり，したがって不良債権処理を急ぐべし，という主張である。これに対して，反対の立場からは銀行貸出が伸びないのはそもそも景気が悪く，企業に投資意欲がないからであり，また早急な不良債権処理は金融機関の自己資本を減じ，自己資本比率を低下させ，かえって貸出を抑制することになる，と論じられた[25]。この論争の一部は90年代に，金融政策の波及経路として，クレディット・ビューとマネー・ビューのどちらが正しいかという形で議論された。筆者たちは，マネーと貸出のどちらが実体経済に対して相対的に重要な影響を及ぼすかを，先行研究のRamy (1993) の手法に基づき分析した。その結果，マネーのほうが貸出よりも重要な影響を及ぼすという結論を得た[26]。

　デフレによる不良債権の増加は金融機関の仲介能力を低下させ，信用創造を抑制し，デフレを進行させたことは否定できない。しかしながら，不良債権処理の遅れのみが，日本経済を悪化させたという議論には与みできない。

　連銀のエコノミスト，アハーン等はテイラールールを用いて日本の90年代の短期金利の望ましい水準を求め，それと現実の短期金利の水準を比較して，明らかに現実の金利水準は高すぎたとし，90年代初めの不十分な金融緩和がその後の長期デフレを引き起こしたと指摘した。とくに，93年から94年にかけての時期が非常に重要であったとしている。確かに，95年以降物価はほぼゼロ水準にまで低下してしまった。物価がゼロ，またはそれ以下になれば，コールレートをいくら下げても実質金利のほうはプラスに上昇するからである。また，日

銀には80年代後半のバブルの苦い経験があるので、90年代前半の金利低下で十分と考えたことは理解できると、日銀に同情しつつも、さらなる利下げで生じたかもしれないインフレとその後の長期デフレのコストを比較すれば、前者のコストは遥かに小さいとしている。そして、日本の経験から学ぶこととして、デフレの症状を事前に予知することは難しいが、懸念がある場合には十分な金融緩和をとることによってデフレの芽を摘むことは可能である、と結論している。

後知恵ではあるが、第3章で見た北欧諸国のように、深刻な債務デフレに陥る前に、もっと早期に大胆な金融緩和と不良債権処理をしていれば、このように長期のデフレ不況に陥ることはなかったであろう。この点は後の章で明らかにする。

【注】

1 人為的低金利は1947年制定の「臨時金利調整法」によって決められていた。
2 鈴木淑夫（1974）は資金偏在現象の背景として、①輸出・投資リード型成長と人為的低金利政策に伴う資金需要の都市銀行への集中、②日銀の過剰な貸付け（オーバー・ローン）とその裏側としての貸付けを預金と自己資本の範囲内で行うポジション意識を喪失した都市銀行の恒常的な過剰借入れ（オーバー・ボロイング）、を指摘している。
3 戦後赤字国債が初めて発行されたのは、1965年度予算であり、その後も国債は発行されたが、その額はごく僅かであり、日銀により成長通貨として吸収されたので、問題になることはなかった。
4 この辺の詳細な事情については次章で述べる。
5 プラザ合意では、為替レートの調整でもって対外不均衡を是正することとされた。合意文書では次のように述べられている。「大蔵大臣及び総裁は、為替レートが対外インバランスを調整する上で役割を果たすべきであることに同意した。このために、為替レートは基本的条件をこれまで以上によりよく反映しなければならない。」
6 西村吉正（2011）は東証の部門別株式売買代金シェアでみると、1985年から89年の間に個人が49％から31％へ、外人が17％から11％へ低下したのに対して、企業が10％から14％へ、銀行部門が11％から25％へ急上昇している。企業と銀行シェア上昇分約19％のうち、かなりの部分が企業の財テク資金によるものであり、株価上昇の大きな要因になったと見ている。また、個人の年間株式売買高も80年代前半の年平均580億株から、80年代後半には1,000億株を超えるまでになった。86年から87年にかけて上場されたNTT株の急上昇が、多くの個人を自己責任の意識のないままに株式市場に誘い込んだとしている。西村（2011）pp.306-307。

7 岡田靖・浜田宏一（2009）は1986年初めの原油価格の急落が円高不況直後のバブル景気を引き起こしたと見ている。中澤，吉田，吉川（2011）も1985年1バレル26.5ドルが1986年7月には8.5ドルと32％も安くなり，日本の交易条件が大きく改善したことを強調している。
8 鈴木淑夫（1993）。
9 翁，白川，白塚（2000）はバブル発生，拡大の要因として，次の8点を挙げている。金融機関の積極化，金融自由化，リスク管理の遅れ，自己資本比率規制，金融緩和，地価税制，ユーフォリア，東京集中。
10 金融緩和と大企業の銀行離れが同時に起こったことが，後の不良債権を生む要因となった，と考えられる。例えば，Hoshi and Kashap（1999）。
11 マスコミ，世論もこのような急激な金融引締めを「バブル潰し」として賞賛した。その中心となった，三重野康日銀総裁は平成の鬼平として，拍手喝采を浴びた。しかしながら，今日の多くの経済学者は中央銀行は資産価格の裁定者になるべきではないと考えている。パーカー（2005）およびBernanke and Gertler（1999）を参照。
12 具体的に大蔵省は各金融機関に対して次のような通達を出した。①不動産向け貸出については，その貸出増加を総貸出増加以下に抑える，②不動産および建設業，ノンバンクの3業種に対する融資の実行状況を報告する。
13 日本銀行調査月報（1989年5月）。
14 前川報告では，外需依存から内需主導型の活力ある経済成長への転換を図るため，個人消費の拡大につながるような効果的な内需拡大策が強調された。そこで，住宅政策の抜本的改革を図り，住宅対策を充実・強化することが求められた。
15 住専8社の内，農林系を母体とする「協同住宅ローン」社は他の7社のように不動産関連融資にはのめり込んでいなかったために，その損失は軽微であった。
16 具体的には，母体行3兆5,000億円，一般行1兆7,000億円，農協系統5,300億円，で決着した。西村吉正（2011）を参照。
17 住専処理をめぐって国民世論の動向を調査した久米郁男（2009）によれば，1996年2月に実施した朝日新聞の世論調査では，住専処理への6,850億円の税金投入について賛成はわずか6％，反対は87％に上っている。96年4月28日の毎日新聞の世論調査では，反対が86％になっている。また，朝日新聞で社会記事欄と政治経済欄別に公的資金導入をめぐる反対意見の掲載数を比較し，社会面での反対記事の急増を指摘し，公的資金導入は「経済政策上の賛否の議論ではなく，社会心理的な感情的な反発に基づく反対の増加が見られたように思われる」と結論し，「西村銀行局長が公的資金投入を諦めたのは，このようなマスコミ世論を受けたものであった」と述べている。久米（2009）p.238。
18 ムーディズの格付けでみると，97年には当時日本のトップ銀行であった，東京三菱はAa2にランクされていたが，98年には2ランク下のA1に，99年にはさらに1ランク下げられてA2に位置するまでになった。三和，住友，日本信託はそのさらに1ランク下のA3に，日本興業銀行，富士銀行，第一勧業銀行などは投資対象としては中級とみなされ

るBランクにまだ落ちた。ちなみに、バブル最盛期の88年には三菱、富士、住友、日本興業銀行、第一勧業銀行は、極めて優れていると判断される、トップのAaaにランクされていた。

19 白塚重典、田口博雄、森成城（2000）。
20 この論法でいくなら、預金者としての国民も銀行に資金を提供した主体としての責任がある。
21 Cargil, T.F., M.H. Hutchison, and T. Ito,（2000），p.66. および池尾和人（2009）p.97。
22 田中（2002）。
23 同日の金融政策決定会合では、具体的には「デフレ懸念の払拭が展望できるまで、より潤沢な資金を供給し、無担保コールレートをできるだけ低めに推移するよう促す。当初0.15％前後を目指し、徐々に一層の低下を促す」ことが決定された。
24 この点を最初に指摘したのは、Bernanke（1983）である。彼はクレディットビューを重視し、景気が悪化する中で銀行の貸出チャンネルが閉じると、中小企業は大きな痛手を受けると指摘した。
25 不良債権処理をめぐる論争は、山家（2005）に詳しい。同書は不良債権処理を急ぐべきではないという立場であり、その反対の立場を述べた文献としては、渡辺孝（2001）、小林、加藤（2001）がある。小林、加藤では、過剰債務が新規投資意欲を削減する（デット・オーバーハング）、過剰債務が企業間の信頼をなくし、協業、分業を妨げる（ディスオーガニゼーション）の2点が強調される。
26 Miyagawa and Morita（1997）および宮川、森田（1999）。

第7章

バブルと国際政治
―日銀を追い込んだ政治的背景

　前章ではわが国のバブルがどのように発生し，その後どのようにして崩壊したかを分析した。バブル崩壊後90年代末には，近世史における5大金融危機の1つに挙げられるほどの厳しい経済危機を経験する。その金融危機を起こした直接の要因は80年代後半に発生した資産価格の異常な高騰，バブル経済である。この80年代後半のバブルは日本銀行が安易な金融緩和政策を行い，マネーストックの管理を誤った結果であり，バブルを起こした日銀の政策責任は重いというのが，これまでの研究成果の教えるところである。それではなぜ，日銀はそのような状況に追い込まれたのか，当時の日銀から完全に手足をもぎ取ったものは何か，本章ではそこに焦点を当て，この時期，日本の政治家，官僚はどのように動いたのか，またアメリカ政府と日本の関係はどうであったかを考察したい。

　このバブル舞台裏をめぐる研究についてはすでに優れたものがいくつも存在する。その意味では屋上屋を架すものである[1]。しかし，バブルが終わって四半世紀を過ぎた今日，これらの研究資料を改めて整理，点検し，バブルはどのようにして生じ，何が日銀をどのように追い詰めたかを考えることはそれなりの意義があると考える。まず，そのためには，1985年のプラザ合意以降の国際協調政策について改めて見直す必要があるが，そのような政策協調がとられるきっかけとなった，レーガノミクスを見ることから始める。

第1節　1980年代初めのアメリカ経済

　1970年代末のアメリカは，ベトナム戦争の敗北，海外での権威の失墜，国内ではインフレと高失業が同時に存在するというスタグフレーションと，きわめて困難な状況にあった。このアメリカ経済の再生の期待を受けて，第1次レーガン政権が1981年1月に誕生した。同政権は，①政府支出の削減，②減税，③

規制緩和，④金融引締め，の4本柱を基本に新たな経済政策に取り組んだ。しかしながら，政府支出の削減，減税と小さな政府を目指したものの，軍事費の増大，さらには減税による所得増加，貯蓄増加も実現せず，財政赤字はむしろ急拡大した。1981年には個人所得を3年間にわたって大幅に減税する政策を決めた。減税はサプライサイド経済学に基づき，勤労意欲を高め，所得を増やし，貯蓄を増加することが期待されたが，結果的には消費を増やしただけであった。また，政府支出は，軍事費の増加などにより思うように削減されず，財政赤字は急速に悪化した。

　インフレを抑制するためにマネーサプライを管理し，金融の大幅な引締めを実施したが，それは金利の大幅上昇をもたらした。この高金利は他国の資金を引き付け，為替レートの上昇へと導くことになる。しかしながら，強いドルは強いアメリカの象徴ともなり，問題にされることはなかった。レーガン政権の基本的立場はマネタリズムにあり，為替レートは各国の経済状況（ファンダメンタルズ）の実態に合わせて変動するものであり，市場に介入することは為替レートの本来の調整能力を乱すものと考えていた。したがって，レーガン政権は大幅な黒字国の日本の為替レートは本来自動的に円高に向かうものである，今それがなされていないのは，日本経済の特殊性にあり，それを改善することが重要であるという立場をとった。1983年11月にレーガン大統領が来日した際，「円・ドル委員会」の設置を求め，日本の金融市場の開放を求めたのはその例である[2]。この強いドルの影響を受けて，貿易収支は急速に悪化し，財政赤字と並んで，「双子の赤字」にアメリカ経済は苦しむことになる。アメリカ人が最も自信を失った時期であった。

　アメリカの経常収支赤字が顕著になる一方で，日本の黒字は大きく膨らみ世界の注目を受けることになる。アメリカの貿易赤字は当然，ドル売り，円買い圧力となり，ドル安は進行すると予想されたが，ドルは円に対して上昇を続けた。為替レートが為替の実需によって決まるという時代ではなくなっていた。このドル高がまたアメリカの貿易赤字を増加させるという構図が生まれた。したがって，このドル高は，日本が対米輸出で稼いだドルが，ジャパンマネーとなりアメリカ国債などを買いまくった結果であるという見方もできる[3]。

　レーガノミクスによる高金利，ドル高放任政策により，日本の経常収支の黒字は増加の一途をたどり，他方アメリカの赤字は増加した。アメリカの対日赤

字は，1985年には，500億ドルにも達した。累増する対日貿易赤字の中でアメリカ国民の苛立ちは最高潮に達し，アメリカ議会では，保護主義が急速に台頭した。自由貿易派のフレンゼル下院議員（共和党，ミネソタ州）は，「もし1985年夏にスムート・ホーレー法案が提出されていたら，圧倒的多数で可決されただろう」とさえ語った[4]。

日米貿易摩擦が激化する中，1985年9月にG5の蔵相，中央銀行総裁がニューヨークのプラザホテルに会し，「プラザ合意」がなされる。その内容は，アメリカの経常収支赤字削減のために，各国は協力してドル高是正に努める。各国は内需拡大を行い，アメリカは財政赤字の縮小に努める。この政策協調の重要な点は，為替政策に力点がおかれ，財政政策のほうは無視されたことである。日本，西ドイツ両国は70年代末に財政を中心とした積極的な成長戦略をとり，世界経済を牽引する「機関車」の役割を担わされた苦い経験がある。そこで，為替調整で財政出動に対するアメリカからの圧力を避けようとした[5]。これが，後に大きなバブルを引き起こす遠因となる。また，プラザ合意による，為替介入の成功が，アメリカの財政再建の努力を削いだことも見逃せない。アメリカの財政赤字削減にもっと真剣に取り組んでいたら，また，日本がアメリカに対してその点をもっと強く要求していたら，バブルはなかったかもしれない。プラザ会議では，財政強調の側面は軽視された[6]。そのことは結局，大蔵省ではなく，日銀に圧力がかかることを意味する。

第2節　1984年レーガン政権の人事

1984年11月にレーガン大統領が再選されると，アメリカの経済政策は大きな変化を見せる。その発端は財務長官の交代であった。大統領首席補佐官であったジェームス・ベーカー（James A. Baker）がドナルド・リーガン（Donald Regan）に代わり財務長官に就任し，ホワイトハウスでベーカーを支えていたリチャード・ダーマン（Richard Darman）が財務副長官となった[7]。また，マネタリストであり，財務次官としてレーガンの金融政策を支えたベリル・スプリンケル（Beryl Sprinkel）が経済諮問委員会の議長に転じ，経済政策の第一線から外れることになった。市場主義をとっていた，リーガン，スプリンケルの政治路線は，市場の調整を否定し，為替市場への積極的介入を支持する路線に大きく変化する。当時の連銀議長ポール・ボルカー（Paul Volker）は次

のように述べる。

「ベーカーとダーマンが，彼らの前任者よりもドルに懸念をもっていることは当初から明白であった。彼らは，国内的または国際的な金融について特別の背景はもっていなかったが，非常に知的であり，何が重要事項かについての勘も鋭かった。何よりも，彼らは，研ぎすまされた政治的アンテナと直感をもったワシントンの古い住人であった。その時期に彼らが心配していたのは，議会，さらには米国全般に広がる保護主義的な圧力であった[8]」。

ベーカーとダーマンは85年1月に財務省に移ると，国際経済政策の立て直しに着手した。ベーカーは，日本，ドイツの輸出攻勢にアメリカ市場が大きな打撃を受け，それに対して何をすべきかという点に極めて敏感であった。彼は為替相場に介入することを決める。それは市場メカニズムを重視するレーガノミクスからの転換であった[9]。ボルカーによれば，プラザ合意はすべて財務省主導によって実施され，その意図は，「為替相場の変動に対して，少なくともなんらかの公的なコントロールを取り戻そうとする試みであった。主役を演じたのはFRBではなくて財務省であった[10]」。プラザ会議についてボルカーが相談を受けるのは1ヶ月前の8月になってからであり，ただ金利引上げは困ると言われただけであった。レーガンには，プラザ会議直前の1，2日までその内容は報告されていなかったようである。しかし，ベーカーはレーガンには巧みに為替政策の転換を伝え，説得した[11]。

このベーカーとダーマン，それにデービッド・マルフォード（David Mulford：国際問題担当財務次官補）の3人がその後のプラザ会議，日米関係を主導していくことになる。副財務官，兼通訳としてプラザ会議に出席した近藤健彦によれば，「ダーマンが長期的，戦略的視野で一貫した政策協調の枠組み作りの起点としようとしたのに対して，マルフォードはより短期的，現実的に，市場に対して劇的な影響力を持つ舞台回しを考えた。その二人をベーカーが縦横に使いこなしたというのが，プラザ戦力の核心部分である[12]」。この3人の関係について，財務省ゼネラル・カウンセル（官房長），キミットが当時駐米公使であった内海孚（まこと）に次のように説明している。

「ベーカーとダーマンは国際的な問題に重点を置いて仕事をしたいと考えており，その分野で十分な知識をもつマルフォードが必要であった。マルフォードが国際的な問題を取り仕切り，それをダーマン副長官とベーカー長官に直接報

告するようになっている」。さらに、ベーカーのレーガン政権内の役割についても、キミットは「単に財務長官というだけでなく、相当程度、行政府の中心的役割を果たしている。リーガン主席補佐官とも常時、連絡をとりあっている[13]」。ベーカーがいかに政治的に卓越した能力を持つ人物であり、この時期の日米関係を左右する大変重要な政治家であったことがわかる。

第3節　プラザ合意への準備

　プラザ会議を開催するための準備として、ベーカー主導で重要な会議が3度開催されている。日本がアメリカの巧みな国際戦略に取り込まれていく過程でもある。

(1)　1985年6月20日，竹下・ベーカー会談

　85年6月に東京でG10の蔵相会議が開催された。この機会をとらえて20日には竹下登大蔵大臣とベーカーの会談が実施された。ベーカーはこの席で円ドル相場改善のためには、マクロ経済政策が伴わねばならない、日米両国が合意すれば、その他の国の参加如何にかかわらず成功のチャンスはある、円ドル相場の改善は両国の利益になると、竹下を強く説得する。これに対して、竹下は協調介入の用意はあると答える[14]。

　近藤によれば、アメリカ側は綿密な工程表をポケットに持ちつつ、その作戦を小出しに日本側に伝えたが、日本側はその作戦に気付いていなかった[15]。竹下は後に言う、「アメリカは国際金融政策で大きな政策転換をやらなきゃならんというような感じがあったとは率直に言ってくれなかった[16]」。この会談は、前の財務大臣リーガンが竹下と会談した時とは大きく異なっていた。円ドル問題で日本に乗り込み、日本の金融・資本市場開放をテーブルを叩き、声高に要求したリーガンとは対照的であった。ベーカーは声高で威圧的な発言をすることなく、竹下の発言を静かに聞きメモをとった[17]。

(2)　1985年7月23日，大場・マルフォード，パリ会談

　このベーカー・竹下会談を受けて、85年7月23日には、パリのルワイアルモンソーホテルで大場智満大蔵省財務官とマルフォード財務次官補の非公式会談が行われる。プラザ会議とそこでのアメリカ側の基本的構想が初めて日本側に

知らされる。その席で、アメリカ側は、まず、これまでのG5に効果がなかったことを述べ、ダンフォース議員などを中心に、多数の輸入制限法が議会に提出されている、アメリカの保護主義圧力は9月のレーバーデー以降に議会が再開されると強まるおそれがある、まず、日本で政策パッケージが示されれば、速やかにG5に拡大したい、9月半ばにG5を開催し、実施したいと述べた[18]。日本側がこのアメリカの政策意図を全く知らなかった点については、前頁で述べた、竹下の述懐の通りである。

また、マルフォードはこのロワイアルモンソー会談で「円ドルレートと経常収支の赤字・黒字が世界経済の不安定要因である。日米双方において緊急にアクションをとり、市場に印象づける必要がある。日本については、円レート、過度に外需に依存した成長、国内貯蓄・投資のインバランス、および市場の閉鎖性の4つが問題である」と述べ、為替調整についてはマクロ経済政策を重視した[19]。

(3) 1985年8月21日、大場・マルフォード、ハワイ会談

プラザ会議のちょうど1ヶ月前の、8月21日にハワイで日米MOSS協議が開催されたが、その合間に、大場・マルフォード会談が実施され、マルフォードは、プラザ会議は日本側が主張する政策パッケージの詳細な詰めよりも、むしろ市場にサプライズを与えることが重要である、と日本側を説得した[20]。

(4) 1985年9月15日、ロンドンG5蔵相代理会議

9月15日には、プラザ会議で原案作成のために、ロンドンのクラリッジホテルでG5蔵相代理会議が開催された。プラザ合意の共同声明の草案はほぼ完成していたが、この蔵相代理会議では、次の2点が議論されたが、結論がでず、22日のプラザ会議に持ち越された。1つ目は、ドル以外の通貨を強くすることが「望ましい」とするか「保証される」という表現上の問題、2つ目は「黒字国としての日本」のあとに、「より小さな黒字国ドイツ」を挿入するか否かであった。1つ目については、「望ましい」で決着し、2つ目については、代理会議ではティートマイヤ（Hans Tietmeyer）西ドイツ大蔵次官が反対していたが、プラザ会議ではストルテンベルグ（Gerhard Stoltenberg）蔵相が反対しなかったために、そのまま挿入された。この代理会議では協調為替介入につ

いて，日本，アメリカは積極的であったが，西ドイツなど欧州はやや消極的であった。また，これまでG5は秘密裏に行われていたが，今回のプラザ合意はプレスリリースすることが決められた。日本時間9月22日（日）零時，アメリカ時間9月21日（土）午前11時にプレス予告が決まった。G5が公表されるのが，これが最初であった。為替相場に大きなサプライズを与えることが目的であったと思われる[21]。

このプラザ会議準備段階で，中央銀行の独立性の度合いを示す，興味深いことがあった。ロンドンでのG5蔵相代理会議にドイツのみ中央銀行総裁を参加させたほうがよいのではないかと，マルフォードは駐米公使の内海に相談している。その理由は，第一次，第二次大戦後に厳しいハイパーインフレを経験しているブンデスバンクは強い独立性をもっており，為替市場の介入権も握っているからである。ドル高是正に為替介入を考えている時にブンデスバンクにソッポをむかれればそれで終わりというわけである。これに対して，内海は次のように述べたという。「独連銀を入れることによって，例えばドイツから日銀にリークすることはないか」。内海は日銀から金融関係者，そしてメディアに情報が漏れることを心配したのである。これに対して，マルフォードは「すでにティートマイヤーはストルテンベルグ蔵相とペールドイツ連銀総裁には話をしている。しかしペールから下には，話は下りていない」。マルフォードはドイツの情報管理の完璧さに信頼感を示した[22]。

ドイツ連銀の独立性が高いことについて，ボルカーは次のように述べている。「基本的にドイツ連銀の独立性を高めているのは，物価安定を支持するドイツ国民の世論である。ドイツで物価問題をめぐりドイツ連銀と連邦政府が衝突すれば，連邦政府のほうが引き下がる傾向が強い。それはドイツ連銀が世論によって支持されることを連邦政府自身が知っているからだ。連邦議会も同様の思考方法をもっている。そうした環境では，中央銀行の独立性を維持することははるかに容易である[23]」。

これに対して，日銀の澄田総裁がこの計画を知ったのは，プラザ会議の始まる僅か4日前の9月18日である。この日，大場財務官が日銀に澄田総裁を訪ね，直接この会議のことを説明した[24]。事の重大さを初めて知らされた，澄田はプラザ会議の前日，9月21日に竹下蔵相らと共に，ニューヨークに向けて慌ただしく出発することになる。

第4節　プラザ合意

9月22日に，ニューヨークのプラザホテルの2階にあるスイートルーム「ホワイト・アンド・ゴールドの間」に先進5ヶ国の財務相，中央銀行総裁が集まった。日本側からは竹下登蔵相，澄田智日銀総裁，大場智満財務官，通訳の近藤健彦副財務官の4人，アメリカからはジェームス・ベーカー（James A. Baker）財務長官，ポール・ボルカー（Paul Volcker）連銀議長，ダーマン（Richard Darman）財務副長官，マルフォード（David C. Mulford）財務次官補，西ドイツからストルテンベルグ（Gerhard Stoltenberg）大蔵大臣，ペール（Kahl Atto Pohl）ドイツ連銀総裁，ティートマイヤー（Hans Tietmeyer）大蔵次官，イギリスからローソン（Niegel Lawson）大蔵大臣，レイペンバートン（Robin Leigh-Pemberton）英蘭銀行総裁，リトラー（Geoffrey Littler）大蔵次官，フランスからベレゴヴォワ（Pierre Beregovoy）大蔵大臣，カムドシュ（Michel Camdessus）中央銀行総裁，ルベック（Daniel Lebegue）大蔵省国庫局長，それに仏語通訳者，が出席した。

会議に先立ち，日本もヨーロッパもアメリカが本当に為替放任政策を転換するのかどうか疑心暗鬼であった。会議当日の朝，竹下の泊まる部屋で最後の打ち合わせが行われたが，大蔵省幹部の意見は分かれた。当日出席した4人以外に，大蔵省側として行天豊雄国際金融局長，畠山調査企画課長，小滝徹国際金融局短期資金課長補佐，渡辺裕泰大臣秘書官，それに内海孚駐米公使，日本銀行側からは緒方四十郎理事，菅野明外国局長，丸磐根総裁秘書役，の総勢12人が集まっていた。どの辺までの円高なら許容範囲かに関心が集まった。日本側の関心はドル高是正にあり，将来円高になって日本が困ることは考慮されなかった。7年前に176円を付けた経験があり，200円までなら，というのが当時の全体の雰囲気だったようである[25]。行天豊雄国際金融局長は，アメリカが為替介入にどこまでコミットするかは怪しいとし，内海駐米公使はアメリカの方向転換を述べた[26]。

プラザ会議はベーカーの到着が遅れたために，予定より45分遅れの11時30分から始まった。このプラザ会議では，「ノン・ペーパー」で行われたが，A4用紙で2ページにまとめられものが配付された。その内容は，ドルを10〜12％下落させる，そのため各国は180億ドルを使う，具体的介入については，当初ア

メリカ，ドイツ，日本がそれぞれ介入負担の4分の1を負い，仏，英が8分の1を負担する。それが，G5では米国が30%，ドイツ25%，仏10%，英5%の負担に修正された。決まった内容は①レーガンは増税に反対したままであったが，赤字削減に努力する，②日本は市場開放し，円の上昇を許容する，③西ドイツは減税と改革の継続，④参加国はマクロ経済を調整し，保護主義に抵抗する[27]。

プラザ合意の意義をローソンは「広報が非常にうまく協調され，主要国の協調が明らかになり，世界中の金融・経済的信頼関係が強まった[28]」ことであるとまとめる。まず，竹下大蔵大臣が円の10%以上の上昇を許容すると発言し，これで参加者は大いに安堵した。具体的に竹下は次のように発言したと，伝えられている。「6年前，私が大平内閣の蔵相に就任したとき，円は1ドル＝242円でした。私が蔵相を辞任した時は219円にまで円高になりました。このため，私は日本では円高大臣と呼ばれたほどです。今回は円が1ドル＝200円までの円高にならない限り，私は蔵相を辞めません[29]」。ボルカーは次のように振り返っている。「会合で私が最も驚いたのは，その後総理大臣になった日本の竹下登大蔵大臣が円の10%以上の上昇を許容すると自発的に申し出たことである。彼はわれわれが予想していたよりもはるかに前向きであった。竹下大蔵大臣の態度が，他の参加者をも驚かせたことは確かであり，このことは会議の成功に非常に重要な影響を与えた[30]」。各国の関心は為替相場にあり，自国の通貨がターゲットになることを恐れていたから，竹下の発言は大いに参加者を安心させたというわけである。

この会議では金融政策について多くは語られず，為替相場が対外不均衡を是正するように調整されることが望ましく，各国がドル以外の主要通貨がドルに対してさらに上昇することが望ましく，そのために各大臣と総裁は協力しなければならない，というものであった。「ドル安が望ましい」ではなく，実際には「Some further orderly appreciation of main non-dollar currencies against the dollar is desirable」と宣言された[31]。ボルカーはこの会議で，金融政策についてはほとんど論じられなかった点については，大蔵大臣が同席する中で，金融政策は論じにくかった，と理解を示している[32]。ただ，この2ヶ月後に中央銀行だけの会合が，スイスのバーゼルで開かれ，プラザ戦略と為替・金融政策の関係について，専門家同士の技術的な意見交換が密かに行われた[33]。

このプラザ会議終了直後からドルは急落、円は急騰した。まず、最初に市場が開いたニュージーランドのウエリントン市場ではドルは239円から234円に下がったのを始めとして、香港市場、シンガポール市場と市場が開くたびにドルは低下傾向を示した。その後、実際に為替介入が始まると、ロンドン市場では230円までドル安になったが、日本市場では輸入業者のドル買いもあり、思うようにドルは下がらなかったが、日銀は必死でドル売りを実施した。当時実際に売買を実施した担当者は次のように回顧している。「当時はコンピューターもありませんでしたから、売買は、1枚1枚伝票を書いてそろばんを入れるという作業から始めるんです。それを1日何百枚も起こさなければならなかった。みんなで毎日遅くまで、まちがいのないように、一生懸命やっていました。連日、夜中までね[34]」。

当時大蔵省の官僚として、当時の日米関係をみてきた現日銀総裁の黒田東彦は、プラザ合意により、ドル安円高が急速に進んだことについて、次の3点を上げている。①当時多くの為替市場関係者は、ドルは明らかに実勢を超えた水準にあると認識していた。②それまで、秘密裏に進められていたG5が、この時は初めて声明文をマスコミに向けて大々的に発表され、為替市場に大きなインパクトを与えた。③100億ドル以上の協調介入が実施された[35]。

第5節 日銀の反発

しかしながら、その後はドルは216円までに下がったものの、215円前後の膠着状態にあった。そこで、日銀は円高を促進するために、10月24日、大蔵省、アメリカと何の相談もなく独自の判断で、短期金融市場の高め誘導を実施する。

これは、プラザ会議で金融政策についての十分な話合いがなかったことの結果でもあるが（これはこの時期日銀が独自の判断で動いた唯一の例である）、この突然の金融引締めは各国にとって驚きと捉えられ、アメリカ側からは協調政策に反するものと厳しく問いただされた。大場財務官も「これは円高基調を定着させるための政策努力であり、円高が定着すれば政策スタンスもおのずから内需振興に重点が移る」と各国に弁明しながらも、日銀のこの突然の金利高め誘導に大いに戸惑った。この点について、当時日銀理事として国際金融を担当していた太田赳は次のように述べている。「この時の市場金利高目誘導については、必ずしも日銀内部で十分に議論をつくして実施されたものではなく、

どちらかといえば市場調節オペレーションの一環として円安是正策に結び付けて行われたものであったこと、また、プラザ合意で国際協調を謳い上げた直後であったにもかかわらず、この高め誘導については事前に関係国に対し格別の連絡もなしに行われたこと等から、私としては現在なお若干釈然としないものが残っていることは否定し得ない[36]」。

この突然の引締め政策は、佃亮二営業局長と三重野副総裁を中心に決定され、澄田総裁が応じたものであり、日銀の独立性と金利引上げへの強い思いが伝わってくる[37]。この短期金利高め誘導について、大蔵官僚OBは、日銀の外圧に対するフラストレーションの表れであった。自分たちの知らないところで、プラザ戦略が決められ、金融政策までもが、割り当てられている。そんなに円高がほしいなら、ひとつ思い切ってやってやる、文句がないだろう。そういった日銀内部のマッチョ行動であった、と述べている[38]。

この日銀の独自の高め金利誘導策は、外為市場に大きなインパクトを与え、債券市場は暴落（長期金利は上昇）した。この時期、アメリカが円に集中して、ドル売りを実施していたので、この日銀の突然の金融引締めはその後の円高を定着させるきっかけとなった。滝田は「日銀国内派が過熱する債券市場に水をかけるために実施した政策が、結果として円高傾向を確定する役割を果たしたのだ。政策当事者の意図とかけ離れた経緯だった。歴史の狡知というほかない[39]」と述べる。

これ以降円高傾向が定着した。ドルは思惑どおり下落し、10月末にはドル相場はプラザ会議前に比べて円相場で13％、マルクに対して10.5％のドル安となり、プラザ合意の10〜12％のドル安作戦は成功した。しかしながら、アメリカの貿易赤字は1986年になっても増加を続けた。ベーカーはそれに対して一層のドル安を求めた。これについて、ボルカーは、インフレの危険から大いに不満であった。日本、ドイツが内需拡大を行わないことへのベーカーの強い不満の裏返しであったと考えられる。ボルカーとペールは対外不均衡に関してはドル高是正を考えており、プラザ合意に異論はなかった。ただ、2人とも急激なドル安（フリーフォール）には懸念を持っており、市場に任せるのではなく、各国のマクロ経済調整において秩序立ったドル安を進めるべきであると考えていた。急激なドル安はアメリカ国内にインフレの火種をまくことであり、また海外からの資金流入を抑制し、アメリカの長期金利が上昇することを恐れていた。

ドル安は増大する貿易赤字はアメリカの望むところであるが，当時アメリカは国内景気の悪化から金利引下げを考慮しており，その時に日本が金利を引き上げれば，日米金利差拡大となり，ドルは急落する可能性がある。ドル安は歓迎であるが，ドルの暴落は困るのである。日銀はその点が読めなかったようである。

　貿易赤字が減少しないことに苛立つアメリカは，さらなる内需拡大を求めてきた。こうした中で，12月18日に，中曽根総理大臣が経済審議会の総会で「日米間で協調しながら，公定歩合を下げて行くべき時期にきた。いっせいのせいで下げれば，世界経済にもいいはず。」と発言，さらに翌日の参議院の審議会でも同種の発言をし，野党からは「日銀の専管事項である，公定歩合の上げ下げに首相が言及するのは越権行為ではないか」と批判される。しかし，これに対して，中曽根は「公定歩合の個々の操作は，現場の日銀が行うが，財政・金融政策の方向は内閣が決める」と反論する[40]。また，この中曽根発言については，他国の中央銀行から，中央銀行の独立性を脅かすものであると批判された。日銀の独立性が微塵も感じられない出来事であり，その後の1997年の日銀法改正となる道筋を作った。

第6節　宮廷の反乱（ベーカーのボルカー追放劇）

　さらに，86年2月24日には，FRB内部でも抗争が起きた。11月中間選挙を控えたレーガン政権は，当時かげりを見せたアメリカ経済の回復に強い関心を抱いており，金融緩和を望んでいた。レーガンの任命した2人の新しい理事，マニュエル・ジョンソン（Manuel Johnson）とウェイン・エンジェル（Wayne Angel）は公定歩合の安易な引下げに抵抗していたボルカー総裁の反対を押し切り，副議長のマーティン（Preston Martin）の意向を受けて，公定歩合引下げを推進した。結局，理事会では4対3で引下げが可決された[41]。このいわゆる「宮廷の反乱」は，その後ボルカーが日独に公定歩合の引下げを要求し，協調利下げとなることで，また副議長のマーティンが辞職することで収拾した[42]。ボルカーはFRB議長として，アメリカのインフレに厳しく対応して，その終息に成功していた。レーガン大統領は83年に議長としての任期が切れた時，彼のインフレとの戦いを評価して，議長再任を決めた。しかしながら，当時補佐官であったベーカーは，政策をともに進めて行くうえで，ボルカーを好ましく

ない議長と思っていた。確かにボルカーは大統領選挙直前の1980年9月25日に公定歩合を引き上げて、現職大統領カーターを追い詰めた実績がある[43]。

このようなボルカーに政治家ベーカーが危惧を抱くのも当然かもしれない。ベーカーは財務長官になると、ただちに理事選任の責任者となり、レーガン政権を支持する共和党支持者を刺客として理事に送り込んでいたのである[44]。ボルカーとベーカーは根本的に考えが異なっていた。ドル高是正を求めるベーカーに対して、ボルカーはドルの暴落、インフレを常に感じていた。ボルカーは「71年の金・ドル交換停止以降の経験で、ドル安が制御不能になった場合の困難が身に染みていた[45]」。インフレ、ドル暴落をつねに持ち出すボルカーはベーカーにとってはまさに目の上のたんこぶであった[46]。ボルカー自身も次のように述べている。「抜き打ち的な表決で私を打ち負かそうという合意が、レーガン政権に指名された理事会メンバーのなかで形成されていた[47]」。当然のことながら、ボルカーはこの理事会の反乱を受け、自らのリーダーシップに自信を失い、ベーカーに議長の辞任を申し出た。しかし、この時、ベーカーはボルカーに対して強く慰留するという、予想とは全く反対の行動にでる[48]。ベーカーがこの段階になって彼を慰留したのは、すでにレームダック（死に体）になったボルカーを議長に据えておくことのほうが、彼にとって得策と判断したからである[49]。ここでも、ベーカーの政治家としての強かさが見て取れる。

結局この事件は、ボルカーが各国に協調利下げを求めるという形で落ち着いた。アメリカの経常収支が改善しない中で苛立つベーカーと、あくまでもアメリカ独自での金利引下げに反対したボルカーとの妥協であった。日本はこの協調利下げをすんなりと受け入れるわけだが、ヨーロッパは概して、金利引下げには反対であり、アメリカの財政の改善を求める声が強かった[50]。

第7節　円高不況

ベーカーは、なかなか減少しない経常赤字を減らすために、各国にさらなるドルの下落を求めてきた。86年3月には1ドル＝174円と円が戦後最高値を付けるに及び、日本国内では円高不況が懸念された。

(1) ベーカーと竹下・澄田会談

ベーカーは大蔵大臣、日銀総裁との会談を通じて、積極的に日本に利下げ要

求をする。86年4月8日に竹下・ベーカー会談，4月9日に澄田・ベーカー会談が開かれる。両会談の結果，4月21日に日米協調利下げが実施された。アメリカは0.5％引き下げて，6.5％とし，日本もアメリカと同額の0.5％引き下げて3.5％にした（章末資料を参照）。アメリカ側は，この引下げを1月にロンドンで開催された5ヶ国蔵相会議（G5）をきっかけに打ち出された各国の内需拡大の一環として捉えている[51]。日本の公定歩合は3.5％になる。竹下大蔵大臣もこの引下げについて，「日米協調の一環として実施されたものであり，4月上旬の訪米でベーカー財務長官と会談した際，金利引下げの環境にあることで同意していた」と淡々と述べている[52]。この利下げは政府の圧力を受けた澄田総裁の独自判断でなされたものであり，日銀内部には不満が残ったと言われている。

マスコミもこの連続3回にわたる公定歩合引下げについては，警戒感を示した。今回0.5％引き下げて，3.5％にしたことについては，アメリカの経済を助けるための国際協調政策の一環として評価しつつも，「すでに，低金利政策に対する警戒信号が点滅している。通貨供給量がかなり高い水準にある。だぶついた資金が低金利の預貯金を嫌って株式市場に流れ込み，株価は円高をよそに暴騰している。東京都心の地価も高騰し，大蔵省が金融機関に土地関連融資の自粛を求める通達を出したほどだ。いまのところ原油の値下がりや円高のおかげで，インフレ再燃の気配はない。だが，これ以上，金融緩和を推し進めたら，マネーゲームばかり助長し，日本経済を不健全な方向に走らせることにならないか[53]」。

竹下はベーカーとの会談に積極的に応じ，日本の円高不況を強く訴える[54]。また自民党内でも宮澤喜一総務会長を中心に中曽根政権の円高無策の経済政策が強く批判されるようになる。中曽根総理と竹下大蔵大臣はレーガンとベーカーに円の一層の上昇を防止するために協力を求める手紙を送ったが，議会の保護主義があまりにも強いので，対外収支における目に見える進歩がないかぎり，政府としては為替レート政策を変えることはできないと伝えてきた[55]。7月に衆参同時選挙を目論でいた，中曽根は必死に円高防止の要請をアメリカ側に行った。アメリカも急激な円高の危険性に理解を示し，ベーカーは「ドル高是正は十分行われた」と発言する。

ただし，これは日本からの依頼の結果とも言われている[56]。アメリカ側から

援護射撃があったことの証拠として，選挙後中曽根はレーガンに「お礼のメッセージ」を送り，松永駐米大使もベーカーに御礼の電話をしたことが記録として残っている[57]。円の急騰は抑えられ，自民党の圧勝で終わった。円高は真の国民の問題から離れて，当時最大の政治問題であり，次期総裁をめぐっての政争の具と化していた。それをマスコミが大きく騒ぎ立てたということであろう。この選挙に関して，行天は次のように記している「私にとって，企業と一般国民が円高のことはそれほど心配していないのに，世論を形成する人たちが，1971年と同様いつも騒ぎを続けている状況というのは，苛々することだった。これは，日本の円高に対するアレルギーが，1971年と86年の間で変わらなかったことを示すもので，私はかなり憂鬱になった[58]」。

(2) 第3次中曽根内閣

7月22日には第3次中曽根内閣が発足し，竹下に代わり宮澤喜一が大蔵大臣になる。積極財政を主張し，中曽根・竹下の円高無策を強く批判していた宮澤が大蔵大臣になったのは，一見不思議であるが，これは宮澤が宏池会の会長という政治面での実力者であるというだけではなくて，中曽根が彼の財政に対する知識の深さ，英語力，対外交渉力の高さを評価した結果である[59]。また，この円高無策批判は政治的ライバルを意識したものであり，宮澤の政治的立場を高めることにもなった，と考えられる。

日本の内需拡大がなければドル安を推進するしかない，というアメリカの立場に変わりはなかった。こうしたアメリカ側の強硬な姿勢に対して，もっとも大きな影響を受けたのは，日本銀行であった。日銀は200円を切ったころから，公定歩合を下げ続けた。公定歩合の引下げは円安を防止すると同時にアメリカ側の内需拡大要請に応えるためであった。こうした政府の態度に日銀には当然ながら不満があった。大蔵省は自分たちがとるべき財政政策をとらず，日銀にのみ負担をかけようとする。当時の大蔵省の基本方針は財政再建であり，財政を内需拡大に使うことはできなかった。この時期，財務省はなかなか減らない貿易赤字に苛立つ議会からは，強い圧力を受け，他方ではFRBからさらなるドル安はインフレを招くと，ドル安政策には反対の意向を示されていた。また，日本もドイツも景気浮揚策には難色を示した。この困難な状況を打開するために，ベーカーは直接交渉を始めるようになった[60]。ベーカーは新たに大蔵大臣

に就任した宮澤に強い関心を示し，彼との会談を強く望んだ。ベーカーは宮澤の政治家としての能力を高く評価していた[61]。

(3) **宮澤・ベーカー会談（86年9月6日および87年1月21日）**
　こうした状況下で，86年10月にベーカーは宮澤大蔵大臣とサンフランシスコで2ヶ国会談を実施し，10月31日には，日米蔵相共同声明が発表された[62]。その主たる内容は，日本は大規模な財政支出と一層の金融緩和を行うことにより，現在のドル・円レートは基礎的条件に見合うものであると認める，ことであった。具体的には，日本が3兆6,000億円の総合経済対策実施のために，補正予算を組む，11月1日から公定歩合を3.5％から3％に下げる（第4次公定歩合引下げ），アメリカ側はドル安誘導を止める，というものであった。この公定歩合引下げについては，記者会見で，宮澤は「澄田総裁がそういう問題意識を持ちながらご自分で判断を固められ，次官，三重野副総裁等が相談され判断されたようだ」と答えている[63]。宮澤が言いたいのは，金利の引下げは日銀が独自で判断したと，いうことであろう。しかし，この第4次公定歩合引下げおよび次の第5次公定歩合引下げは，「米国の国内政策に合わせた宮澤と大蔵省が，同省出身の日銀総裁，澄田と気脈を通じて実行したものだという議論がなかば常識と化している[64]」というのが実情であろう。宮澤が澄田に直接，要請し，澄田がそれに応じたということである。
　3兆円を超える総合経済対策も真水の部分はほとんどなく，また87年度の予算案は緊縮型のものであったことから，アメリカは日本の内需拡大政策に大いに不満であった。88年の大統領選を迎える中で，減速するアメリカ経済に不安を覚えるベーカーは87年1月には口先介入をしばしば実施し，ドル安容認を繰り返した。その結果，円は上昇し，150円を切った。そこで，87年1月21日に宮澤蔵相は単独でワシントンに乗り込み，ベーカーと会談する。しかしながら，この会談も宮澤の必死の思いにも関わらず，その効果はほとんどなかった[65]。この会談に立ち会った当時の駐米公使大須敏生は次のように述べている。この会談直後の記者会見で，「記者の1人が『これで円高の進行に歯止めがかかりますか』と質問する。大臣は微笑んで『それはそうですよ』とお答えになる。しばらく問答が続いた後，階下の部屋で電話していた別の記者が駆け戻って来て，『大臣，今東京では151円がつきました。円高が進んでいますよ』と叫ぶ。暫時

絶句された大臣のまさに憮然とした表情は、いまだに忘れることができません[66]」。

第8節　ルーブル合意

ドル安政策はこの辺で止める，黒字国の内需拡大を求める，この線を確認するために，87年2月21，22日にフランスのルーブルで会議が実施された。この会議からG5にカナダとイタリアが加わることになり，イタリア，カナダの蔵相が参加した。しかしながら，イタリアの蔵相，ジョバンニ・ゴリア（Giovanni Goria）はこの会議がアメリカ主導の会議であり，すでにG5国で合意されたものであることに不快感を示し，会議途中で帰国することになり，ルーブル合意は実質G6での共同声明となった。近藤によれば，86年1月のロンドンでのG5で，イタリアをG5に入れることが決まった。イタリアはプラザ合意のことを知らず，ドルを買い支えたことにより，大きな為替損を出し，ベッディーノ・クラクシ首相（Craxi Bettino）が，「イタリアをG5に参加させないのなら，イタリア内の米軍基地を閉鎖する」とレーガンを脅したとのことである[67]。

ドイツは減税を実施し，日本は財政支出拡大を約束する。日銀は，2月20日に公定歩合を3％から2.5％にすでに下げていた（第5次公定歩合引下げ）。この引下げは，すでに述べた第4次公定歩合引下げと同様に，中曽根―宮澤大蔵大臣―大蔵省財務官のラインで決定され，日銀は何も抵抗できなかった。この時，利上げ派の三重野副総裁は北京で日銀幹部からの電話を受けて，激しい怒りの声を上げて泣いていた，という証言もある[68]。この会議ではアメリカ側は88年度の財政赤字をGNPの2.3％にまで削減することになった。しかし，このアメリカの約束は果たされず，結果的には赤字はGNPの3.2％であった[69]。共同声明では，為替レートはほぼ経済の基礎的条件に合致することが認められたもの，対外不均衡は依然著しいものがあり，これですべて解決されたようなものではなかった。事実，ルーブル合意後もドルは下落を続け，3月には1ドル＝145円，4月には138円にまで上昇した。「ルーブル合意後の期間は，市場における不安定さが増大するにつれて頭の痛いものとなった[70]」。

アメリカの苛立ちは止まらず，日銀への金利引下げ要求は続く。87年4月にワシントンで開催されたG7において，ボルカ―議長は澄田総裁に執拗に利下げを求めた。この時は，さすがの澄田も要求を撥ねつけ，会談後，同席した日

銀の太田に「enough is enough だね」と憮然ともらした,と言われる[71]。

第9節　ブラックマンデー

　1987年になると,日本の景気も上昇に転じ,地価の高騰が心配されるようになる。87年頃から急上昇した,東京の地価は88年には大阪,名古屋へと波及していった。株も87年の夏には26,000円台を付けるようになった[72]。その背後ではマネーサプライが急増していた。当然のことながら,日銀内部では金融引締めへの転換が模索され始めていた[73]。しかし,当時の日銀理事であった,青木昭の証言によれば,9月30日にジョンソンFRB副議長から大場大蔵省顧問を通じて日本銀行に,日米の金利差を維持するために金利を引き上げないよう申し入れてきた,というのである[74]。このアメリカからの要請を受けて,三重野副総裁は10月16日の国会答弁で,今すぐ公定歩合を引き上げることはできないが,物価により重きを置いた慎重な政策スタンスをとる,と説明している[75]。アメリカでは,ボルカーから代わったグリーンスパン新議長は,9月には公定歩合を5.5%から6%に引き上げた。これを受けてドイツは巧妙にも金利引上げに動いた。しかしながら,このドイツの金融引締めに対して,ベーカーは国際協調を乱すとして強く非難する。怒ったベーカーはドイツに対して景気刺激策に協力しなければ米国はさらなるドル安を放任する,と宣言するが,それがマスコミにより大きく報じられ,市場は協調政策に綻びが生じたと判断する。

　金利先高期待と国際協調の乱れから,10月19日にアメリカから一斉にドル資金が引き揚げられ,それによって,株式,債券,ドルのすべてが暴落した。ニューヨークダウ平均は1日で508ポイントも下落した。大恐慌以来の株価大幅下落に対して,アメリカの証券市場は混乱し,売りが売りをよぶ展開となった。その後,フランス,ドイツ,日本が一斉に金利を下げたことにより恐慌を避けることができた。ドイツはその後,金利引下げに応じて,協調路線に戻ったが,88年7月には再び金融引締めに転じた。ドイツはすでにアメリカと決別していたのである。これに対して,日本は「大蔵省は四大証券に,ただちに大規模な株式買い出動をおこなうように意向を示した。…さらに大蔵省は株式の新たな買手として,特金やファントラを動員しようとした。その運用のガイドラインを緩和して株式購入を促進した…ブラック・マンデーの事後処理において,わが大蔵省の見せた獅子奮迅の働きは,日本のドルに対する過剰な思い入

れを世界に印象付けた[76]」。

ここからが，バブルの始まりである[77]。西ドイツは素早く反応。ドイツはブラックマンデー以降着実に金利を引き上げ（88年6月30日，8月25日に0.5％ずつ公定歩合を引き上げている），アメリカも公定歩合を引き上げている（88年8月9日に0.5％引き上げて6.5％としている）。日本が公定歩合引上げに着手するのは，89年5月である。その間，日本のみが2.5％の超低金利政策を2年3ヶ月も続けることになる（章末資料の年表を参照）。

日本銀行が，金融引締めに無関心であったわけではない。日銀理事であった太田は，87年9月のG10代理会議で，三重野副総裁の発言を引用しながら，「今直ちにインフレの危険が迫っているわけではないが，実体面の指標の強さを見ていると，火薬樽の上に座っているような感じを持ちはじめている。しかも，これまで湿っていた火薬が日に日に乾いてきつつあるのを感じる[78]」と述べている。

第10節　なぜ，金融引締めは遅れたか

すでに述べたように，88年夏にはドイツは大きく引締めに方向転換した。ドイツはマルク安を理由に公定歩合を7月と8月に0.5％ずつ2度引き上げて，3.5％の正常水準に戻した。他方アメリカもこの時期，公定歩合を0.5％引き上げて，6.5％にしている。日本では物価こそ安定していたが，マネーサプライは急増し，株式市場は過熱，労働市場は逼迫する状況にあった。なのに，日銀は金融引締めに転じることはなかった。日銀理事の太田も「今となってみれば，日銀としては，この時期に金融政策の舵取りをもう少し大きく引締めの方向に切っておくべきであったということもできようが，88年夏場での円相場の小康持続，特に88年10月央以降再び円高方向に推移した為替市場の動向と，終始一貫した物価の安定持続の下では，なかなかできない相談であった[79]」と回想している。

澄田総裁は同じ大蔵省で1年後輩にあたる宮澤から常に無言の圧力を受けていたようである[80]。ここで，先輩が後輩の言いなりになるとは，考えられないという見方があるかもしれない。しかし，愚直で「正直者のクマさん」というニックネーム[81]をもつ純粋培養のエリートバンカーと百戦練磨の政治家とでは，勝敗ははっきりしている。事実，澄田が「あの人は宏池会ですからねえ」と不

快そうな表情で呟くことがあった，そうである[82]。すでに述べたように，日本銀行内部にはインフレを懸念する三重野副総裁をはじめとする国内派と国際協調を優先すべきとする国際派があり，後者はつねに利上げの機会をうかがっていた。

当時，日銀の金融政策を取材していた記者は，日銀内部の様子を次のように語っている。「金融政策の取材のために，毎日のように日銀記者クラブと役員応接室の間を往復していた私の記憶では，86年の秋から冬にかけて，円ドル相場の安定のために利下げ環境にあると語る国際派の役員と，むしろ予防的な利上げの時期が近づいていると話す国内派の役員の両極端の意見が耳に入ってきた[83]」。

しかし，ブラックマンデー以降は国際派が「（日本が利上げすれば）世界恐慌の引き金を引く」と断定的に言えば，国内派は返す言葉がなかった。大蔵省などは，三重野副総裁を「国際オンチ」と批判したそうである[84]。また，政府筋からつねに日銀に対して，「あまり公定歩合下げに抵抗すると，三重野氏の総裁昇格に支障をきたす」という圧力がかかっていたという噂もある[85]。三重野副総裁に対する政府の圧力に対して日銀の役員たちは，次のように証言している。「『乾いた薪』の比喩を使って予防的な利上げの必要性を繰り返していた三重野に対し，『総裁には向いていない』とする大蔵省幹部や自民党筋の発言が，間接的な形で日銀の役員室に届いていた[86]」。確かに当時総裁人事は大蔵省，日銀のたすき掛けが慣行として行われており，次期総裁は日銀から出す番であった。それを大蔵省から出されたら，日銀としてはたまらない，だから，ここはおとなしく政府の顔を立てようとしたというのである。

日銀が金融引締めに転ずる目安はまず物価の上昇であるが，当時物価は大変安定していた。日銀の翁他は次のように述べている。「金融引締めへの転換を正当化する最もオーソドックスな論拠は，インフレ圧力の存在であるが，現実の物価が極めて安定していたことは金利引上げの必要性に対する認識を弱めた。例えば，米国，ドイツが相次いで金利引上げに踏み切った1988年夏の時点では，わが国の物価は卸売物価でマイナス0.7％（前年比7〜9月），消費者物価で0.2％（同）と極めて安定していた[87]」。需給の逼迫傾向にもかかわらず物価が上昇しない理由として，当時しばしば指摘されたのは円高やNIES諸国からの製品輸入の増加による「輸入の安全弁」効果であった[88]。物価が安定している

以上，日銀としてはどうしようもなかったというのである。

マネーサプライが急増していることに対して日銀はどのように考えていたのであろうか。日銀（1988）はマネーと物価の関係は，金融自由化による貨幣需要関数の不安定化および円高の効果によって希薄化していると論じる一方で，マネーサプライの増加は，実体経済の動向と比べて高めであることから，長期的に見て，経済成長に貢献せずに，物価上昇率のみを高めるリスクがあることは指摘している[89]。こうした中で，地価，物価は上昇傾向を強めていた。日銀の幹部はこの状況をどのように見ていたのであろうか。当時の日銀理事の1人，菅野氏は次のように述べている。「毎日，毎日マーケットを見ていると，いよいよ日本にも『2.5％の時代』が来たなと思った。株が高いのは東京市場が見直された証拠，異常な値上がりは日本に対する海外の評価が変わった表れとみていた。地価の上昇，オフィスビル需要など土地の生産性が高まった結果であり，それは日本経済への評価が見直された結果に違いないと感じた。いま思うと恥ずかしいし，自分も間違ったが，2年3ヶ月のうち最初の1年半くらいはそう信じていた[90]」。

澄田も自著の中で次のように回顧する。公定歩合を長期間，低い水準に据え置いたことについては，「何しろあのときは物価が落ち着いていましたから，踏み切りがむずかしいですね。物価でも上がり出せば別ですけれども，ずっと円高が進んで，円高によって物価が下がって，卸売物価などは前年よりも下がっていました。それから，消費者物価も零コンマいくつぐらいしか上がらないですよ，年間に。だから，きっかけがないんですよ」，また地価については，「地価が上がりかかっていたのは事実ですが，まだバブルなどといわれない時代でしたが，地価を基準にして金利政策を考える，どうしてそういう考え方が出てこなかったかといわれると，私も何といっていいかわからない。要するにそういう考え方は，まだ出てこなかったということなんですよ。だから，申しわけないといえば申しわけないんですけれども」と，答えている[91]。セントラルバンカーの発言としては，いささか心もとない感じがする。

国内派，金融引締めの強硬派といわれる三重野は，1986年10月3日の衆議院予算委員会で，カネ余り現象に懸念を示し，すでに公定歩合は戦後最低であり，これ以上の金融緩和はないと，第4次公定歩合引下げを明確に否定している[92]。しかしながら，日銀理事で三重野と同じ国内派といわれる鈴木は次のようにも

証言している。「こんな低金利政策、そして銀行や証券の前のめりの姿勢を放っておいたらえらいことになると言っていたのは、…理事では佃、青木さんです。…三重野さんもその一人だから、『心配だな。だけどな』と言うわけよ。『だけどな、アメリカさんが相手だからね』と。とにかくアメリカさんとこっちが交渉するんじゃなくて、アメリカさんの圧力が政府経由でこっちにかかってくるんだからね[93]」。また、次のようにも言っている。「太田さん（太田赳日銀理事、国際派）を中心に、とにかく日本が金利を上げたら、ブラックマンデーの再来になる。日本が金利を上げないというから、国際金融はいま平穏になっている。…その背後には、宮澤大臣が立っている。…だから、ちょっと円卓で（金利引き上げを）ちょろっと出すぐらいのことはしたけど、全然。何をばかなことを言っているかと[94]」。金融緩和の継続はどうしようもなかったというわけである。

　バブル期に大蔵省財務官であった行天豊雄も、「今から考えても、86～87年頃の円高問題についての国内の議論というのは、もう99％政治問題だったような気がしますね。ご承知の通り、中曽根政権がいろいろとあって。ですから、恐らく私に限らず、何せ金融政策にかかわっていた者とすると、何ていうのかな、もう、最初からそういうものに抵抗するという気力がないというか（笑）、情けない話なんだけども、何かもうそういう、しょうがないと言ったらいいのか、天の声と言ったらいいのか、何しろ例えば総理大臣からしょっちゅうお呼び出しがかかって、『おまえ何とかしろ』という話ですわね[95]」。金融政策は政治が決めるというわけである。

　日銀が金融引締めに入るのは、89年になって、アメリカ、ドイツが相次いで公定歩合を引き上げて、日米の金利差が拡大し、アメリカへの資金流入が確保されたと判断された89年5月のことである。日銀は5月29日に待望の公定歩合引上げを実施し、0.75％引き上げて3.25％とした。87年2月20日に2.5％に引き下げて以降、2年以上にわたって2.5％という当時にしては超低金利状態が続いたのである。西ドイツはとっくに低金利状態から離脱しているというのにである。この久々の公定歩合引上げについては、政治の弱体化により、日銀はその無言の圧力から解放された結果であるという穿った見方もできる。1988年12月には税制改革六法案が国会を通過し、翌89年4月より消費税が実施され、同時に東京地検のリクルート事件の捜査が完了し、国民の政治不信は高まり、竹

下総理の退陣が明らかになった。その結果，政府の日銀への圧力が衰退したので，澄田総裁は安心して金利に踏み切ったというのである[96]。

第11節　むすび

　小さな政府と市場重視主義を標榜して新たな経済政策に着手した第1次レーガン政権（1981-85年）は，結果的にドル高と経常収支および財政のいわゆる双子の赤字をもたらした。基軸通貨としてのドルを保有するアメリカは経常収支赤字の増加を許容した。ドル高はアメリカの財政赤字を支える側面を持ったが，他方ではアメリカ産業の輸出競争力を著しく低下させ，それが日米経済摩擦として大きな政治問題に発展した。

　これに対応すべく第2次レーガン政権（1985-89年）では，新たに財務長官に就任したジェームズ・ベーカーを中心に，ドル高是正を政策のトッププライオリティに置き，先進主要国，とくに日本に対して「国際政策協調」という名目の下に，為替市場への積極的介入を強く求めた。国際政治外交に長けたベーカーは，日本政府に，とくに竹下登，宮澤喜一に接触を図り，自国の政策意図を伝え，協力を求めた。

　アメリカ議会の強い保護主義圧力を背景に繰り出すベーカーの要求に日本の政府，官僚，政治家，および日本銀行は応じざるを得なかった。その圧力はドル高是正から内需拡大要求にウエイトが移り，財政支出拡大および金融緩和が強く求められるにいたった。しかしながら，当時の大蔵省は財政再建に強い意欲を持ち，その圧力に抵抗したので，そのしわ寄せは日銀に向かった。

　日銀は，アメリカ―日本政府―大蔵省というラインで降りてくる要請には応じざるを得なかった。当時の日銀総裁は大蔵省出身であったために，大蔵大臣の要請にあうんの呼吸で応じた。また総裁自身の実直な性格も大蔵省にとっては好都合であった。また，当時の金融政策の決定方法が現在とは大きく異なっていたことも日銀を追い込んだ大きな理由である。当時公定歩合を変更するためには，まず大蔵省の了解が先決であり，その後役員集会（通称，円卓：まるたく）にかけ，最終的に政策委員会に諮るという仕組み[97]になっており，制度的にも日銀は大蔵省の意向に逆らいにくかった。

　日銀として不幸であったことは，物価が安定していたことである。本文中で見たように「景気が良く，物価が安定している中で，国際協調と言われれば，

それに従うほかはない」，という当時の日銀関係者たちの言葉には十分同情の余地はある。しかしながら，マネーサプライは急増し，地価，株価が高騰している中で，彼らの弁明には疑問が残る。ブラックマンデー以降，ドイツは自国の経済を優先に，早めに引締めに転じたが，日本は国際協調の呪縛に縛られ，ずるずると緩和政策を継続することになる。アメリカの累増する経常収支赤字の原因をアメリカ国内の問題，とくに財政問題にあると強く批判した欧州に比べて，日本はそれを自国の問題として抱え込んだことも問題である。プラザ合意で竹下がまず先陣を切って，円高許容発言をし，アメリカ側に媚びを売ったのはその好例であろう。本稿で資料を整理した限りでは，日本が欧州のように問題を捉えていたとは思えない。国際政策協調のみを強く受け止めた日本政府および大蔵省は，アメリカの意のままに動かされたことがわかる。為替レートの上下落に右往左往した日本政府の姿が滑稽にさえ見えてくる。為替相場は中長期的には経済のファンダメンタルズによって決まることは，現在では国際金融の常識である。

　日銀も政府，大蔵省の圧力に自信をもって対抗できる，理論武装をしていなかったことも指摘されねばならない。マネーサプライが急増し，物価はたとえ表面的に安定していたとしも，潜在的には強い上昇圧力に晒されていたことを見逃し，資産価格の上昇を公平性の立場からしか見ることができなかったことは大きな反省材料である[98]。バブルは常に金融的現象であり，日本銀行の責任は重い。その意味でも金融政策の透明性の問題，市場に与える期待の役割，ルール政策を含む金融政策の制度設計について考えることは今後のわが国の金融政策を考える上で重要である。

【資料　関連年表】

1983年11月9日	レーガン大統領来日，日米円・ドル委員会設置に合意
1984年1月9日	日経平均，初の1万円台乗せ
2月23日	日米円・ドル委員会第1回会合
4月1日	大蔵省，為替先物取引の実需原則を撤廃，居住者のユーロ円債発行解禁
5月30日	「日米円・ドル委員会報告書」，「金融の自由化及び円の国際化についての現状と展望」を発表（大蔵省）
6月1日	主要金融機関，ディーリング（既発債売買）業務参入。大蔵省，円転換規制を撤廃，居住者向け短期ユーロ円貸付を自由化

11月6日	レーガン大統領誕生
12月17日	澄田智日銀総裁誕生
1985年2月3日	大統領主席補佐官のベーカーがリーガンに代わり財務長官に
3月28日	米上院本会議で対日報復措置要求決議（4月上旬には上院財政委員会で対日報復法案可決）
6月22日	竹下蔵相・ベーカー財務長官会談
7月23日	大場・マルフォード，パリ会合（第1回プラザ準備会合）
8月21日	大場・マルフォード，ハワイ会合（第1回プラザ準備会合）
9月15日	ロンドンG5代理会議（プラザ合意案分作成）
9月22日	プラザ合意
9月23日	レーガン政権，新通商政権を発表
10月24日	日銀，短期金利高め誘導実施
1986年1月18日	ロンドンG5（伊の参加問題討議。仏，米が前向き，日本も同調）
1月30日	日銀第1次公定歩合引下げ（5.0％→4.5％）
3月7日	米国，公定歩合引下げ（7.5％→7.0％）。
3月10日	日銀第2次公定歩合引下げ（4.0％→4.0％），西ドイツも同時引下げ
3月17日	円，1ドル＝174円80銭と変動相場制移行後の最高値更新
4月7日	「前川レポート」発表（内需主導の成長への転換を謳う）
4月8日	竹下・ベーカー会談（日本側は為替安定を求める）
5月13日	ベーカー長官，「ドルは円に対し十分に調整がなされたので，これ以上の切り下げは不要」と発言（日本の総選挙に向けた助け舟）
4月21日	日銀第3次公定歩合引下げ（4.0％→3.5％），米国も公定歩合を下げる（7.0％→6.5％）。
5月27日	日本の対外純資産が85年末時点で1,298億ドルと世界一に
7月6日	衆参ダブル選挙，自民圧勝
7月22日	中曽根内閣改造，蔵相は竹下登から宮澤喜一へ
9月6日	宮澤蔵相・ベーカー財務長官会談（サンフランシスコ）
9月19日	政府，3兆6千億円の総合経済対策を決定
11月1日	日銀第4次公定歩合引下げ（3.5％→3.0％），同日宮澤蔵相・ベーカー財務長官による為替安定の共同声明
1987年1月21日	宮澤・ベーカー緊急会談
1月28日	米国がプラザ合意以降，初のドル買い介入（NY市場，5,000万ドル）
2月9日	NTT株上場（初値160万円，87年中最高値318万円）
2月22日	ルーブル合意
2月23日	日銀第5次公定歩合引き下げ（3.0％→2.5％），同日ルーブル合意の共同声明

3月	安田火災がゴッホの「ひまわり」を53億円で購入
4月17日	米政府，日米半導体協定違反を理由にパソコン・カラーテレビ・電動工具に100％の報復関税
6月2日	レーガン大統領，FRBボルガー議長の後任にグリーンスパンを指名（8月11日就任）
6月9日	リゾート法公布（リゾート開発ブームの火付け役に）。大阪証券取引所，株先50スタート
8月末	日銀は市場金利高め誘導を開始
9月4日	米国公定歩合引上げ（5.5％→6.0％）
9月23日	西独レポ金利引上げ開始（3.60％→3.65％）10月7日（3.75％），10月14日（3.85％）
10月19日	ブラックマンデー（NY市場で508ドル安，マイナス22.6％の下落，日本では日経平均が3,836円安，マイナス14.5％の下落）
10月20日	各国は金融調節を緩和
11月6日	竹下内閣発足（蔵相は宮澤喜一続投）
11月20日	米政府・議会が財政赤字削減で合意
12月4日	西独など欧州協調利下げ
1988年1月4日	円，変動相場制移行後の最高値の1ドル＝120円45銭（プラザ合意以降の円高局面のピーク），日米欧が協調介入
6月20日	世界の商業銀行ランキングで上位5行まで邦銀（ビジネスウィーク誌）
6月30日	西独公定歩合引上げ決定（2.5％→3.0％）
7月5日	リクルート事件発覚
8月9日	米国公定歩合引上げ（6.0％→6.5％）
8月25日	西独公定歩合引上げ決定（3.0％→3.5％）
7月5日	リクルート事件発覚
11月9日	ブッシュ新大統領の誕生。ベーカー前財務長官は国務長官に
12月7日	日経平均，初の3万円台
12月24日	参院，消費税法可決（衆院では12月21日に可決）
1989年1月7日	昭和天皇，崩御
4月1日	消費税実施（税率3％）
5月25日	ブッシュ政権，スーパー301条の適用発表（日本のスーパーコンピューターなど）
5月31日	日銀，公定歩合引上げに転換（2.5％→3.25％）
12月17日	日銀総裁，澄田智から三重野康に交代，翌年よりバブル崩壊始まる。

（出所）滝田洋一（2006）および近藤健彦（2009）などより作成

【注】

1 最近,中央銀行の独立性,透明性,ルール,に関して,新しい研究が進められている。Chritian Matthes (2015), S. Morris and H. Song shin (2005), G. Tavlas (2015) など。この点は次の課題としたいが,その意味からも,ここで歴史的事実を明確に把握しておくことが重要と思われる。

2 このアメリカ側の強い要請により,日本の金融自由化は急速に進むことになる。この急速な自由化が過剰なマネーサプライの急増と重なり,後にバブルを発生させることになる。しかし,ここでは金融自由化の政治問題には触れず,後者のマネーサプライ増加についてのみ考察する。金融自由化とマネーサプライの関係については,伊藤隆敏他 (2002),第3章を,また金融自由化マネーサプライの増加が重なり,バブルを生むという点については,Shigemi (1995) をそれぞれ参照。

3 たとえば,吉川元忠 (1998) は,これが,マネー敗戦の始まりであると考え,当時の日米経済関係を次のように見ている。「日本は自らの貿易黒字の生み出した余剰をアメリカに注ぎ,アメリカはそのカネで好況を維持して日本の製品を買う。これがさらに日本の貿易黒字を膨らませる。乱暴な図式でいえば,日本は自分のカネで自分の製品を買い,それを貿易黒字と呼んでいたようなものである。…80年代に入って,ジャパンマネーが米国国債の大規模な取得に乗り出した結果,新たに形成された日米間のマネー関係は,基本的には貿易関係の裏返しといえるものであった。…日本は経常黒字の約半分を長期国債取得の形で安定的にアメリカに還流させていたことになる…この時期のアメリカが,日本をはじめ海外からの流入資金で経常収支の赤字を埋め,さらにその余剰分で自ら海外投資を実行するという,帝国循環が生じていた」(pp.54-56)。

4 船橋洋一 (1992) p.19。

5 船橋洋一 (1992) pp.75-76。

6 船橋洋一 (1992) p.78。

7 ダーマンはハーバードMBAで,40歳前半で理論,政策通であり,ワシントン随一の切れ者と言われ,官僚社会と権力政治を熟知していた。船橋洋一 (1992) p.31。

8 ポール・ボルカーと行天豊雄 (1992) p.351。

9 アメリカの対外政策を決定する当局者の立場には,通商派と資本重視派がある。前者はアメリカの産業界の利益代表で,輸出を促進,後者は金融資本市場を重視し,アメリカへの資金流入に関心を払う。当初は後者が強かったが,アメリカの産業のドル安を求める声が日増しに強くなった。吉川元忠 (1998) p.58。

10 ポール・ボルカーと行天豊雄 (1992) p.339。

11 ポール・ボルカーと行天豊雄 (1992) p.354。

12 近藤健彦 (1999) pp.4-5。

13 滝田洋一 (2006) p.165。

14 近藤健彦 (2009) p.45。

15 近藤健彦 (2009) p.45。

16 「日本記者クラブ会報」1986年1月7日，滝田洋一（2006）p.160。
17 船橋洋一（1992）p.33。
18 近藤健彦（2009）pp.47-49。
19 滝田洋一（2006）p.171。
20 近藤健彦（1999）p.11。
21 近藤健彦（1999）p.14。
22 滝田洋一（2006）pp.181-182。
23 ポール・ボルカーと行天豊雄（1993）。
24 滝田洋一（2006）p.190。
25 NHK取材班（1996）p.76。
26 船橋洋一（1992）p.38。
27 船橋洋一（1992）p.63，プラザ合意の声明文の全容（日本語訳）については，近藤健彦（1999）pp.20-25。
28 近藤健彦（2009）p.64。
29 船橋洋一（1992）p.43。
30 ポール・ボルカーと行天豊雄（1992）p.80。
31 黒田東彦（2005）p.80。
32 ポール・ボルカーと行天豊雄（1992）p.356。
33 船橋洋一（1992）p.48。
34 NHK取材班（1996）p.92。
35 黒田東彦（2005）pp.81-82。
36 太田赳（1991）p.105。
37 塩田潮（1992）pp.179-183。
38 船橋洋一（1992）p.208。
39 滝田洋一（2006）p.213。
40 塩田潮（1992）pp.184-185。
41 マスコミは，この3人にもう1人の理事，マーサー・シーガーを加えた4人を中国で反毛沢東の陰謀を企てた4人組になぞらえて，「FRBの4人組」と呼んだ。ウィリアム・シルバー（2014）p.372。
42 W.ナイカーク（1987）p.248。
43 この件について，ボルカーは次のように述べている。「公定歩合を上げるタイミングが大統領選挙の真っ最中だったというのは不幸なめぐり合わせでした。あの利上げがカーター敗北に一役買ったのかもしれません。…私の全キャリアの中でも，あれは最もつらいことの一つでした。カーターは私を任命してくれた人です。…とはいえ，私の個人的な考えや気持ちがどうであろうとも，あの時に公定歩合を上げないという選択はあり得ません。私にはなすべき使命がありました」。ウィリアム・シルバー（2014）pp.281-282。
44 B.ウッドワード（2004）pp.13-18。

45 「私の履歴書」日経新聞，2004年10月25日。
46 ボルカーは，1970年代のグレート・インフレーションと勇敢に戦った，英雄であり，高く国民の支持を得ていた。彼は世論を頼りにし，誠実，粘り強い人物であり，安易に「紙幣を刷る」政治圧力にはことごとく反対してきた。W. シルバー（2014）pp.8-9。
47 「私の履歴書」日経新聞，2004年10月26日。
48 クーデタの当日，昼食後にボルカーはベーカーに気持ちを伝える。2人の間では次のような白々しい会話が交わされた。「もう辞めようとしているところだ」「なぜだ」「FRB内で指導力を失ってしまったからだ」「ちょっと待ってくれ」。「私の履歴書」日経新聞，2004年10月26日。
49 滝田洋一（2006）p.234。
50 ポール・ボルカーと行天豊雄（1992）p.401。
51 朝日新聞夕刊1986年4月19日。
52 朝日新聞夕刊1986年4月19日。
53 朝日新聞，社説，1986年4月20日。
54 この時期，竹下はまた中曽根後の総理・総裁の座をねらっており，中曽根のロン・ヤスを中心とした華々しい外交能力に比べて，自分の国際経験の不足を身に染みており，その意味からも通貨外交に強い関心をもって臨んだという見方もある。船橋洋一（1992）p.179。
55 ポール・ボルカーと行天豊雄（1992）p.373。
56 宮崎義一（1988）は，この突然の発言は，ドル急落がアメリカ金利を上昇される懸念があったことも事実だが，「円急騰によって中曽根政権が蒙る政治的困難に対して…政治的助け舟を出したものであることも否定できないだろう」としている。p.73.
57 船橋洋一（1992）p.302。
58 ポール・ボルカーと行天豊雄（1992）p.374。
59 久保田勇夫（2008）p.29。
60 ポール・ボルカーと行天豊雄（1992）p.382。
61 船橋洋一（1992）p.304。
62 声明文の全容は，久保田勇夫（2008）pp.68-71に収録されている。
63 久保田勇夫（2008）p.62。
64 佐藤章（1998）p.335。
65 国会での予算審議を前に雪のワシントンに飛んだ宮澤の行動は，円高不況の直撃を受ける業界への政治的パフォーマンスであり，彼の真意とは異なる，という見方もある。船橋洋一（1992）p.208。
66 滝田洋一（2006）p.270。
67 近藤健彦（2009）p.90。
68 竹橋太郎（1992）p.17。
69 船橋洋一（1992）p.409。

70　船橋洋一（1992）p.389。
71　太田赳（1991）p.112。
72　バブル期の例としては，次のような出来事が象徴的である。86年11月のNTT株売却フィーバー，87年3月の安田火災によるゴッホの「ひまわり」の購入（53億円），90年5月の大昭和製紙の斎藤了英名誉会長によるゴッホの「ガシェ博士の肖像」の落札（8,250万ドル，約125億円，絵画競売史上最高値），およびルノワールの「ムーラン・ド・ラ・ギャレット」の落札（7,810万ドル，約119億円，同史上第2位）。89年9月ソニーによるコロンビア映画の買収（46億ドル），90年末松下電器産業によるユニバーサル映画の買収（61億ドル），89年10月，三菱地所によるニューヨーク，ロックフェラー・ビルディングの買収（8億4,000万ドル）；「日本人，ニューヨークの象徴を買収」（ニューヨーク・タイムズ），88年ごろにはロサンゼルスのダウンタウンの超高層ビルの半数は日本のものと言われた。杉田茂之（2002）。
73　鈴木淑夫（1993）p.92。
74　青木昭，証言，内閣府経済社会総合研究所（2011）。
75　1987年10月16日，参議院決算委員会，斎藤英三郎議員の質問への返答。
76　吉川元忠（1998）pp.90-91。
77　翁，白塚，白川（2000）はバブルの始まりは87年と見る。超低金利の継続，86年9月の「総合経済対策」（総事業費3兆6,000億円）と87年5月の「緊急経済対策」（6兆円）の2度にわたる大型の経済対策，NTT株売却86年11月で盛り上がる強気感，マネーサプライの増加テンポ，をその理由に挙げている。鈴木（オーラルヒストリ）も「（バブルは）ブラックマンデーのところから始まったと言っているんです。…なぜなら，BMのあとの対応が日本とドイツと違ったがゆえに日本でバブルが発生し，ドイツはバブルを抑えたんだからね。…87年のBM以降の永久低金利の神話が生まれたがゆえ，箍の外れた行動を金融機関と企業がとった。それで，バブルになった」と回想している。
78　太田赳（1991）p.113。
79　太田赳（1991）p.120。
80　澄田の経歴は華麗である。昭和15年東大法学部卒業，同年大蔵省入省，24年理財局外債課長，27年ベルギー大使館，30年フランス大使館，35年福岡国税局長，40年経済企画庁長官官房長，44年大蔵事務次官，47年日本輸出銀行総裁，54年日銀副総裁，59年日銀総裁。
81　島村高嘉（2014）p.134。
82　岸宜仁（1994）p.44。
83　佐藤章（1998）p.341。
84　岸宜仁（1994）p.50。
85　竹橋太郎（1992）p.17。
86　佐藤章（1998）p.344。
87　翁，白川，白塚（2000）pp.305-6。
88　例えば，日本銀行（1989）（1990）。

89 日本銀行（1988）は「最近のマネーサプライの動向について」と題する研究論文を掲載し，次のような結果を報告している。マネーサプライ，GNPデフレータ（対前年度比），実質GNP（対前年度比），名目金利の4変数から成るVARモデルによるシミュレーションを行い，次のように結論している。① マネーサプライが伸び率を高め始めてから約1年半後からGNPデフレータでみた物価上昇率が加速する，②）マネーサプライの増加率が天井に達して後，1年半後に物価もそれに応じて上昇，③実質GNPは当初は増加するが，その増加率は徐々に低下し，もとの増加率に戻る。また，他方で同じく日本銀行（1990）は，バブル期当時の支出における資産効果は大きくないという研究結果を報告している。

90 岸宣仁（1994）p.53。

91 澄田智（1992）p.115。

92 三重野はここで，高水準のマネーサプライに伴うカネ余り現象を背景に，株や土地，貴金属，ゴルフ会員権の他絵画まで値上がりしている事実を指摘している。日本経済新聞，1986年10月4日。また，彼は1989年12月に日銀総裁に就任した時の記者会見で，次のように述べている。「物価指数は落ち着いていますが，地価も物価であります。地価の上昇は，…法制，税制，その他いろいろな要因によるものとは思いますが，金融がその片棒を担いでいることは率直にみとめなければなりません。また地価上昇は，ひいては物価押し上げにもつながる話なので，金融面でも対応していかねばならないと思っています」。三重野（1999）p.204。

93 鈴木淑夫，証言，内閣府経済社会総合研究所（2011）。

94 鈴木淑夫，証言，内閣府経済社会総合研究所（2011）。

95 行天豊雄，証言，内閣府経済社会総合研究所（2011）。

96 竹橋太郎（1992）p.18。

97 翁邦雄（2011）p.67。

98 最近の研究は，金融政策が資産価格に与えることを指摘している。植村修一・鈴木亘・近田健（1997），本多（2013），S. Miyagawa and Y. Morita（2008, 2013）など。

第8章

金融危機と貨幣需要

　最近になって，先進主要国では金融政策におけるマネーサプライの役割をダウングレードするようになった。それは世界的なデフレ傾向の中で，マネーサプライと実体経済の間に有意な関係が見出せなくなったからである。わが国もその例外ではない。そこで，本章ではマネーと実体経済の関係は本当に崩れたのかを共和分という統計手法により分析する。対象となるのは，日本およびフィンランドである。とくに，両国は大きな金融危機を経験したが，そのような状況の下では貨幣需要はきわめて不安定となる。貨幣需要はなぜ不安定になったのか，その点に焦点を当てて分析を進める。

第1節　マネーサプライの位置付け

　かつて，ミルトン・フリードマンは産出高1単位当たりの貨幣量の変化と物価の変化の間には高い相関関係が存在し，その因果関係（貨幣量から物価）はさまざまな歴史的イヴェントや制度の変化によって説明される，と説いた[1]。先進主要国の中央銀行はフリードマンらマネタリストの影響を受け，1970年代に入り，マネーサプライを金融政策運営上の中間目標として位置付けるようになった。わが国では日本銀行は，1970年代の初めの大インフレを契機にマネーサプライを重視する立場をとり，1978年からはマネーサプライの代表的指標である，M_2+CDの対前年増加率の公表を開始した[2]。アメリカでは連邦準備銀行が1979年に10％を超えるインフレを抑えるために，貨幣供給量の増加率を目標にする政策を始めた。ドイツでも同様にインフレに対処するために，1975年にマネーサプライを目標とする政策を実施した。同国は流通現金と銀行預金を加えた，中央銀行貨幣（central bank money）という狭義のマネーサプライを目標にした。イギリスでは1973年末にM_3を目標とする政策を実施した。最近では各国とも金融政策におけるマネーサプライの位置付けを以前ほど重視して

はいないが，マネーサプライのもつ経済情報はなお重要であるとしている。例えば，欧州中央銀行は「2本柱アプローチ（two pillars approach）」をとり，マネーサプライに重要な役割を与えている。日本銀行も基本的にはマネーサプライの役割を認めているものの，1990年代後半からの日銀の政策にはマネーサプライを軽視する姿勢が見られる[3]。

　マネーサプライを重視する金融政策の運営が意味をもつためには，マネーサプライと物価および産出の間に安定した関係が存在しなければならない。図8-1は実質GDPと実質マネーサプライの散布図を示している。この図を見る限り，両者の関係は1997年ごろまでは安定した関係にあるように思われる。しかし，1997年以降はこれまでの関係を崩すような動きが両者の間に見られる。果たして，マネーサプライは実体経済と安定した関係にあるのか，もしないのならマネーサプライは金融政策運営において全く役に立たない指標となる。

　そこで，本章においては共和分（cointegration）の手法を用いて，マネーサプライと所得，物価の間に長期的な安定関係が存在するか否かを分析する。共和分とは，個々の変数が独自に変化するとしても，ある線形結合によって示さ

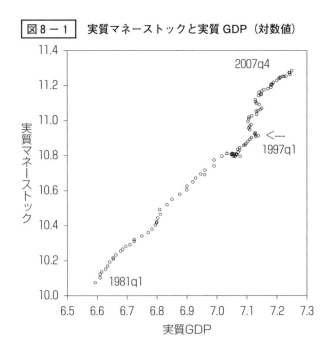

図8-1　実質マネーストックと実質GDP（対数値）

れる長期的関係を維持していることを意味する。例えば，消費関数の推定において，消費と所得は単位根を持っていたとしても，長期的には消費は所得のほぼ一定の比率になる，したがって消費と所得の各対数値の差は定常となる[4]。もっと直観的に説明すれば，複数の経済変数の間に何らかの1次の関係式が存在し，一時的に各変数がその関係式から乖離するとしても，長い目で見た場合に，元の関係に復帰し，その乖離が一方的に乖離し続けることがないことを意味する。

分析対象は日本および同じく金融危機を経験したフィンランドである。前半はわが国の場合について分析し，後半では同じモデルを用いて，フィンランド経済を分析する。

第2節　先行研究

短期金利が1995年以降きわめて低水準になったことを受けて，「流動性のワナ」は大変注目されている。これはもともとケインズ（1936）によって指摘されたものであり，貨幣需要は金利がある一定水準以下に陥った場合には，貨幣需要関数は横軸に対して水平になり，貨幣需要の金利弾力性は無限になるという考えである[5]。したがって，この状態の下では金融政策は無効になり，財政政策が優先されるということになる。貨幣需要の金利弾力性をめぐる議論は一時期，貨幣経済学者の重要な研究テーマであったが，その多くはその存在を否定するものであり，研究対象から外れるようになった[6]。しかし，最近になってこの議論はP.クルーグマン（1998）が日本の長期不況において流動性のワナの存在を指摘したことにより，改めて注目を浴びるようになった。クルーグマンは日本経済は流動性のワナに陥っており，そこから脱却するためには，インフレが生じなければならず，そのためには日銀がインフレターゲット政策を採用すべきと，主張した。彼によれば，現在の日本経済の現状は均衡実質金利がマイナスになっている，つまり貯蓄と投資がマイナス実質金利の点で均衡している，したがってその状況から抜け出るためには，投資が増加しなければならない。投資は実質金利の関数であるので，まずインフレ期待を高めることが重要である，ということになる。そこで，インフレターゲット政策の採用という提言に繋がるのである。

日本経済における流動性のワナの存在を研究したものとしては，McKinnon

and Ohno (1997), Plender (1997), Wolf (1998), Hondroyiannis, Swamy, and Tavlas (2000), Fujiki and Watanabe (2004), 宮尾 (2006), Nakashima and Saito (2006) などがある。Nakashima and Saito (2006) は共和分分析を行い, 貨幣需要を推定し, 1990年代半ばより貨幣需要の金利弾力性が上昇していることを指摘している。これに対して, Hondroyiannis, Swamy, and Tavlas (2000) は貨幣需要の金利弾力性はむしろ低下しているという反対の報告をしている。宮尾 (2006) は1975年から2002年までの四半期データを用いて, 貨幣需要関数の共和分推定をしている。共和分関係が存在しなければ, 日本経済はゼロ金利下限の流動性のワナに陥り貨幣の需給不一致が生じているという前提の下に分析した。その結果,「わが国の M_1 に関する需給一致関係は金利がゼロ％近くまで低下した最近時でも定義可能でありゼロ下限に到達するという意味での流動性の罠にはまだ陥っていないと判断できる」と述べている。

ただ, これらの先行研究はすでに前章で詳しく述べたように, 1990年代後半から急速に高まる金融不安の要因を考慮していない点が問題である。古典的貨幣数量説の教えるところによれば, 貨幣量の増加は $MV=Py$ という恒等式から導かれた貨幣需給均衡式, $M/P=(1/V)y$ の下で y が一定であれば, 一般物価 P の上昇をもたらす。マネーサプライの増加にもかかわらず, P が上昇しないのは, 貨幣の回転数を示す, 流通速度 V が低下しているからである。この低下は金利の低下によって説明することが一般的であり, 流動性のワナの存在に繋がるのであるが, 金融危機によって金融不安が大きくなれば流動性に対する需要は急増し, 貨幣の保蔵傾向は急上昇するはずである。その場合, たとえ現実のマネーが増加していても, 多くは保蔵に回り物価 P を上昇させることはない。そこで, 本章ではわが国の金融危機時にどの程度金融不安が高まったのかを量的に把握し, それがどの程度, 貨幣需要に影響を及ぼしたかを分析する。

第3節　通常の誤差修正モデル

まず, 実質マネーサプライと通貨保有の機会費用, および実質GDPの3変数間に長期均衡関係が存在するかを見るために共和分検定を実施する。マネーサプライとしては代表的指標としての M_2+CD, 通貨保有の機会費用としては, マネーサプライと他の金融資産の金利の差, 具体的には3ヶ月CDレートと10

第8章 金融危機と貨幣需要

表 8-1 共和分検定（現実のマネーサプライ）

	共和分		$rm = c0 + c1^*y + c2^*r$	
	p値（トレース検定）	p値（最大固有値検定）	$c1$	$c2$
1980q1-1997q2	$n=0 : p=0.0242^*$ $n=1 : p=0.1295$	$n=0 : p=0.0753^{**}$ $n=1 : p=0.533$	1.586	-0.0274
1980q1-1998q2	$n=0 : p=0.0178^*$ $n=1 : p=0.1056$	$n=0 : p=0.066^{**}$ $n=1 : p=0.292$	1.581	-0.024
1980q1-1999q2	$n=0 : p=0.0872^{**}$ $n=1 : p=0.1519$	$n=0 : p=0.254$ $n=1 : p=0.303$	1.588	-0.0363
1980q1-2000q2	$n=0 : p=0.1338$ $n=1 : p=0.1655$	$n=0 : p=0.3643$ $n=1 : p=0.3729$	1.538	-0.083
1980q1-2001q2	$n=0 : p=0.1709$ $n=1 : p=0.3573$	$n=0 : p=0.2459$ $n=1 : p=0.4468$	1.466	-0.1413
1980q1-2002q2	$n=0 : p=0.2238$ $n=1 : p=0.5137$	$n=0 : p=0.2301$ $n=1 : p=0.4444$	1.347	-0.233
1980q1-2003q2	$n=0 : p=0.1255$ $n=1 : p=0.5051$	$n=0 : p=0.1132$ $n=1 : p=0.4716$	1.458	-0.1432

**, * はそれぞれ有意水準5％, 10％での仮説の棄却を意味する。遅れ次数は3に固定した。

年物国債金利の差を用いる。次のような誤差修正 VAR モデル（Vector Error Correction Model : VECM）を考える。このモデルで，実質マネーサプライが機会費用の低下（上昇）および実質 GDP の増加（減少）に伴って増加（減少）することが期待される[7]。共和分検定は，ヨハンセンのトレース検定（trace detection）および最大固有値検定（max-eigenvalue detection）により行った。

$$\Delta rm(t) = c_{m0} + \alpha_m ect(t-1) \\ + \sum_{i=1}^{k} c_m^i \Delta rm(t-i) + \sum_{i=1}^{k} d_m^i \Delta y(t-i) + \sum_{i=1}^{k} e_m^i \Delta r(t-i) + \varepsilon_m(t) \quad (1)$$

$$\Delta y(t) = c_{y0} + \alpha_y ect(t-1) \\ + \sum_{i=1}^{k} c_y^i \Delta rm(t-i) + \sum_{i=1}^{k} d_y^i \Delta y(t-i) + \sum_{i=1}^{k} e_y^i \Delta r(t-i) + \varepsilon_y(t) \quad (2)$$

$$\Delta r(t) = c_{r0} + \alpha_r ect(t-1) \\ + \sum_{i=1}^{k} c_r^i \Delta rm(t-i) + \sum_{i=1}^{k} d_r^i \Delta y(t-i) + \sum_{i=1}^{k} e_r^i \Delta r(t-i) + \varepsilon_r(t) \quad (3)$$

$$ect(t) = rm(t) + \beta_y y(t) + \beta_r r(t) + const. \quad (4)$$

ここで,
> $rm(t)$ は実質マネーサプライ
> $y(t)$ は実質 GDP
> $r(t)$ は通貨保有の機会費用
> $ect(t)$ は誤差修正項

推定結果は表8－1のとおりであった。その結果は以下のように要約できる。
1. 標本期間が1998年以前においては,共和分が1個存在する。つまり実質マネーサプライ,実質 GDP および機会費用の間には長期均衡関係が存在する。また,経済学的に意味のある符号条件を満たしている。
2. しかしながら,標本期間を1999年以降に拡大した場合には,共和分の存在は確認できなかった。

マネーサプライと実体経済の関係が1998年以降のデータを含んだ場合に不安定になった理由としては1997年以降の金融不安の拡大がある。1990年代初めのバブル崩壊以降徐々に金融機関の体力を蝕んでいた不良債権問題が,97年の消費税引上げ,アジア金融危機の勃発を受けて,一挙に表面化し,大型金融機関の倒産をもたらし,金融システム不安が日本中に広がった。金融不安は流動性確保の不安につながり,企業,家計ともに予備的需要を増加させるようになった。その結果,マネーサプライに対する需要は一挙に拡大し,これまでのマネーサプライ,機会費用,実質 GDP の安定した長期関係を崩したと推測することができる。

第4節 金融不安変数の定量化

この推測を検証するために,新たな変数を考える。金融不安要因は心理的要因であり,目に見えるデータとして捉えることはできない。この心理的データを定量的に捉える方法の構築に最初に取り組んだのは木村・藤田（1999）である。彼らは日銀が四半期ごとに発行する「日銀短観」として知られる「全国企業短期経済観測調査」の資金繰り判断 DI（全産業・全規模合計）を用いて,観測不可能な変数,金融不安を定量的に捉えようとした。彼らの手法は次のように説明できる。まず,「資金繰り判断 DI」を「借入金利判断 DI」で回帰し,「金利」が低いにもかかわらず「資金繰り」が苦しい時,負のショックが経済に起きたと解釈する。次にこの負のショックの分散（不均一分散）を TARCH モ

デルによって定量化し，「金融不安」を捉える変数とした。

彼らは具体的に次のようなモデルを考えた。

$$DI_1 = \beta_0 + \beta_1 rate_t + \beta_2 rate_{t-1} + \varepsilon_t$$

ここで，DI_1は資金繰り判断を示すDIで，$rate_t$は借入金利水準判断を示すDIである。具体的には，金利の上下落判断を金利レベルに変換するために，次のように累積値で求められる。

$$rate_t = \Delta rate_{t-1} + \Delta rate_{t-2} + \Delta rate_{t-3} \cdots + \Delta rate_{t-n}$$

日銀は約10,000社を対象にアンケート調査を実施し，各種のDIを計算している。資金繰り判断に関するDIは，資金繰りが「楽である」，「苦しい」，「それほど苦しくない」の3個の選択枝を用意して，アンケートをとり，その中から「楽である」と答えた企業の比率から「苦しい」と答えた企業の比率の差として示される。借入金利水準判断を示すDIも同様に，金利について，「上昇する」，「低下する」，「変わらない」の3個の選択肢を用意し，上昇すると回答した企業の比率から「低下する」と回答した企業の比率を差し引いて求められる。

ε_tは誤差項であり，DIに及ぼす金利以外の予期せぬ影響を捉えた変数である。金融不安はこの誤差項の分散として捉えられる。次に，分散不均一性をもつ誤差項ε_tをモデル化するために，TARCHモデルを用いる。

$$\varepsilon_t | I_{t-1} \sim N(0, h_t^2)$$
$$h_t^2 = \alpha_0 + \alpha_1 \varepsilon_{t-1}^2 + \alpha_2 \varepsilon_{t-1}^2 d_{t-1} + \alpha_3 h_{t-1}^2$$

ここで，I_{t-1}はt-1期において利用可能な情報変数の集合を表し，d_{t-1}はε_{t-1}<0の時，$d_{t-1}=1$の値をとり，$\varepsilon_{t-1} \geq 0$の時に$d_{t-1}=0$をとるダミー変数である。このモデルでは，良いニュース（$\varepsilon_{t-1} \geq 0$）の場合，h_t^2はα_1の影響を受ける。一方悪いニュースの場合（$\varepsilon_{t-1}<0$）には，$(\alpha_1+\alpha_2)$の影響を受ける。この非対称性は金融不安が生じた場合には予備的需要を増加させ，金融不安が落ち着けば予備的需要を減少させる[8]。推定結果は表8-2に示されている。α_2以外のすべてのパラメータは有意であり，符号条件を満たしている。DI_tの上昇は金融緩和を，$rate_t$の上昇は金利の上昇を意味するので，$\beta_1+\beta_2$はマイナス値をと

図8－2 金融不安（木村他）

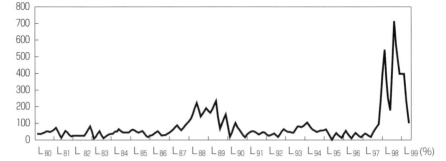

らねばならない。$\varepsilon^2_{t-1}d_{t-1}$の係数$a_2$はプラス値をとっており，条件付き分散は非対称であることが示されている。

しかしながら，その結果は必ずしも金融不安を的確に捉えているとは思われない。例えば，1980年代後半のバブル期に金融不安が増大しているかのように示されている。さらにβの推定値がマイナスとなっている。そこで，本章では$\varDelta rate$で回帰される$\varDelta DI$の増加率を用いて，EGARCHモデルによって$h^2(t)$の動きを捉えることにする。

$h^2(t)$は$\varepsilon(t)$の条件付き分散として捉えられる，金融不安変数である。その推定結果は以下のようであった。

$$\varDelta DI(t) = 0.0446 - 0.0037\varDelta rate(t) - 0.0236\varDelta rate(t-1) + \varepsilon(t),$$
$$(0.18) \quad (-0.37) \quad\quad (-2.26)$$
$$\log(h^2(t)) = 0.3565 - 0.7746\log(h^2(t-1)) + 0.2249\frac{|\varepsilon(t-1)|}{h(t-1)}$$
$$(1.21) \quad (4.26) \quad\quad\quad (1.08)$$
$$- 0.168\frac{\varepsilon(t-1)}{h(t-1)},$$
$$(-1.59)$$

ここで，カッコ内の値はt値である。

金融不安変数（h^2）の推移は図8－3で示される。金融不安は最初1992年から1994年に上昇していることがわかる。この時期はバブル崩壊直後の株，地価

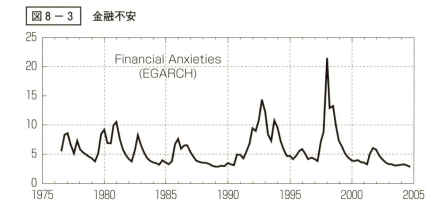

図8-3 金融不安

の急落により信用組合，協同組合等の小規模金融機関が破綻に瀕した時期である。1995年後半には，実質GDPが上昇し，公表された不良債権も減少に転じ，日本経済は緩やかな回復の兆しを見せる。1995年6月には，大蔵省は「金融システムの機能回復について」という報告書を公表し，当時の不良債権総額は40兆円（金融機関の総貸出の約4％に相当）であり，この不良債権の処理に不退転の覚悟で取り組むことを国民に約束した。さらに，大蔵省は80年代末のアメリカの金融危機後の金融システムの安定回復に成功を収めた，預金保険法の改革にならって2001年まで預金の全額を保護することを宣言した。これにより，金融システム不安は払拭された。

しかしながら，すでに前章で見たように，1997年の橋本内閣の財政構造改革を発端に，大規模金融機関の倒産が相次いだ。これにより，国民の間に金融不安が一挙に拡大した。これは，1998年のDVの急上昇に表れている。この急上昇も1999年には急速に低下する。これは，日銀および政府の金融危機に対する積極的政策対応を反映している，と解釈できる。日本銀行は1999年2月に無担保翌日物コールレートを0.01％にまで下げ，いわゆるゼロ金利政策を実施し，さらに2001年3月には量的金融緩和政策をとった。また，政府も1998年に1.8兆円，1999年に7.8兆円の公的資金を金融機関に投入した。

第5節　金融不安を考慮した誤差修正モデル

このモデルでは調整マネーを使う。それは実際のマネーより不安要因のために保有される，予備的需要を差し引いたマネーである。具体的に以下のように

定義される。

$$rm_{adj}(t) = rm(t) - k^*DV1(t)$$

ここで，$DV1(t) \equiv h^2(t+1)$である。

モデル1の(1)式から(4)式は以下のように書き変えられる。

$$\Delta rm(t) = c_{m0} + k\Delta DV1(t) + \alpha_m ect(t-1) + \sum_{i=1}^{k} c^i_m \Delta(rm(t-i) - kDV1(t-i))$$
$$+ \sum_{i=1}^{k} d^i_m \Delta y(t-i) + \sum_{i=1}^{k} e^i_m \Delta r(t-i) + \varepsilon_m(t) \tag{5}$$

$$\Delta y(t) = c_{y0} + \alpha_y ect(t-1) + \sum_{i=1}^{p=1} c^i_y (\Delta rm(t-i) - k\Delta DV1(t-i))$$
$$+ \sum_{i=1}^{p=1} d^i_y \Delta y(t-i) + \sum_{i=1}^{p=1} e^i_y \Delta r(t-i) + \varepsilon_y(t) \tag{6}$$

$$\Delta r(t) = c_{r0} + \alpha_r ect(t-1) + \sum_{i=1}^{p=1} c^i_r (\Delta rm(t-i) - k\Delta DV1(t-i))$$
$$+ \sum_{i=1}^{p=1} d^i_r \Delta y(t-i) + \sum_{i=1}^{p=1} e^i_r \Delta r(t-i) + \varepsilon_r(t), \tag{7}$$

ここで，$ect(t)$は誤差修正項であり，$(rm(t) - kDV1(t))$，$y(t)$および$r(t)$の3変数の長期均衡関係からの乖離幅を表す。kを含む(5)から(7)式のパラメーターは以下の基準で推定される。

表8－2　共和分検定（調整マネーの場合）

	k	共和分		$rm_{adj}=c0+c1^*y+c2^*r$	
		p値（トレース）	p値（最大固有値）	$c1$	$c2$
1980q1-1999q2	0.0143	$n=0:p=0.0002^*$ $n=1:p=0.0217^*$	$n=0:p=0.0025^*$ $n=1:p=0.0584^{**}$	1.569	-0.02
1980q1-2000q2	0.0144	$n=0:p=0.0024^*$ $n=1:p=0.0555^{**}$	$n=0:p=0.0144^*$ $n=1:p=0.1045$	1.629	-0.0332
1980q1-2001q2	0.0157	$n=0:p=0.0098^*$ $n=1:p=0.0809^{**}$	$n=0:p=0.045^*$ $n=1:p=0.1524$	1.671	-0.0608
1980q1-2002q2	0.0143	$n=0:p=0.0719^{**}$ $n=1:p=0.429$	$n=0:p=0.0703^{**}$ $n=1:p=0.5798$	1.701	-0.1211
1980q1-2003q2	0.0141	$n=0:p=0.0341^*$ $n=1:p=0.4369$	$n=0:p=0.0275^*$ $n=1:p=0.5185$	1.694	-0.1169

**，*はそれぞれ有意水準5％，10％での仮説の棄却を意味する。遅れ次数は3に固定した。

$$\min. \sum_{t=1}^{T} \{\varepsilon^2{}_m(t) + \varepsilon^2{}_y(t) + \varepsilon^2{}_r(t)\}, \quad \text{w.r.t. 未知のパラメーター} \tag{8}$$

推定方法は補論で示されるが，その推定結果は以下のようであった。現実のマネーから金融不安によって生じた予備的需要を差し引いた調整マネーを用いた場合には，標本期間を1998年以降に拡大してもなお共和分の存在が確認できた。共和分分析の結果は表8－2に示すとおりであった。表8－1には比較のために，不安要因を考慮しない場合の共和分分析の結果が示してある。

現実のマネーと調整マネーそれぞれの推移は図8－8に示されている。推定期間は1980年第1四半期から2003年第2四半期で，調整マネーは $rm(t) - 0.0141^*DV$ によって推定されている。1993年と1998年に見られる両者の大きな乖離は，金融危機に際して金融不安が増大し，その結果予備的需要が拡大した結果であると解釈できる。ここで，通貨保有の機会費用としてCDレートと10年物国債金利の差をとっているが，それを債券金利のみで代替させたとしても結果に大きな違いはなかった。債券金利を用いた場合には，調整マネーは $rm(t) - 0.0081^*DV$ として推定される。

図8－4 散布図（調整マネーと金利スプレッド）

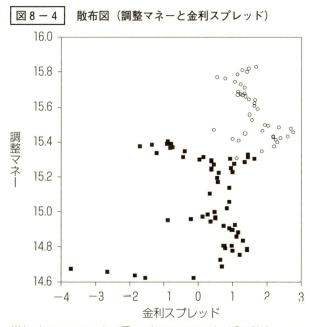

（注） （1980q1-1994q4）は■で，（1995q1-2004q3）は○で提示。

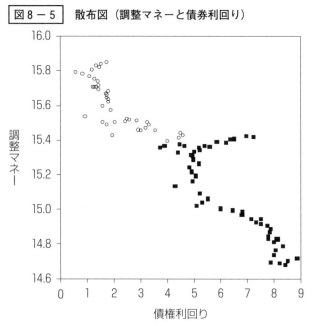

図8-5 散布図(調整マネーと債券利回り)

(注) (1980q1-1994q4)は■で,(1995q1-2004q3)は○で提示。

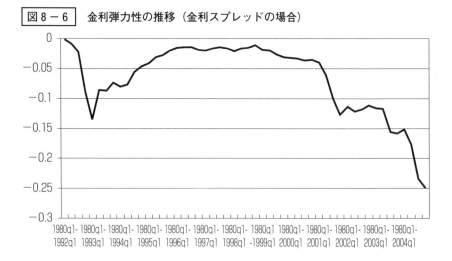

図8-6 金利弾力性の推移(金利スプレッドの場合)

金利と調整マネーの散布図は図8-4と図8-5に示される。散布図は1995年以前と以後で区別されている。表8-1で示した共和分ベクトルの推定値は金利および所得の弾力性を示しており、いずれも統計的に有意である。金利の

第8章 金融危機と貨幣需要　　239

図8-7　金利弾力性の推移（債券利回りの場合）

図8-8　現実のマネーと調整マネー

係数c_2はマイナスの値，所得の係数c_1はプラスの値をとっており，理論的に意味のある符号条件を満たしている。図8-6と図8-7は金利スプレッドをとった場合と債券金利の場合，それぞれの金利弾力性の時間的推移を示したも

のである。

　この図からは，金融危機が生じた1997年以降に金利弾力性が徐々に高まっている（絶対値の上昇）ことが見て取れる。このことは，1997年以降貨幣需要は金利に対して敏感になったことを表している。図8－6においては，金利スプレッドの弾力性は－0.03（1980q1-1997q1）から－0.25（1980q1-2004q1）に低下している。図8－7に示すとおり債券金利の場合も同様に低下しており－0.1周辺の値をとっている。ちなみに，レードラはアメリカにおける M_2 貨幣需要の短期金利弾力性は，ほぼ－0.12から－0.15の間にあり，長期金利弾力性は－0.2から－0.6の間にあると述べている[9]。この意味では2000年代初めまでに関する限り，貨幣需要の弾力性は高まっているが，それほど高いとは言えない。また，藤木・渡邉（2004）は標本期間：1980年第1四半期から2003年第2四半期において1995年第2四半期を境に前半と後半に分けて日本の1990年代の貨幣需要関数を推定したが，それによれば後半の期間では金利弾力性は高くなり，後半の期間では金利弾力性は－0.1近傍の値をとることを報告している[10]。

第6節　フィンランドの場合

　次に，フィンランドの場合について，同じく実質マネーストック，実質GDP，および貨幣保有の機会費用の3変数について，共和分分析を行う。貨幣ストック変数としては M_1 を用い，金利変数としては中央銀行ベースレートを用いる。モデルは日本の場合と同じく，(1)-(4)式の誤差修正 VAR モデルである。

　このモデルにより，1985年第1四半期を起点として，共和分分析を繰り返した。1985年第1四半期から1990年第1四半期までの期間では共和分の存在は確認されたが，標本期間をそれ以降に拡大した場合には確認されなかった。1985年第1四半期から1990年第1四半期までの共和分推定の結果は表8－3のとおりであった。共和分1個の存在が確認できる。しかしながら，それ以降に標本期間を拡大した場合には，その存在を確認することはできなかった。

　このように1990年代以降に共和分関係が崩壊したことは，わが国の場合と同様に1990年代初めの金融危機によって，予備的需要が急拡大したことの結果であると解釈できる。すでに，第3章で詳しく見たように，1991年から92年にかけてフィンランドを代表する金融機関が潰れたことによって，流動性確保に対

する不安が拡大し,それが予備的需要を急激に高め,その結果それまでの共和分関係が崩壊したと考えられる。ちなみに,標本期間を金融危機が一応収束したと見られる1993年を起点にして2000年までにして同じ変数で同様の共和分分析を行ったところ,再び共和分の存在が確認できた。金融危機が収束し,マネーと実体経済の関係が回復したためであると思われる。

表8-3 共和分検定（1985Q1-1990Q1）

固有値	0.66251	0.426471	0.145811
帰無仮説	$r_c = 0$	$r_c \leq 1$	$r_c \leq 2$
λ_{max}	22.81058*	11.67489	3.309654
$p(\lambda_{max})$	0.0288	0.1235	0.0689
λ_{trace}	37.79513*	14.98455	3.309654
$p(\lambda_{trace})$	0.0049	0.0596	0.0689

送出ベクトル（カッコ内は標準誤差）			
Δrm	-1.341633		
	(0.40738)		
Δy	0.072232		
	(0.25722)		
Δr	-12.45254		
	(11.7918)		

共和分ベクトル（カッコ内は標準誤差）			
rm	y	r	c
1.000000	-0.585315	0.014423	-4.34374
	(-0.057782)	(0.0034038)	

（注）ここで,*は有意水準5%での仮説の棄却を示す。
　　　$p(\lambda_{max})$と$p(\lambda_{trace})$はp値である。MacKinnon-Haug-Michelis（1999）による。ラグは3とする。

表 8-4　共和分検定 1993Q3－2001Q1（フィンランド）

固有値	0.608623	0.2497922	0.106369
帰無仮説	$r_c=0$	$r_c \leq 1$	$r_c \leq 2$
λ_{max}	29.08058*	8.832364	3.486326
$p(\lambda_{max})$	0.0031	0.3004	0.0619
λ_{trace}	41.39927*	12.31869	3.486326
$p(\lambda_{trace})$	0.0015	0.1423	0.0619
送出ベクトル（カッコ内は標準誤差）			
Δrm	0.043233		
	(0.18969)		
Δy	0.053062		
	(0.04715)		
Δr	－8.841928		
	(－2.72408)		
共和分ベクトル（カッコ内は標準誤差）			

rm	y	r	c
1.000000	－0.980057	0.027190	－0.566316
	(－0.1052006)	(0.0108492)	

（注）　ここで，*は有意水準5％での仮説の棄却を示す。
　　　　$p(\lambda_{max})$と$p(\lambda_{trace})$はp値である。MacKinnon-Haug-Michelis (1999) による。ラグは3とする。

　そこで，「金融不安」を考慮することによって，モデルの再推定を試みる。日銀の短観に相当するデータとして，フィンランドのビジネスサーベイデータ（以下 bbs_ec_sa と略す）を用いる。このデータの動向は図8-9aのとおりである。

第8章　金融危機と貨幣需要　243

図8-9a　ビジネスサーベイデータ u

図8-9b　金融不安 u⁻

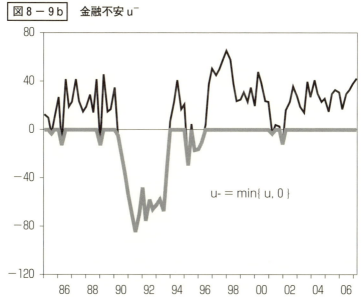

u- = min{ u, 0 }

日本の場合と異なり、サーベイデータを加工することなく、そのまま用いる。具体的には図8－9bに示すサーベイデータの太い線で示されたマイナス部分を、金融不安を表す変数として用いる。

$u = bbs\_ec\_sa$
$u^- = min\{u, 0\}$

ここで、調整マネーを新たに次のように定義する。

表8－5 共和分検定（調整マネー、1985q1-2007q1）

$(rm_{adj} = rm1 - 0.0035 * |u^-|)$

固有値	0.330345	0.130388	0.003925
帰無仮説	$r_c = 0$	$r_c \leq 1$	$r_c \leq 2$
λ_{max}	34.88633*	12.15465	0.342109
$p(\lambda_{max})$	0.0003	0.1050	0.5586
λt_{race}	47.38309*	12.49676	0.342109
$p(\lambda t_{race})$	0.0002	0.1346	0.5586
送出ベクトル（カッコ内は標準誤差）			
Δrm_{adj}	-0.301365		
	(0.08794)		
Δy	0.034651		
	(0.02046)		
Δr	-2.330606		
	(0.92829)		
共和分ベクトル（カッコ内は標準誤差）			
	rm_{adj}	y	r	c
	1.000000	-1.032981	0.057117	-0.116687
		(0.1040706)	(0.0083123)	

（注）ここで、*は有意水準5％での仮説の棄却を示す。
　　　$p(\lambda_{max})$ と $p(\lambda t_{race})$ は p 値である。MacKinnon-Haug-Michelis（1999）による。ラグは2とする。

第8章　金融危機と貨幣需要

$$予備的需要 = c0 + c1^* |u^-| \tag{13}$$

$$rm_{adj}(t) = rm1(t) - 予備的需要 \tag{14}$$

このように定義された調整マネーを現実のマネーに置き換えることによって，日本の場合と同様に(5)-(7)式の誤差修正 VAR モデルを(8)式の基準の下に推定した。

その結果，調整マネーは次のように求められた。

$$rm_{adj}(t) = rm1(t) - 0.0035^* |u^-(t)| \tag{20}$$

1985Q1-2007Q1における3変数，$rm_{adj}(t)$, $y(t)$, $r(t)$ の共和分推定の結果は表8-5のとおりであった。さらに，$c_1 = 0.0035$と固定することによって，標本期間を1995Q1から順次1四半期ごと拡大して同様の共和分推定を試みた。その推定結果の主なものは表8-6に示した。

表8-6 共和分検定（調整マネーの場合）

		共和分		$rm_{adj} = b_0 + b_1^* y + b_2^* r$	
	k (fixed)	p（トレース）	p（最大固有値）	b_1	b_2
1985q1-1995q1	0.0035	$n=0: p=0.0133^*$ $n=1: p=0.1594$	$n=0: p=0.0311^*$ $n=1: p=0.6092$	0.5482	-0.0659
1985q1-1998q1	0.0035	$n=0: p=0.0040^*$ $n=1: p=0.2662$	$n=0: p=0.0042^*$ $n=1: p=0.3699$	0.7817	-0.0714
1985q1-2001q1	0.0035	$n=0: p=0.0003^*$ $n=1: p=0.0993$	$n=0: p=0.0008^*$ $n=1: p=0.2275$	0.6554	-0.0731
1985q1-2004q1	0.0035	$n=0: p=0.0001^*$ $n=1: p=0.165$	$n=0: p=0.0002^*$ $n=1: p=0.1221$	0.8128	-0.0673
1985q1-2007q1	0.0035	$n=0: p=0.0002^*$ $n=1: p=0.1364$	$n=0: p=0.0004^*$ $n=1: p=0.1083$	1.014	-0.0583

以上の結果はたとえ，1990～1993年の厳しい金融危機の期間を含んだとしても共和分関係が成立していることを示している。現実のマネーと調整マネーは図8-10に示されている。推定期間は1985q1-2007q1であり，調整マネーは以下のように推定される。

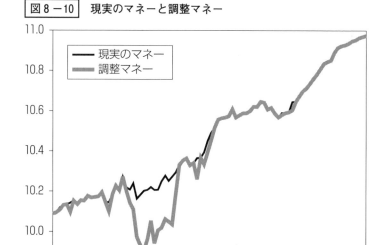

図8-10 現実のマネーと調整マネー

$$rm_{adj}(t) = rm1(t) - 0.0035^* |u^-(t)|$$

　この両者の貨幣ストックの差が金融不安によって引き起こされた予備的需要であると解釈できる。1990年から94年にかけてこの差が急拡大しているのが読み取れる。この期間中は著しい流動性不足が生じていることが分かる。貨幣ストックの供給が一定であれば，予備的需要の増加は経済活動に必要な取引的需要の減少を引き起こす。したがって，金融危機にあっては強力な金融緩和が必要であると言える。

第7節　むすび

　本章では，金融政策の運営上マネーサプライはどの程度重要かという観点にたって分析をすすめた。「インフレはいついかなる場所でも貨幣的現象である」という有名なフリードマン命題をもとに先進各国はマネーサプライを金融政策における「中間目標」として位置付けてきたが，最近のデフレ傾向の中でその位置付けはかなり後退している。マネーサプライを重視する金融政策の運営が意味をもつためには，マネーサプライと物価および産出の間に安定した関係が

存在しなければならない。そこで，本章においては長期的均衡関係を分析する共和分の手法を用いて，マネーサプライと所得，物価の間に長い目で見た場合に安定した関係が存在するか否かを分析した。とくに日本および北欧諸国においては90年前後に大きな経済のアップダウンを経験した。その中でマネーサプライはどのような役割を演じたかを知ることは大変重要である。そこで，日本とフィンランド両国を対象に分析した。その分析結果は以下のとおりであった。

　まず，日本の結果であるが，標本期間を1998年以前にした場合には共和分が1個存在する，つまり実質貨幣ストック，実質GDPおよび機会費用の間には長期均衡関係が存在するという結果を得たものの，標本期間を1999年以降に拡大した場合には，共和分の存在は確認できなかった。それには97年の金融危機が関係しているとして，金融不安要因を考慮して再度共和分検定を行ったが，この要因を考慮する限りなおマネーと実体経済の間には安定した関係が存在することを確認した。

　次に，フィンランドについて同様の問題意識を持ち共和分検定を実施した。1990年第2四半期までは共和分が成り立っていたが，それ以降に標本期間を拡大すると共和分は成立しなくなった。これは80年代末にフィンランドを襲った金融危機がマネーと実体経済の関係を崩したためと理解できる。金融危機が一応収束したと思われる1993年以降の期間で共和分検定を再び実施すると，2000年ごろまでで共和分の成立が確認された。金融危機の収束に伴い経済が安定した結果，再びマネーと実体経済の間に安定した関係が見られるようになったと言える。また，金融不安要因を考慮することによって，共和分の存在はどのように変わるかを調べたが，日本の場合と同様に金融危機の時にあっても共和分関係は成立するという結果が得られた。つまり，金融危機により人々は一時的に予備的需要を急増させたが，それを取り除けばやはり共和分は存在することがわかった。

　以上両国の結果をまとめると，マネーと実体経済の間には安定した関係が存在する。一時的な経済の攪乱要因によって両者の関係が崩れたとしても，その要因を除去すればなお安定した関係は存在する。したがって，金融政策の運営上マネーサプライはなお重要と言える。

補論1：推定の手順

① まず，初期推定により $c1$ を得る。
② $rm_{adj}(t) = rm(t) - k^*DV1(t)$ に代入して，調整マネー $rm_{adj}(t)$ を得る。
③ $rm(t)$, $y(t)$, $r(t)$ の3変数でVECMを計算する。同時に共和分検定も行う。$ect(t)$ はここで得られたVECMのパラメータを初期値として，規範(8)の下で最適化計算を行う。ただし，$ect(t-1)$ の中の $rm(t)$ は係数のみを固定し，それ以外の係数を最適化の対象とする。
④ ここで，得られた $c1$ の推定値を初期推定とみなし，アルゴリズムを最初から繰り返す。誤差修正項の中の係数は1順遅れで推定されることになる。
⑤ $c1$ の推定値が収束すれば終わる。

補論2：マネタリーベースを用いた場合

次に，本章と同様の問題意識の下で，共和分分析をデータと期間を変えて実施した。本文の分析と異なる点は，マネーストックのデータとして，マネタリーベースを使っていること，標本期間を，1980年第1四半期から2009年第1四半期まで拡大したこと，不安要因のデータ作成に「短観」の資金繰り判断指数をそのまま用いたことである。マネタリーベース，実質GDP，為替レート（実効為替レート），金利（オーバナイト翌日物コールレート）の4変数の下でまず共和分検定を実施したが，本文での分析結果と同様に，1999年以降は共和分の存在を確認することはできなかった。そこで，不安要因を考慮することにした。予備的需要は単に景気判断がマイナスの時にのみ生じるのではなく，プラスの時にも生じるとして，次のように考えた。

$$v_- = |\min\{v(t), 0\}|$$
$$v_+ = \max\{v(t), 0\}$$

調整マネーを次のように定義し，

$$rmb_{adj}(t) = （現実のマネタリーベース）-（予備的マネタリーベース需要）$$
$$= rmb(t) - (c_0 + c_1^*v_-(t) + c_2^*v_+(t))$$

次のようなVECモデルを推定する[11]。

| 図8-11 | 資金繰り判断 DI

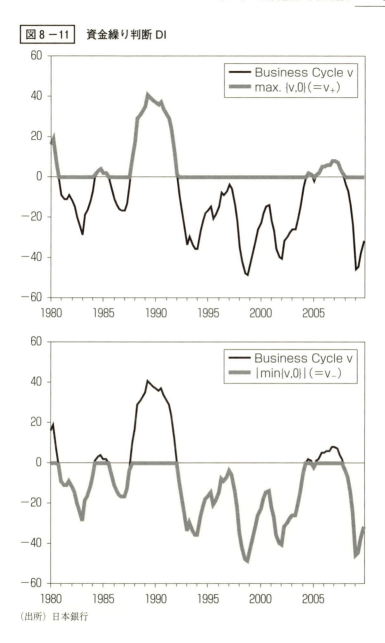

(出所) 日本銀行

$$\Delta rmb_{adj}(t) = c_{m0} + \alpha_m ect(t-1) + \sum_{i=1}^{k} c^i{}_m \Delta rmb_{adj}(t-i) + \sum_{i=1}^{k} d^i{}_m \Delta y(t-i)$$
$$+ \sum_{i=1}^{k} e^i{}_m \Delta lnrex(t-i) + \sum_{i=1}^{k} f^i{}_m \Delta lnr(t-i) + \varepsilon_m(t) \tag{1}$$

$$\Delta y(t) = c_{y0} + \alpha_y ect(t-1) + \sum_{i=1}^{k} c^i{}_y \Delta rmb_{adj}(t-i) + \sum_{i=1}^{k} d^i{}_y \Delta y(t-i)$$
$$+ \sum_{i=1}^{k} e^i{}_y \Delta lmrex(t-i) + \sum_{i=1}^{k} f^i{}_y \Delta lnr(t-i) + \varepsilon_y(t) \tag{2}$$

$$\Delta lnrex(t) = c_{ex0} + \alpha_{ex} ect(t-1) + \sum_{i=1}^{k} c^i{}_{ex} \Delta rmb_{adj}(t-i) + \sum_{i=1}^{k} d^i{}_{ex} \Delta y(t-i)$$
$$+ \sum_{i=1}^{k} e^i{}_{ex} \Delta lnrex(t-i) + \sum f^i{}_{ex} \Delta lnr(t-i) + \varepsilon_{ex}(t) \tag{3}$$

$$\Delta lnr(t) = c_{r0} + \alpha_r ect(t-1) + \sum_{i=1}^{k} c^i{}_r \Delta rmb_{adj}(t-i) + \sum_{i=1}^{k} d^i{}_{er} \Delta y(t-i)$$

表8-7 共和分検定 (rmbadj, y, lnrex, ln(call)) 1980q1-2009q1

共和分ベクトルの数 rc

固有値	0.261	0.128	0.0908	0.0312
帰無仮説	rc = 0	rc≦ = 1	rc≦ = 2	rc≦ = 3
最大固有値検定	35.1*	16.12	11.13	3.712
トレース検定	66.49*	30.97*	14.85	3.712
$p(\lambda_{max})$	0.0039	0.2175	0.1473	0.054
$p(\lambda_{trace})$	0.0004	0.0364	0.0623	0.054

送出係数				
Δrmb_{adj}	-0.0082			
Δy	0.0131			
$\Delta lnrex$	-0.0074			
$\Delta ln(call)$	-0.0836			

共和分ベクトル				
rmb_{adj}	y	$lnrex$	$ln(call)$	
1	-3.843	1.327	0.0867	

(注) 1. 遅れ次数は AIC により 2 と判定。
  2. 仮説検定の棄却水準を5%とすると、トレース検定では2個の共和分ベクトルが確認され、最大固有値検定では1個の共和分ベクトルが確認された。これは、rmb_{adj} と $lnrex$ の単位根検定の曖昧さによるものかもしれない。そこで、棄却水準を1%と設定して、最大固有値検定とトレース検定ともに1個の共和分ベクトルという結果を得る。
  3. *は5%水準での仮説の棄却を示す。
  4. $p(\lambda_{max})$ および $p(\lambda_{trace})$ は MacKinnon-Haug-Michelis (1999) によるP値である。

$$+\sum_{i=1}^{k} e^{i}{}_{r}\Delta lnrex(t-i) + \sum_{i=1}^{k} f^{i}{}_{r}\Delta lnr(t-i) + \varepsilon_{r}(t) \tag{4}$$

ここで，$ect(t-1)$ 以下のように定義される誤差修正項である。

$$ect(t-1) = rmb_{adj}(t-1) + \beta_{1}y(t-1) + \beta_{2}lnrex(t-1) + \beta_{3}lnr(t-1) + \beta_{0}$$

推定方法は本文と同じであり，(c_1, c_2) に関して2式の $\Delta y(t)$ の尤度関数が最大になるような最適化法が用いられる。詳細は本文の補論を参照。

推定結果は表8-7に示すとおり，共和分が1個存在するというものであった。(c_1, c_2) の値はそれぞれ，$c_1 = 0.0105$，$c_2 = -0.0077$ であった。

(1) マネタリーベースと物価

次に，以上の VEC モデルからマネタリーベースとデフレの関係を考える。図8-12は誤差修正項の変化（右目盛り）と消費者物価指数の変化率（対前年度比，左目盛り）を比較したものである。誤差修正項のプラス値は実質マネタリーベースの水準が実質 GDP の長期的関係から意味される水準を凌駕している，つまりマネタリーベースが超過供給の状態にあることを示している。一方

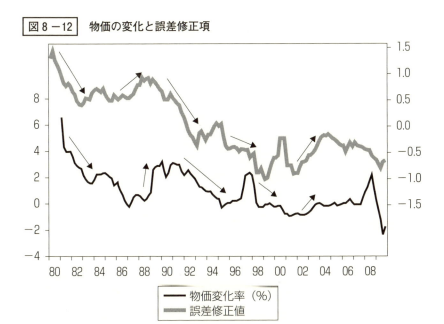

図8-12 物価の変化と誤差修正項

この値がマイナスであることは,マネタリーベースの不足を意味している。マネタリーベースと実体経済の長期関係が成立していることを前提にすれば,超過マネーは物価に対して上昇圧力を,不足マネーは物価に下方圧力を与える。バブルが崩壊する1990年まではマネタリーベースは超過供給の状態にあり,その直後からは一貫して長期均衡から不足の状態を示している。ただし,日銀が2001年に量的金融緩和を実施した,2001年には一時的に上昇している。1997年の物価急上昇は消費税の引上げを受けたものである。2000年のマネタリーベースの一時的増加はY2K問題によるものである。以上の特殊要因を考慮すれば,図8-12からは物価はマネタリーベースと歩調を合わせていることが読み取れる。

(2) 流動性のワナの存在

つぎに,実質マネタリーベース需要関数に流動性のワナが存在するか否かを吟味した。上ではマネタリーベースと実体経済変数の間には共和分が存在することを示した。そこで,貨幣需要関数の形状をチェックする。貨幣需要がある低水準で金利に対して完全にフラットになれば,追加的なマネタリーベースはすべて保蔵されることになる。ここでは,ゼロ金利で貨幣需要に飽和状況になるか否かを検定した木村他(2002)の手法に従う。彼らは次のような貨幣需要関数を考えて,流動性のワナはδの値に依るとした[12]。つまり,$\delta=0$の場合には流動性のワナが存在するとし,$\delta>0$の場合にはその存在を否定するとした。

$$m_t - p_t = \alpha y_t - \beta ln(i_t + \delta) + \gamma,$$

マーシャルのk_tは次のように定義される。

$$k|_{i=0} = \delta^{-\beta} e^{\gamma}, \quad ここで \quad k_t = \frac{M_t}{P_t Y_t^a}$$

マネタリーベース需要はkの値がもし$\delta>0$ならば,有限となり,もし$\delta=0$ならば無限となる。$\delta=0$の場合には中央銀行によって供給される追加的マネーはすべて保有され,経済に対していかなるプラス効果をも持たない。この状態が流動性の罠が存在する場合である。

これに対して,もし,$\delta>0$であるならば,経済主体は飽和水準($\delta^{-\beta}e^{\gamma}$)を超えて$M$を保有することはない。したがって,$\delta>0$である限り,たとえ金利

第8章 金融危機と貨幣需要

がゼロになったとしても，マネタリーベースは経済に対してプラスの効果をもつ。その場合には飽和水準を超える追加マネーは他の資産購入に充てられることになり，最終的には消費，投資の増加を促すことになる。

以下のマネタリーベース需要関数によって共和分テストを実施する。

$$rmb_{adj}(t) = a_1{}^*y(t) + a_2{}^*lnrex(t) + a_3{}^*ln(call(t) + \delta) + C$$

(1)から(4)式のVECモデルで，$ln(call(t))$ を $ln(call(t)+\delta)$ に置き換える。厳密に言えば，$ln(call(t)+\delta)$ の非線形性のために，ヨハンセンの方法を適用することはできないが，δ の値を0から順次固定することによってこの問題を避ける。そして，Δy の対数尤度値が最大になるように計算を繰り返すことで δ の値を求める。そして，その時にVECモデルも同時に決定される。最終的

表8-8 共和分検定（rmbadj, y, lnrex, ln(call+δ)） 1980q1-2009q1

固有値	0.2752	0.149	0.104	0.0299
帰無仮説	rc=0	rc<=1	rc<=2	rc<=3
最大固有値検定	37.66*	18.9	12.85	3.558
トレース検定	72.99*	35.32*	16.42*	3.558
$p(\lambda_{max})$	0.0018	0.0997	0.0823	0.0592
$p(\lambda_{trace})$	0.0001	0.0104	0.0362	0.0592
送出ベクトル				
Δrmb_{adj}	-0.0145			
Δy	0.0102			
$\Delta lnrex$	-0.0025			
$\Delta ln(call+0.047)$	-0.0234			
共和分ベクトル				
	rmb_{adj}	Y	$lnrex$	$ln(call+0.047)$
	1	-3.710	1.283	0.197

(注)1．遅れ次数はAICにより2と判定。
　　2．仮説検定の棄却水準を5％とすると，トレース検定では3個の共和分ベクトルが確認され，最大固有値検定では1個の共和分ベクトルが確認された。これは，rmb_{adj} と $lnrex$ の単位根検定の曖昧さによるものかもしれない。表1の検定結果と同様に，棄却水準を1％に設定すると，どちらの検定法でも1個の共和分ベクトルを検出することになる。ここでは，共和分ベクトルは1個と結論付ける。
　　3．*は5％水準での仮説の棄却を示す。
　　4．$p(\lambda_{max})$ および $p(\lambda_{trace})$ は MacKinnon-Haug-Michelis (1999)によるp値である。

に $\delta=0.047$ の値を得た。そして，調整マネーは次のようになった。

$$rmb_{adj}(t) = rmb(t) - 0.0137^* v_-(t) + 0.0083^* v_+(t)$$

共和分検定の結果は表8-8に示すとおり，1個の共和分の存在を認めた。この結果から流動性の罠の存在は認められない。

本文の分析と同じ問題意識に立ちデータを変えて共和分分析を実施した。この分析においても金融不安要因を考慮することによって，共和分の存在を確認することができた。また，不安要因を考慮したマネタリーベース需要関数において，流動性の罠が存在するか否かを木村他の手法にならって分析したが，その結果，流動性の罠は存在しないという結論を得た。以上の結論は本文の分析を支持するものである。

【注】

1 例えば，Milton Friedman (1969)。
2 2008年にマネーサプライ統計が見直され，「マネーサプライ」は「マネーストック」と呼び名が変更された。現在日銀はマネーストック統計として，M_1, M_2, M_3, 広義流動性の4種類の貨幣量統計を公表している。
3 日銀はHPでマネーサプライの役割について次のように説明している。「マネーストックは，通貨の量を示す指標の一つです。通貨が様々な経済活動に使われるものであること，また，物価は基本的には，モノやサービスと通貨との関係を示すものであることを踏まえれば，マネーストックと実体経済や物価との間には何らかの関係があると考えられています。」
4 Hamilton (1994) p.572.
5 ただし，この用語はケインズの流動性選好の考えから来るものであるが，ケインズは実際にこの用語は使用していない。ケインズはフィッシャーに代表される古典的貨幣需要分析において，取引的動機だけでなく，投機的需要の役割を指摘した点が重要であり，流動性のワナの状態が実際に発生したかどうかについては懐疑的であった。レイドラー『貨幣の経済学』第5章，p.70参照。代表的マネタリストであるシュウォーツは，流動性のワナが実際に生じたか否か誰も立証していないし，たとえ生じたとしても，金融政策の波及経路はケインジアンの考えるような狭いものではないので，積極的な金融緩和は意味あるとしている。パーカー (2005) pp.158-159.
6 事実，経済学の代表的テキストとして，版を重ねてきたサムエルソン『経済学』では流動性のワナに対する説明箇所が徐々に減らされてきた。
7 最初に，DF-GLS検定およびKPSS検定により，各変数の単位根検定を行った。その結果，

金融不安変数DV1を除くすべての変数は非定常であり，1次定差は定常であることがわかった。その結果は紙幅上割愛するが，求めに応じて提示することができる。

8　TARCHモデルにおいては，ショック ε_t が次期の h^2_{t+1} に影響することになっている。しかしながら，ショックが t 期に起きれば，その期間内に人々は金融不安を覚えると考えるのが現実的である。そこで，金融不安と条件付き分散の関係を次のように新たに定義する。$DV_t \equiv h^2_{t+1}$

9　D. Laidler（1985）p.130を参照。ただ，この弾力性は厳密には準弾力性（semi-elasticity）であるので，レードラの弾力性と比較するには，再計算する必要がある。準弾力性は $\eta_a/r = \eta_\beta$ として定義される。ここで，η_a，r，η_β はそれぞれ弾力性，金利，準弾力性である。したがって，金利スプレッドの平均を1.5%とすると，金利弾力性は-0.045から-0.375の値を，債券利回りの平均を4%とすると，債券利回りの金利弾力性は-0.4%程度ということになる。

10　藤木裕・渡邉喜芳（2004）。

11　各変数について，単位根検定をERSおよびKPSSテストにより行った。y および lnr は両テストで非定常あると判定されたものの，rmb_{adj} と $lnrex$ は明確な判定はできなかったが，ここではすべての変数は非定常であるとして分析を進める。

12　彼らは次のような長期の貨幣需要関数を想定している。

$$\frac{M_t}{P_t} = e^\gamma Y_t^a \left(\frac{i_t}{i_t+1} + \delta\right)^{-\beta}, \quad \alpha>0, \ \beta>0, \ \text{および} \ \delta \geq 0.$$

ここで，M，P，Y，および i はそれぞれ，マネタリーベース，一般物価水準，実質所得，およびコールレートを表す。

第9章

ゼロ金利制約下での金融政策

　2008年9月のリーマンショック後の金融市場混乱の影響を受けて多くの中央銀行は非伝統的金融政策を実施した。中央銀行のバランスシートを拡大して金融緩和を行う政策は「量的金融緩和政策 Quantitative Easing Monetary Policy (QEMP)」と呼ばれる。アメリカの中央銀行，連邦準備は2008年12月に大量の資産購入によりこの政策を実施した[1]。イギリスの中央銀行，イングランド銀行（The Bank of England）もまた，2009年3月にバンクレートを1％から0.3％に下げ，3ヶ月にわたり750億ポンドの資産購入をすることを宣言した。この政策を最初に実施したのは，深刻なデフレ不況に悩む日本であった。日本銀行は2001年3月から2006年6月まで量的金融緩和政策を実施し，2008年のリーマンショック後再びこの政策を実施している。

　量的金融緩和政策の効果をめぐっては多くの議論が重ねられてきた。わが国でも第一次量的金融緩和政策の効果があったかどうかについて，多くの議論がなされた。これまでの研究の多くは，この政策について否定的である[2]。しかし，その一方でその効果に肯定的な研究もある。本章では，2013年4月以降再び始められたアベノミクスによる量的金融緩和政策をも含めて，わが国における金融政策の有効性について分析する。

第1節　金融政策の推移

　第6章で見たように，日本経済は1990年代初めのバブル崩壊によって長期のデフレ不況に陥った。日銀は悪化する不況に対処するために，政策目標金利である無担保翌日物コールレートを徐々に引き下げ，大手金融機関が倒産し，海外でジャパンプレミアムが急騰した1997年，98年の金融危機後の1999年2月には0.02％にまで引き下げた。日銀は事実上の「ゼロ金利政策」を実施したので

ある。一時的な景気の好転によりゼロ金利を廃止したものの再び景気が大きく落ち込んだために、2001年3月には量的金融緩和政策の実施に踏み切った[3]。これは金融政策の目標を従来の無担保翌日物コールレートから民間金融機関が日銀に保有する日銀当座預金残高に変更するものであった[4]。表9－1には、金融市場調節の方針（目標）の推移が示してある。

まず、2001年3月に日銀は金融調節の方針をそれまでの無担保コールレート（翌日物）から日銀当座預金残高に変更し、その目標値を4兆円から5兆円に増やした。その後2001年9月には10兆円から15兆円までその目標値を拡大し、

表9－1　金融市場調節の目標値の推移

日　付	目標値
1999年2月12日	ゼロ金利政策の開始
2000年8月11日	ゼロ金利政策の解除
2001年2月9日	ロンバード型貸出の導入
2001年3月19日	量的金融緩和政策の開始（日銀当座預金残高を4兆円から5兆円）
2001年4月14日	5兆円から6兆円
2001年9月19日	6兆円から10－15兆円
2002年10月30日	10－15兆円から15－20兆円
2003年3月25日	15－20兆円から17－22兆円
2003年4月30日	17－22兆円から22－27兆円
2003年5月20日	22－27兆円から27－30兆円
2003年10月10日	27－30兆円から27－32兆円
2004年1月20日	27－32兆円から30－35兆円
2006年3月9日	量的緩和政策の廃止（コールレートに）
2006年7月14日	ゼロ金利政策の解除
2013年4月4日	量的・質的金融緩和政策の開始（マネタリーベースが年間60－70兆円）
2014年10月31日	マネタリーベースが年間80兆円
2016年1月29日	日銀当座預金にマイナス0.1％の金利を適用（2月16日実施）

（出所）　日本銀行調査統計局『金融経済統計月報』各号

2004年1月には最大の35兆円まで増やした。通常金融機関が保有しなければならない所要準備は4兆円程度であるから，30兆円が超過準備になり，金融緩和の異常さがわかる。物価がわずかにプラスに転じ，若干景気の回復が見られた2006年3月には，インフレを心配した日銀はこの政策を中止した。この頃，日銀はデフレ下における金融政策において，貨幣ストックの役割を軽視するようになった。例えば，日銀は貨幣ストックと実体経済の間には密接な関係はないという論文を発表するようになった[5]。その後，金融政策の目標はコールレートに戻り，徐々にコールレートを上昇させ，その目標値は2007年2月21日には0.5％まで上昇した。その後リーマンショックにより世界経済が悪化する中，コールレートの目標値を徐々に低下させていった。深刻なデフレの中，日銀は2013年4月より再び金融政策の目標値を金利から量に変えた。具体的には，マネタリーベースを目標とし，その目標値をまず60兆円から70兆円とし，その後目標値を80兆円まで拡大している。さらに，2016年2月からは民間金融機関が日本銀行に新規に預ける日銀当座預金の金利をマイナスにするという新たな政策を実施し，質的量的金融緩和政策の強化を図っている。

第2節　量的緩和政策と短期金融市場

　量的金融緩和政策について理論的に説明するが，まず日銀の金融調節についての説明から始める。日銀は日々短期金融市場に資金の出し入れを行い，金利を適切な水準に誘導してきた[6]。このような資金供給の調整は現在では，公開市場操作によって行われ，この調整は「金融調節」と呼ばれる。その基本方針は日銀政策委員会の金融政策決定会合で決められる[7]。

　短期金融市場の金利は日銀当座預金の需要と供給の関係で決まる。通常，日銀当座預金に対する需要は短期金利に対して右下がりに，供給は日銀の裁量で決まるので垂直線で表わすことができる。図9－1に示したとおり，Dで示された需要線およびSで示された供給線の交差する点r*で，短期金利は決定する。需要線が右下がりになるのは，短期資金の需要主体である金融機関が日銀当座預金を保有することは短期金融市場などでの資金運用を放棄することであり，そこから得られた金利収入を諦めることである。つまり，短期金利は金融機関にとっての機会費用であるので，上昇すれば多く，低下すれば少なくするように，需要量を調節する。他方供給線は日銀が裁量によって決定する。金融調節

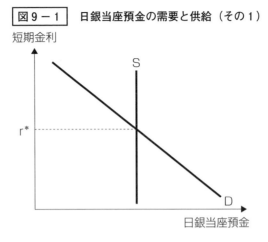

図9-1　日銀当座預金の需要と供給（その1）

の目標が短期市場金利である場合には，日銀当座預金の供給は受け身で決まる。資金需要が活発になり，需要線が右にシフトする場合には，目標金利を維持するために，供給線を右にシフトさせてきた。このように，日本銀行はこれまで，この供給線を変化させることによって，金利を適切な水準に誘導してきた。この場合には日銀の資金供給は受動的に実施されるので，供給線は目標金利水準の所で水平となると考えることもできる。

　2001年3月からは金融調節の目標を短期市場金利から日銀当座預金残高に変更した。この変更によって日銀当座預金の供給線は右方向へと能動的に動かされることになった。これが量的金融緩和政策である。この点をもう少し制度の仕組みを詳しく取り入れて説明したのが図9-2である。需要線は次のように修正される。金融機関は毎月15日までにその月の前月，1ヶ月間に集めた預金額に応じて，準備金を日銀当座預金口座に積むことが求められている。もし，積めなければ，公定歩合+3.75％の過怠金利で日銀から強制的に貸出を受けることになる。そこで，各金融機関は短期金利の水準いかんにかかわらず，所要準備額を保有しなければならない。その所要準備額以上の準備需要は短期金利に対して右下がりとなる。ただし，通常金融機関にとって余分の準備（超過準備）を保有するインセンティブはないので，その需要曲線は金利が比較的高い水準では金利に対して非弾力的となる。そこで，需要曲線は現実には図9-2に示されたような形状をとる。これに対して，供給線のほうは2001年2月以降

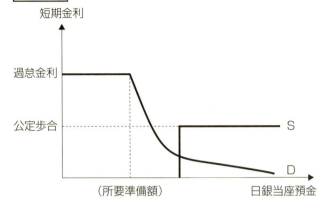

図9-2　日銀当座預金の需要と供給（その2）

短期金利が公定歩合を超えるような場合には日銀は金融機関の申し出に応じて自由に貸出を実行するという、いわゆる「ロンバート型貸付」が実施されるので短期金利が公定歩合の水準に達した所で水平になる[8]。

　このような短期金融市場の下で日銀が買いオペによって資金供給を増やしていけば、短期金利は低下し、やがて短期金利はゼロになる。このように短期金利がゼロになるまで、日銀が資金供給を実施するのがゼロ金利政策でそれを超えて日銀が買いオペによって資金供給を行うのが量的金融緩和政策である。金融調節の操作目標が短期金利である場合には、金利がゼロに近づくと、余分な資金を抱えた金融機関は取引コストの方が運用収益よりも低くなるので、金融市場で運用をせず、そのまま日銀当座預金に積み上げることになる。不足する金融機関は短期金融市場で資金を得ることができないので、日銀の買いオペに頼ることになる。このようにして、金融調節の場としての短期金融市場は機能しなくなる。

　通常金融機関は金利がプラス水準にある場合には所要準備額を超える資金を欲しないので、需要曲線は図9-2に示されているように、かなり急な形状をとる（金利弾力性が大変低い）。したがって、日銀当座預金を意識的に増やせば、すぐに短期金利はゼロ近傍にまで低下する。ここが1990年初めに起きた翁、岩田論争の核となる点である。翁が「日銀がオペにより資金供給を所要準備を超えて行った場合には、コールレートはただちにゼロになってしまうので、日銀がマネタリーベースを主体的にコントロールしてマネーサプライを増減させる

という教科書的なストーリーはナンセンスである[9]」旨の発言を繰り返したのはこのことによる。したがって，現在のように金利がゼロに張り付いた時期には，日銀が資金供給を積極的に行うことの意義が改めて問われるのである。

第3節　量的金融緩和政策と先行研究

　量的緩和政策がどのような経路を経て実体経済に影響を及ぼすかは非常に議論の多い所である。通常金融政策は金利の経路を通じて効果を発揮すると考えられる。前節で述べたように，金融緩和の場合には中央銀行がマネタリーベースを増やし，それがまず短期金融市場の金利を下げ，その後金利裁定を通じてより長めの金利を下げるようになる。金利の低下は投資や消費を増加させ，最終的に経済を良くすることになる。しかしながら，金利がゼロあるいはその近傍にまで低下すると，このような経路は機能しなくなる。このように金利がゼロ制約を受ける時には貨幣と債券が完全代替となり，いわゆる「流動性のワナ」が発生することになる。2009年3月に「量的金融緩和政策」を始めた，イングランド銀行はその政策について，次のようにホームページでわかりやすく解説している[10]。

① 金利が非常に低くなり，金融政策委員会が政府の定めた2％のインフレ目標が達成できないと判断した時，総支出を喚起するために経済にマネーを注入する。

② イングランド銀行は新規マネーを創出して，国債のような金融資産を購入する。この現金注入によって，借入コストは下がり資産コストは上昇するので，支出は増加しインフレは目標水準に戻る。

③ もし，インフレが目標水準を超えて上昇した場合には，イングランド銀行はこれらの資産を売却し，マネーの量を減らし経済における支出を減らす。

④ 政策員会は毎月金利を設定し，政府の2％のインフレ目標を達成するという金融政策の目標を守る。

　Michael Joyce, Matthew Tong and Robert Woods（2011）[11]は中央銀行による債券購入がどのような経路を通じて実体経済に影響を及ぼすか図9-3を用いて説明している。彼らはその波及経路として次の5つを考えている。信頼（Confidence），政策のシグナリング（Policy signaling），ポートフォリオ・リ

第9章　ゼロ金利制約下での金融政策　　263

図9-3　金融政策の波及経路

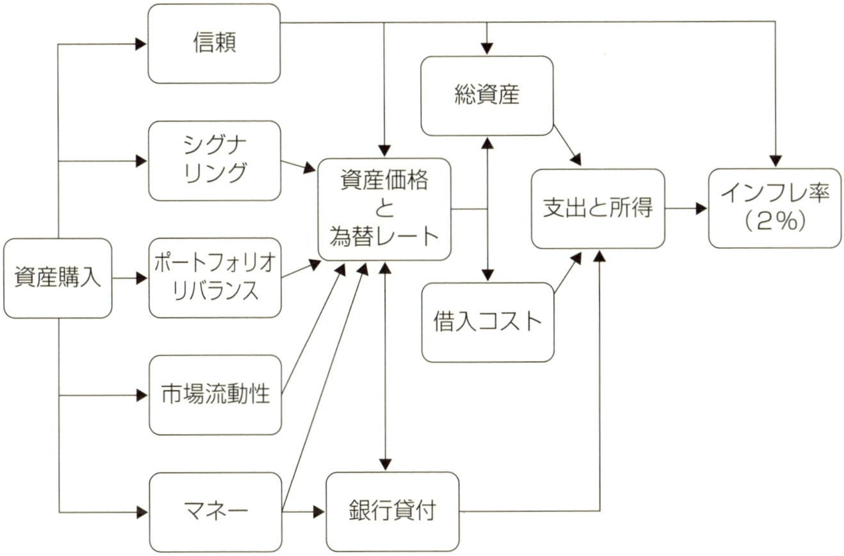

（出所）　Joyce, Michael, M.Tong and R.Woods (2011) p.201.

バランス（Portfolio rebalancing），市場流動性（Market liquidity），銀行貸付（Bank lending）である。

① 信頼の経路：資産購入によって資産価格が上昇するだけでなく，より広範に人びとの信頼が高まる効果。この政策によって経済の見通しが改善すれば，消費者のコンフィデンスは高まり消費が拡大することが期待される。そのことによって，リスクプレミアムは下がり，資産価格はさらに上昇に転じると期待される。

② 政策のシグナリング：人びとが金利の低下が長期に及ぶと予想する。資産購入が行われたことによって，市場参加者は政策委員会がインフレ目標を満たす強い決意をもっているというシグナルを受け取り，今後も政策金利はより長期にわたり低い水準に留まると予想するようになる。

③ ポートフォリオ・リバランス経路：資産を中央銀行に売却した主体はより多くの貨幣を保有することになる。貨幣と資産が完全な代替関係にないのなら，彼らは次に他のいろいろな資産を購入する。つまり，彼らのポートフォリオを再調整する。その調整過程で新たに購入された資産の価格は

上昇し，その利回りは低下する。これは借入コストを下げ，各種の支出を増やすことに繋がる[12]。政策のシグナリング効果によって将来の予想政策金利は低水準に留まり，長期金利が下がることによって，長期と短期の金利スプレッドが縮小し，またリスクフリー資産に比べてリスク資産の利回りが低下する，つまりリスクプレミアムが下がる。

④　市場流動性経路：金融市場が機能不全に陥っている時に，中央銀行が資産購入すると，流動性が増加し，資産売買が刺激されるので，金融市場の機能回復に貢献する。したがって，この経路では資産価格は流動性プレミアムの低下によって上昇する。この経路が作用するのは，中央銀行が資産購入を行っている時にのみ限定される。

⑤　銀行貸付経路：銀行以外の部門から資産購入が行われると，銀行は中央銀行に新たな準備を増やすと同時に顧客の預金が増える。その結果，銀行は貸出意欲を高める。しかし，金融システムが不安定で各銀行がバランスシートの圧縮に努めている時にはこの波及経路は期待できない。

これらの波及経路を前提に，彼らは2009年から実施されたイギリスでの量的金融緩和政策の効果をいくつかの方法により推定している。例えば，政策金利，国債利回り（10年物），実質GDP成長率，インフレ率（消費者物価）の4変数からなる構造型VARモデルによる推定結果（1992年q1から2007年q2）では，量的金融緩和の効果は実質GDPを1.5％，物価を0.75％上昇させたとしている。その他の方法でも量的緩和の効果を支持する結果を得ている。これらの推定値は不確かな要素もあるが，量的緩和に効果があったという点は認めることができるとしている。

ゼロ金利制約下でのわが国の金融政策の有効性についていくつかの実証研究がなされてきた。その主な研究を見てみる。まず，Baig (2002) はゼロ金利下でも金融政策は有効に機能することをVARモデルによって明らかにした。彼はマネタリーベースの拡大が物価および産出にプラスの影響を持つことを示した。しかしながら，その分析対象期間は1980年から2001年までで，まだ日本経済が順調で，金利もゼロになっていない期間を多く含んでいる。したがって，彼の分析はゼロ金利下でのマネタリーベースの増加の効果を十分考慮していると言い難い。Kimura et al. (2002) はこの点を改良するために，その時々の政策変化の効果を考慮したtime-varying VARを用いた。time-varying VARで

は過去の政策に引きずられることなく，その時点での政策効果を捉えることができる。彼らの推定結果はゼロ金利下でのマネタリーベースの増加は経済にほとんど影響せず，あるとしてもごく限定されたものに留まるとして，デフレ下における金融政策の無効性を主張した。Fujiwara（2006）もまたマルコフスイッチング型の VAR モデルを用いてゼロ金利下の金融政策の効果を否定する結果を得ている。ゼロ金利下の金融政策を否定するこれらの研究に共通する点は標本期間に量的金融政策が実施された全ての期間を含んでいないことである。Honda, Kuroki and Tachibana（2007），本多・黒木・立花（2010），および原田・増田（2010）はこの点を考慮して，標本期間を量的金融緩和政策が実施された全期間を含むように拡大して推定した。まず，Honda et al.（2007）および本多他（2010）は鉱工業生産，消費者物価，日銀当座預金の3変数から成る VAR モデルを推定し，さらに金融政策の波及経路を識別するために株価等の金融変数を追加して分析した。その結果，量的金融緩和政策は経済にプラスの効果を持っており，その効果は株価経路を通じるものであることを明らかにした。

原田・増田（2010）もまた，量的金融緩和の全期を含む標本期間を用いて，VAR モデルで分析した。彼らのモデルは基本的に Honda et al.（2007, 2010）を踏襲するものであるが，政策の効果波及経路に焦点を当てるために，変数の数を増やした。推定結果は Honda et al. を再確認するものであったが，株価経路に加えて新たに銀行のバランスシートを通じる効果を確認した。また，量的金融緩和の時期だけでなく，通常の金融政策が実施されていた期間においてもマネタリーベースが産出に影響することを見出し，長期デフレに対する金融緩和政策の重要性を指摘している。

中澤・吉川（2011）は日銀当座預金，名目 GDP，株価の3変数から成る VAR モデルにより量的緩和政策の効果を推定した。彼らは国債購入によって拡大する日銀の資産構成に焦点を当てて分析し，Honda et al.（2007），本多他（2010）および原田・増田（2010）の推定結果を再確認した。また，彼らは日銀が量的金融緩和期に買いオペの対象としたのは，1年から3年の満期のもので，もし，より長期の満期の国債を対象にしていたら，量的金融緩和の効果はもっと大きかったであろうと示唆した。

2001年から2006年にいたる量的金融緩和の有効性に関するこれらの研究は，日銀の非伝統的金融政策は経済に対してプラスの効果を持つことを立証し，打ち続くわが国のデフレ不況に対してなお金融緩和を持続すべきであることを示唆する。しかしながら，ここで気になるのは，これらの分析にデフレ不況に特有の不安要因の役割が考慮されていない点である。不況が厳しければ各主体は現金選好を強めるはずである。Krugman（1998，2000）は金利がゼロ近傍まで低下すると，債券とマネタリーベースは完全に代替関係になり，したがって追加的な金融緩和は経済に影響を与えないと述べた。日本経済は「流動性のワナ」に陥ったというのである。彼は自然利子率（natural rate of interest rate）はデフレ期にマイナスになるが，名目金利はゼロ以下に下がりえない，そこで，インフレ期待を醸成することがデフレ経済脱却のポイントとなる，と主張した。インフレ期待が将来の自然利子率を引き上げ，消費，投資を刺激すると述べた[13]。

　量的金融緩和期における予想の変化を考慮した研究もいくつかなされた。Okina and Shiratuka（2004）およびShiratuka et al.（2010）はコアCPIが安定してゼロ％またはそれ以上になるまで量的緩和政策を継続するという日銀のコミットメントの効果に焦点を当てた。たとえ短期金利がゼロに達していても，民間部門が日銀のコミットメントを信用するならば，より長めの金利も低下し，消費，投資を刺激するようになると考えた[14]。彼らは将来の期待と経済変数（インフレ率，産出，および金利）の間の関係をtime-varying VARモデルによって分析した。彼らの結論は日銀のコミットメントが物価および産出に及ぼす効果はほとんど見られなかった，ただ量的金融緩和が採用された最初の年においてのみ，金融市場，家計，および企業の予想にプラスの影響を及ぼした，というものであった。

　そこで，本章では2000年代に世界に先駆けて始まった，わが国の異次元金融緩和が実際に効いたのか，効いたとしたらどのような経路を経て効いたのかを先行研究の結果を参考にしながら，分析する。具体的には各変数間の相互関係をフィードバック効果も含めて最終的に捉える，VARモデルを用いて推定する。

第4節 わが国についての統計的検証

(1) データの特性

本節で扱うデータおよびその記号は以下に示される。まず，次の5種類のデータを使う。無担保コールレート（翌日物），日銀当座預金残高（またはマネタリーベース），実質GDP（または鉱工業生産指数），為替レート，日経平均株価指数，消費者物価指数（生鮮食料品を除くコアCPI）。これらのデータ

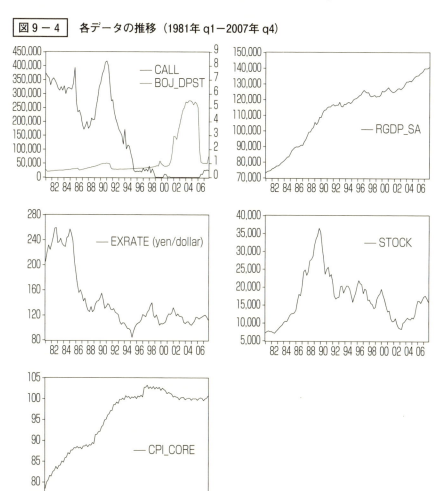

図9-4　各データの推移（1981年q1-2007年q4）

はそれぞれ順に次のように記号化される。*call*, *boj*$_{dpst}$, *rgdp*, *ex*, *stk*, *y*, *cpi*, *call* 以外の変数は対数値がとられる。データの出所であるが、コア CPI は内閣府のウェブサイトより取り、それ以外のデータはすべて日銀のウェブサイトより取った。各データの推移は図9－4に示される。

(2) 伝統的金融政策の評価（1981年 q1-1998年 q4）

まず、ゼロ金利政策が発動される前で、金利が有効に機能していた期間についての金融政策の有効性を分析する。この期間について、コールレート、為替レート、株価、実質 GDP、およびコア CPI、の5変数を用いた VAR モデルで分析する。標本期間は1981年第1四半期からゼロ金利政策の始まる1998年第4四半期迄である。まず、すでに第6、7章で分析したわが国のバブルと金融政策の関係を見るために、この期間をバブルを含む期間と崩壊後の期間に分けて分析し、金融政策の効果を比較する。

具体的には内生変数ベクトル $x(t)$（n×1）のダイナミックプロセスを説明する以下の形の VAR モデルを考える。

$$x(t) = A_0 + A_1 x(t-1) + A_2 x(t-2) + \varepsilon(t)$$

ここで、$x(t) = (call, lnex, lnstk, y, lncpi)'$ である。遅れ次数は AIC 統計量によって2とする。

まずバブル期についての期間で推定した、動学的反応関数は図9－5に示してある。第1列目は金融政策ショック（コールレートショック）、第2列目は為替レートショック、第3列目は株価ショック、第4列目は GDP ショック、第5列目は物価ショック、それぞれの各変数に対する動学的インパルスを表している。実線はインパルス応答関数の推定値を示し、破線は95％の信頼区間を表している。

この5変数 VAR モデルからは以下のような興味深い結果が得られた。

第1列目からは金融政策ショックが株価に有意にマイナスの影響を与えていることが読み取れる。株価はコールレートが変化するとほぼ同時に反応している。金融緩和と同時に株価は上昇に転じ、金融引締めと同時に株価は下落に転じている。その効果はかなり長期に渡ることも見て取れる。コールレートが直接 GDP および物価に対して有意な影響を及ぼしていることは見て取れないが、それぞれに対してマイナスの影響を及ぼしていることが、傾向として読み取れ

る。

　第2列目は為替レートショックの各変数へのインパルス応答を示しているが，為替のショックに対して，コールレートがプラスに有意に反応していることがわかる。円安に対して金融引締め，円高に対して金融緩和で政策対応していることがわかる。為替ショックの株価に対する影響は認められないが，物価に有意に影響している。円安は物価を上昇させ，円高は物価を下げる方向に作用していることがわかる。80年代後半の物価安定が円高によるという前章の議論を裏付けるものである。

　第3列目は株価ショックのインパルス応答を表しているが，コールレートにプラスの有意な影響を及ぼしていることがわかる。株価が過熱すれば金融引締めが，株価が下落すれば金融緩和が実施されていることが理解できる。株価が所得および物価に及ぼす影響も確認できる。株価の上昇は所得を増やし，株価の下落は所得を下げる方向に作用する。

　第4列目からは実質所得の増加が金融引締めの方向に作用することが分かる。また物価を引き上げる方向に働くことも確認できる。

　第5列目は物価ショックが各変数に及ぼす影響を示している。物価の上昇は株高をもたらし，物価の下落は株安をもたらすことを示している。また，物価の上昇は所得を増加させることも傾向として読み取れる。

　次にバブル崩壊後の期間について同じVARモデルを適用する。その推定結果は図9－6のとおりであった。まず，コールレートショックの影響であるが，バブル期とは異なり，株価は有意に反応していない。これは90年代の企業，金融機関のバランスシートの悪化によるものと解釈できる。金融政策は株価に対して効きにくくなっている。しかしながら，実質所得および物価に対しては有意に影響している。つまり，コールレートの引下げは，物価を上昇，所得を増加する方向に作用している。株価，為替レートショックもバブル期に比べて各変数に対する効きが悪くなっている。この期間はバブル期のように，金融緩和→株価高騰→実質所得，物価上昇，という経路を見出すことはできない。ただ，金融政策の緩和が所得および物価を上昇させる方向に働いていることは確認できる。

(3) ゼロ金利政策以降（1999q1-2006q1）

次にゼロ金利政策以降の金融政策の有効性について分析する。1999年2月に日銀はゼロ金利政策を採用し、2001年3月には量的金融政策を始めた。金融政策の運営目標は金利から量に移行した。このことを考慮して、コールレートの代わりに日銀当座預金を用いることによって、金融政策の有効性を同じくVARモデルにより分析する。標本期間は1999年第1四半期から2006年第1四半期までである。推定結果は図9-7のとおりであった。

まず、第1列目の日銀当座預金残高ショックに対する各変数のインパルス応答関数を見てみると、所得が有意に反応していることがわかる。当座預金ショックに対して、所得は1四半期後にプラスに反応している。また、株価については有意性には欠けるが、プラス反応していることがわかる。日銀当座預金残高の増加は株高を誘導し、また所得の増加に寄与していることが分かる。第2列目の為替レートショックのインパルス応答からは顕著な影響を見ることはできない。第3列目は株価ショックに対する各変数の反応関数を示している。株価ショックに対して日銀当座預金はマイナスに反応し、為替レートもマイナスに反応している。株価下落に対して、日銀当座預金が増加している。株価上昇は円高に、株価下落は円安に振れることを表している。また、所得および物価はプラスに有意に反応していることがわかる。株価が上がれば所得は増え、物価も上昇する。第4行目の所得ショックに対する各変数の反応は明確ではない。第5列目は消費者物価ショックに対する各変数の反応を示しているが、株価はプラスに有意に反応している。物価の上昇に応じて株価は上昇し、物価の下落に応じて株価は下がることがわかる。

以上の第1次量的金融緩和政策の時期を含む、VARモデルの推定結果からは次のことがいえる。異次元、あるいは非伝統的といわれる日銀当座預金残高の増加は株価上昇をもたらし、株価上昇は資産効果を通じて所得増加および物価の上昇に貢献したと理解できる。物価の上昇は株価の上昇および所得の増加をもたらすことがわかる。つまり、デフレの改善が株価の上昇および所得の増加を促したと解釈でき、したがって、その意味において量的金融緩和政策は効果があったといえる。

第9章 ゼロ金利制約下での金融政策　271

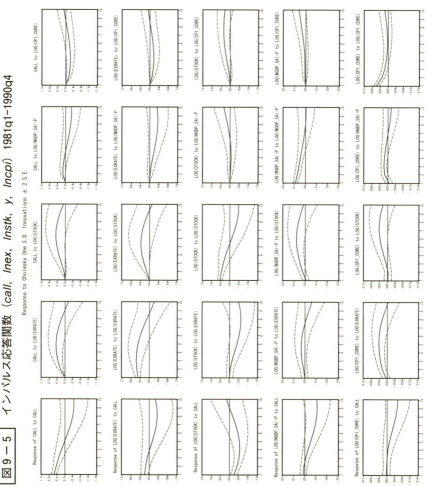

図9-5　インパルス応答関数（call, lnex, lnstk, y, lncpi）1981q1-1990q4

図9-6 インパルス応答関数 (call, lnex, lnstk, y, lncpi) 1991q1-1998q4

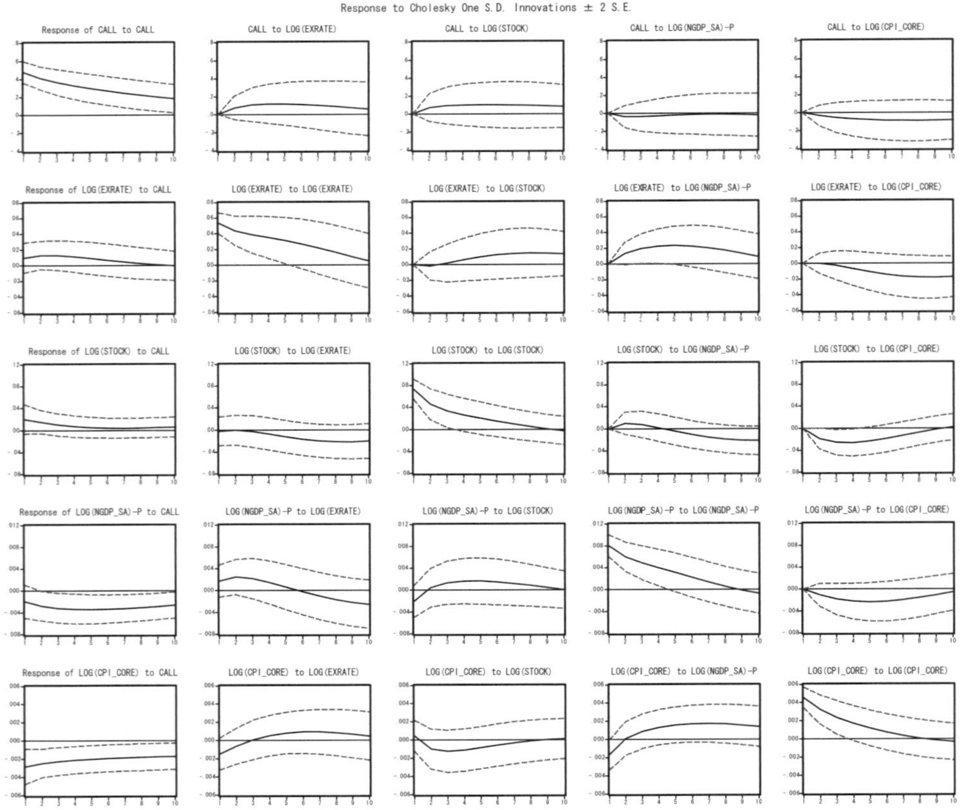

第9章 ゼロ金利制約下での金融政策 273

図9-7　インパルス応答関数（$ln(boj_{dpst})$, $lnex$, $lnstk$, y, $lncpi$）1999q1-2006q1

Response to Cholesky One S.D. Innovations ± 2 S.E.

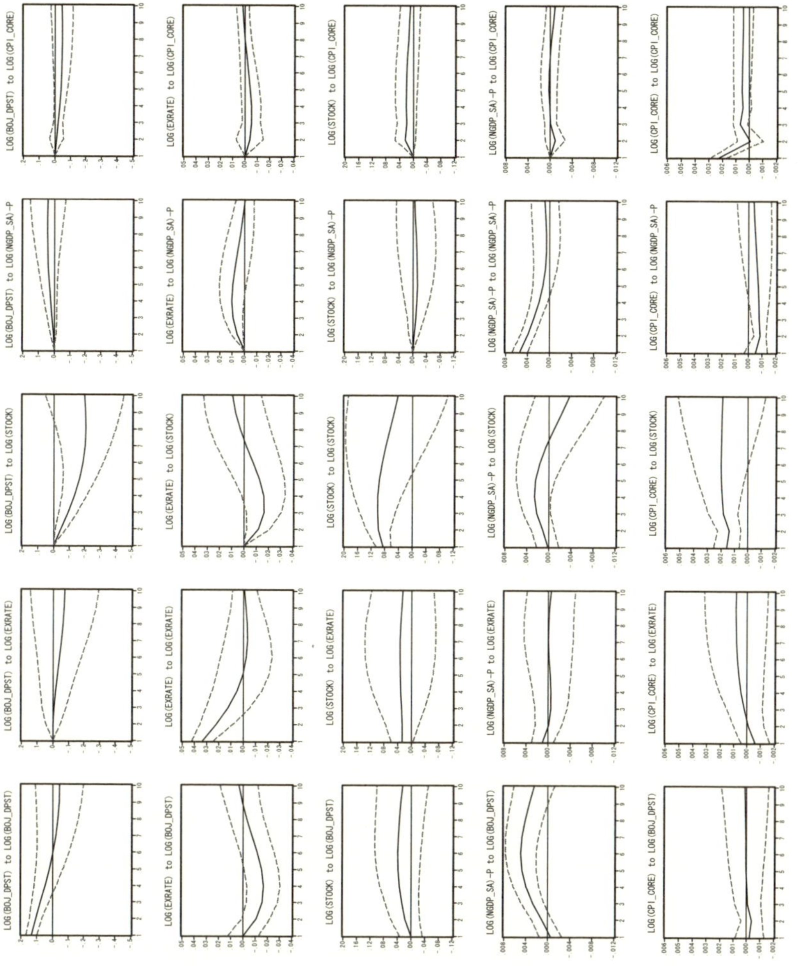

(4) アベノミクスの評価

次に，2012年12月に内閣総理大臣に就任した安倍晋三の下でデフレ脱却の強い政策意識の下で推進されている，いわゆるアベノミクスによる金融緩和の政策効果の評価を行う。

安倍内閣は発足と同時に金融緩和，財政出動，成長戦略から成る「3本の矢」を長期デフレから脱却させる経済政策の切り札とし打ち出した。2013年4月黒田東彦を新総裁に迎えた日銀は，金融市場調節の操作目標をこれまでの短期金利から再び量に切り替え，今回はマネタリーベースを目標とする政策を開始した[15]。アベノミクスの中心は長年にわたるデフレの中で定着したデフレマインドを以下に克服するか，いかにして緩やかなインフレを起こすことができるかに重点が置かれている。そのためには，金融政策は2本の柱から成っている。第1の柱は消費者物価上昇率（対前年度比）が2％になるようにする（物価安定目標）。第2の柱はこの物価安定目標を達成するために，単に資産購入を増加するだけでなく，満期の長い長期国債や株価指数連動型上場投資信託（ETF），不動産投資信託（J-REIT）などのリスクの高い金融資産の購入を行う。したがって，この金融政策は「量的・質的金融緩和政策（Quantitative and Qualitative Monetary Easing Policy）」といわれる[16]。その政策波及経路としては次のような経路を考えている。まず，多様な資産を購入することによって，イールドカーブ全体の金利が低下し，個人，企業の資金需要増加が期待される（イールドカーブ効果）。また日銀が大量の長期国債を購入することによって，それまで長期国債を中心に運用してきた機関投資家が株式などのリスク資産に運用を変化させたり，貸出を増やしたりすることが期待される（ポートフォリオ・リバランス効果）。また，物価安定目標を設定したことにより，インフレ期待が高まり実質金利の低下が期待される（期待効果）。

その効果を評価するために，同じく5変数 VAR モデルを用いる。ここで使用する変数は基本的にこれまでの変数と同じであるが，標本数の不足を補うために，これまでの四半期データから月次データに変更する。この場合，これまで使ってきた GDP データは用いることができないので，GDP に代えて鉱工業生産指数を用いることにする。

まず，2000年代に入ってからの各データの動きを図9－8に示した。アベノミクスが始まった2013年からはマネタリーベース（MB），日銀当座預金（BOJ_

図9-8 各変数の推移（2000年代）

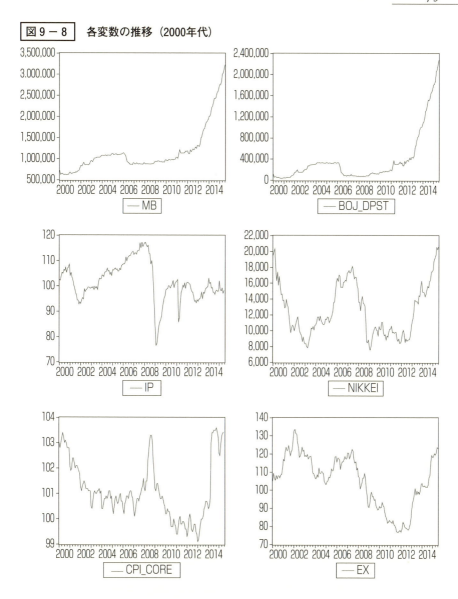

DPST）とも急増していることがわかる。それに応じるように，株価（NIKKEI），物価（CPI_CORE）が急激に上昇し，円安（EX）が進行していることが見て取れる。ただ，所得を示す鉱工業生産指数（IP）はそれほど大きく反応していない。

図9−9 インパルス応答関数 ($ln\ (boj_{dpst})$, $lnex$, $lnstk$, y, $lncpi$) 2001年3月から2006年3月

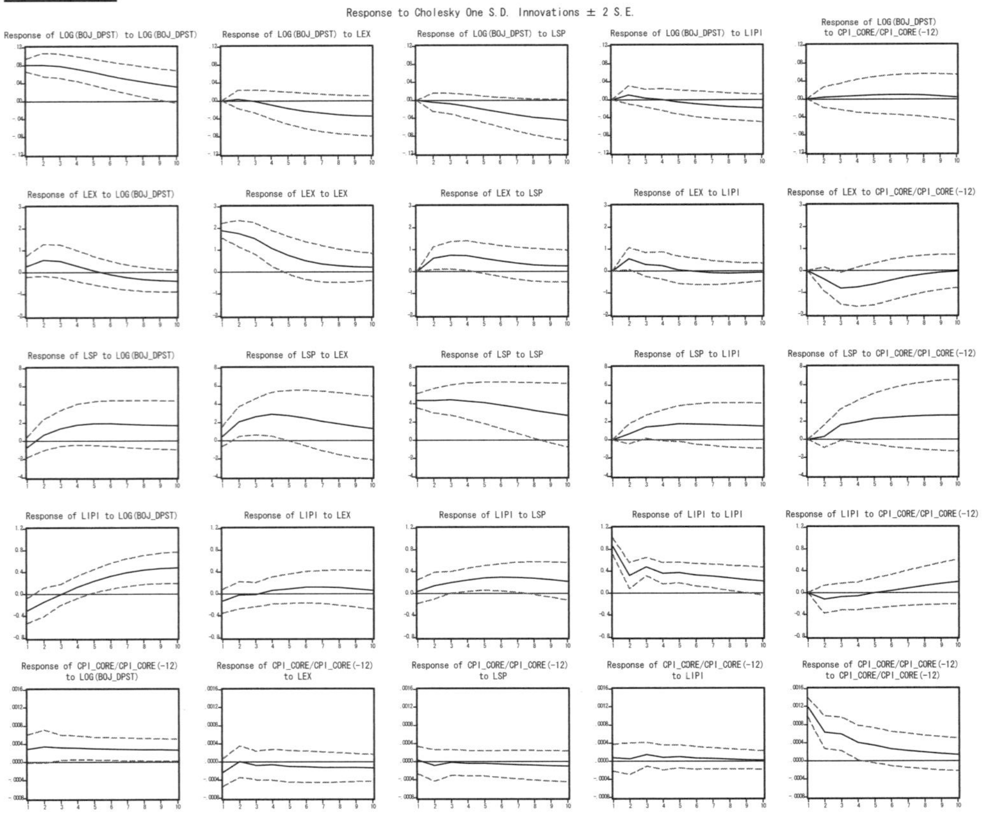

第 9 章　ゼロ金利制約下での金融政策　277

図 9-10　インパルス応答関数（*lnmb lnex, lnstk, y, lncpi*）2013 年 4 月 -2015 年 7 月

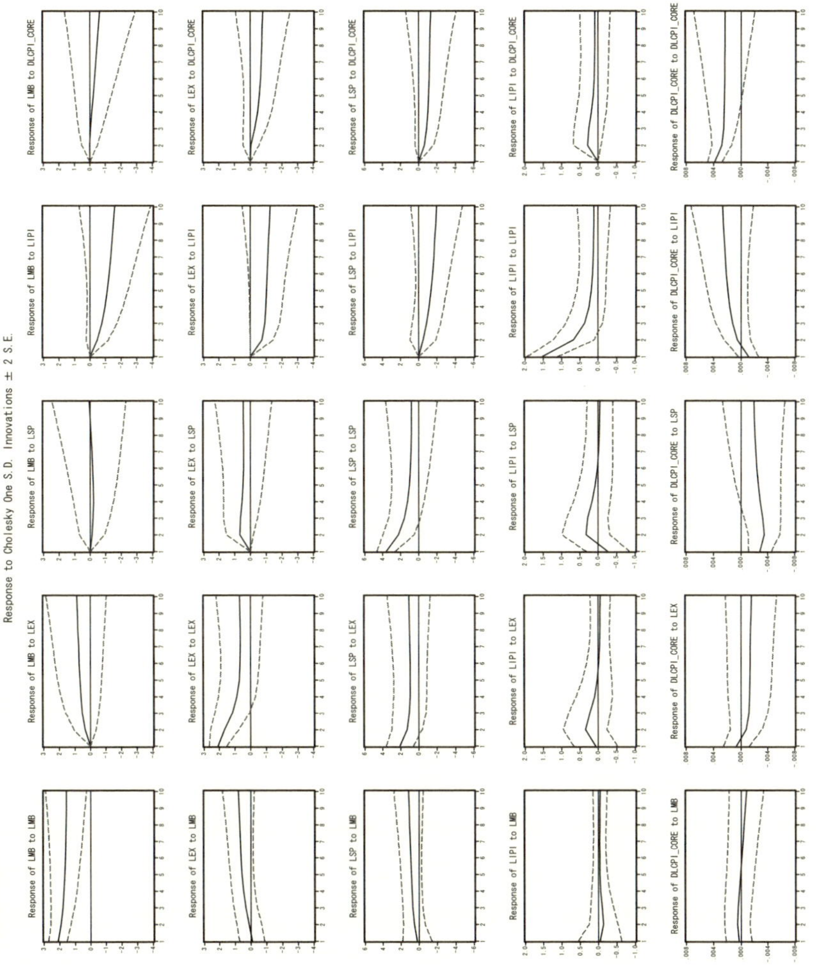

次にアベノミクスの効果を評価するために，VARによる分析を行うが，その前に比較のために，前節において四半期データで分析した第1次量的金融緩和の期間を月次データで再度分析した。また，先の分析では金利がゼロになった期間を対象にしたために，標本期間について1999年を起点としたが，ここでは量的金融緩和の時期に分析期間を限定するために，標本期間の始点を2001年とした。その推定結果は図9-9のとおりであった。

基本的には先の四半期データによる分析結果とほぼ同じであったが，当座預金ショックは株価に対して先の四半期データの場合よりもより統計的に有意な形で表れている。また，先の分析では当座預金ショックは為替レートに有効に効いていなかったが，今回の分析では通貨価値を下げる方向に効いている。さらに，先の分析では当座預金ショックは物価に影響していないという結果であったが，月次データでの分析では当座預金のプラスショックは物価を上昇させる方向に働いていることが見て取れる。結論としては，両分析とも第一次量的金融緩和の効果を肯定するものであったが，月次データの方がより明確にその効果を認めている。

次に2013年から始まったアベノミクスによる金融緩和の効果を見てみる。2013年4月から最近時の2015年6月までを同じデータで分析した。2013年4月からは金融市場調節の目標として日銀当座預金ではなく，マネタリーベースを用いているので，金融政策ショックを表す変数としてマネタリーベースを用いる。その推定結果は図9-10のとおりであった。まず，量的金融緩和ショックの影響を表した第1列は，量的金融緩和が為替レートと株価に有意に影響していることを示している。アベノミクスによる金融緩和によって，円安が進み，株価が上昇していることが読み取れる。しかしながら，量的緩和ショックの物価に及ぼす影響は見られない。為替ショックの影響を示した第2列からは，為替のプラスショック（円安）が株価にプラスの影響を及ぼしていることが読み取れる。株価ショックの影響を示した第3列からは統計的有意性には欠けるが，株価の上昇が産出を増やす方向に作用していることが読み取れる。第4列目からは産出ショックがマネタリーベースにマイナスの影響を及ぼしていることが見て取れる。産出低下に対してマネタリーベースを増やす政策対応が読み取れる。また，産出増加は円高に，産出低下は円安に貢献していることもわかる。物価が産出に及ぼす効果は，統計的有意性に欠けるが，傾向としては確認できる。

第5節 むすび

　本章では，これまでの先行研究，とくにHonda et al. (2007)，本多他 (2010)，原田・増島 (2010) に依拠しつつ2000年代に日本銀行が実施してきた量的金融緩和政策を中心に，金融政策はデフレ経済克服に効果があるのかないのかという観点より分析を行った。分析手法としては，特定の経済構造をあらかじめ設定せず，各変数の相互間の影響を捉えるVARモデルを用いた。具体的な変数には，金融政策ショックとして，コールレート，日銀当座預金，マネタリーベース，為替ショックとして円ドルレート，株価ショックとして日経平均株価指数，産出ショックとして実質GDP，鉱工業生産指数，物価ショックとして生鮮食料品を除いた消費者物価指数，を用いた。標本期間としては，2001年以降の量的緩和期が分析の中心であるが，比較のために通常の金融政策が実施されていた期間も含んで，1981年から2015年までとした。データは基本的に四半期データを用いたが，2013年から始まったアベノミクスの量的・質的金融緩和政策の効果を評価するために，月次データも用いた。

　以上のもとで実施したVAR推定から得られた結論は，まず，通常の伝統的金融政策が実施されていた期間（操作変数がコールレートでゼロ金利制約を受けない期間）では金融政策は経済に対して有意な影響をもっていた。とくに80年代後半のバブル期には金融緩和政策が株価の上昇をもたらし，株価の上昇は実質所得の増加に貢献したことが立証されている。バブル崩壊後の1990年代は金融政策が80年代に比べて効きにくくなっていることがわかる。これはバブル後遺症がさまざまな形で金融政策の効果を妨げていると推測できるが，その理由を理解するためには，不良債権の存在を明示的に考慮する，また構造変化を取り入れるなどモデルの改善が必要である。

　2000年代からの量的金融緩和政策についても同様のVARモデルを用いて分析した。2001年からの第1次量的金融緩和については，四半期，月次の両方で分析したが，月次のほうがより良い結果を得た。それによれば，金融緩和は株価と為替にプラスの影響を及ぼし，また，為替レートも株価にプラスの影響を及ぼしていることがわかった。円安は株価を上昇させるように作用している。金融緩和は株価上昇を通じて所得に影響を及ぼすという株価チャンネルが確認できた。また，現在進行中のアベノミクスによる量的・質的金融緩和政策の効

果についても分析した。本章執筆時点では，データ数がまだ十分ではなく，最近時のマイナス金利の影響も考慮されておらず，現時点での結論は難しいが，それでも第1次量的金融緩和政策と同様に，金融緩和は為替レートと株価に有意に影響を与えており，株価チャンネルを通じた，金融政策の効果波及経路が確認できた。

【注】

1. FRBは公式には大規模資産購入計画（the program of the large-scale asset purchases: LSAPs）と呼んでいる。
2. 鵜飼（2006）は量的金融緩和政策の実証研究のサーベイを行い，その効果はあるとしても非常に限定されたものである，としている。
3. 2001年3月から2006年3月までの5年間にわたって実施された量的金融緩和政策は次の3本の柱から成っている。①金融調節の操作目標を無担保コールレート翌日物から日銀当座預金残高に変更し，②潤沢な日銀当座預金の供給を消費者物価指数の前年比上昇率が安定的にゼロ％以上となるまで続ける約束をし，③日銀当座預金の円滑な供給に必要な場合には長期国債の買入れを増額する。
4. 民間金融機関が日銀に預ける「日本銀行当座預金」の役割は次の3点である。①金融機関同士または国との決済資金として，②金融機関が企業，個人に支払う現金通貨の支払準備として，③金融機関が課せられた法定準備金として。
5. 日銀（2003）は2002年までのデータを使って，M2，実質GDP，機会費用の3変数で共和分分析を行い，これらの変数間には共和分はもはや存在しないことを示した。
6. 日銀が正式にコールレートの誘導目標の水準を公表したのは，98年の日銀法改正以降である。それ以前は公定歩合の水準を公表していた。前日銀総裁の白川氏によれば，それまでは，公定歩合よりもコールが低く設定されるので，中央銀行当座預金に対する超過需要が発生するが，何らかの方法で割り当てを行うことによって当座預金をコントロールすれば，誘導目標を公表せずにコントールできる。例えば，日銀は1987年8月末から10月のブラックマンデーまで市場金利の高め誘導がなされたが，これは日銀に独立性が与えられていない状況下で金融政策の自由度を確保する手段であった（白川 p.146-7）。
7. 政策委員会は現在，総裁，副総裁2名，審議委員6名の9名より構成されており，金融政策決定会合は月1-2回開催される。その議論の概要は1ヶ月後に日銀のホームページで公開される。
8. 作図については，日本銀行（2002），Alan Blinder（2010），宮野谷篤（2000）を参考にした。日銀は，現在「公定歩合」という用語を用いておらず，「基準割引率および基準貸付利率」を用いているが，ここでは，そのまま従来の用語を用いている。
9. 翁邦雄（1993）『金融政策』東洋経済新報社。
10. http://www.bankofengland.co.uk/education/Documents/resources/postcards/qecomp.

pdf
11　Quarterly Bulletin 2011 Q3.
12　このポートフォリオ・リバランス経路を最初に指摘したのは，Tobin（1958）である。
13　クルーグマンは Romer（1992）を引用して，大恐慌からの回復に期待が大きな役割を果たしたと述べた。経済の実質的拡大，そしてその拡大に伴う物価の上昇はインフレ期待の高まりの結果であり，それが名目金利がすでに下限に達しているときに，実質金利を下げたと述べている。もし，インフレ期待の高まりがなければ，ローマの主張するマネタリーベースの拡大も効果を発揮することはなかったであろう，というのである。彼はまた次のようにも述べている。「MB の増加を含む伝統的金融政策の効果はゼロ金利制約で弱まるが中央銀行は経済が ZLB を脱してもなお，拡大政策を続けると約束することで景気を刺激することができる」。そして「4％のインフレ率を15年間続ける」ことを提案し，「流動性のワナから脱却するためには，中央銀行が無責任であると人々に信じ込ませることが必要」とまで述べている。Krugman（1998）p.61を参照。
14　Ueda（2002）は金融緩和がイールドカーブに及ぼす効果を「政策継続効果 the policy duration effect」と呼んだ。
15　マネタリーベースは現金（日銀券＋コイン通貨）に日銀当座預金を加えたものである。ちなみに，2016年1月現在でマネタリーベースが355兆円，日銀当座預金が255兆円となっている。操作目標をマネタリーベースに置いたことについては，黒田総裁は次のように説明している。「その候補としては，かつての量的緩和時のような日銀当座預金があり，広いものではマネタリーベース，さらにはバランスシートがあると思います。このうち，経済学的な観点から言えば，やはりマネタリーベースがわかりやすく，かつ金融市場調節の操作目標として適切な指標であろうと考えました。」黒田総裁記者会見，2013年4月5日。
16　アベノミクスにおける金融政策の具体的手法については，日銀ホームページで公開されている，総裁，副総裁の講演などを参照。例えば，黒田東彦（2016）「ゼロ金利制約の克服：日本の経験」2016年1月12日，フランス銀行での講演，岩田規久男（2015）「最近の金融経済情勢と金融政策運営」2015年12月2日，岡山県での講演。

第10章

フィッシャー効果について

　アービング・フィッシャーはその著『利子論』において，物価と金利の関係について研究し，金利は一般に物価水準の高騰する期間において高く，下落期間において低い傾向がある，と主張した[1]。もし，完全に金利と物価上昇率が1対1で対応するならば，名目金利マイナス期待インフレ率で定義された期待実質金利は不変となる。デフレ経済から脱却するために，たとえインフレを起こしたとしても，期待実質金利が不変である限り，実体経済にプラスの影響を与えることはできない，という議論は成り立つ。そこで，本章ではインフレと金利の関係を示す，フィッシャー効果がどの程度成り立つかを検証する。

第1節　先行研究

　インフレ率が変化すると名目金利は同じ幅だけ変化する，というフィッシャー効果が最近わが国のデフレ脱却政策に絡んで，再度注目されている。つまり，デフレ経済がインフレに転じた場合に，もしフィッシャー命題が成立するならば，名目金利マイナス実質金利で示される実質金利が不変となり，インフレの実体経済に及ぼす効果は生じないと考えられるからである。フィッシャー効果については，多くの研究者がこれまで多項分布ラグを用いて実証研究をしてきた（例えば，Yohe and Karnovsky 1965）。しかしながら，この推定方法には，経済構造を考慮していない等のいくつかの問題がある。最近，キングとワトソン（King and Watson 1997）がこれまでの中立性命題を批判する形で，新たな長期中立性を推計する方法を開発した。彼らは長期中立性は構造モデルの枠内にて検証されるべきと主張した。彼らは米国の戦後のデータを用いて分析した。名目金利とインフレ率の間に存在するという長期的関係（フィッシャー効果）を否定するものであった。彼らは名目金利とインフレ率は長期的に1対1の同率で変化するのではなくて，インフレ率よりも金利の変

化の方が小さいとする、ことを見出した。

コースタスとサーレティス（Koustas and Serletis 1999）はキングとワトソンの2変数VARモデルを用いてフィッシャー効果を推定した。彼らは分析対象をアメリカ以外の国にも拡大した。対象としたのは、ベルギー、カナダ、フランス、ギリシャ、アイルランド、オランダ、イギリス、アメリカ、である。その結果は長期的フィッシャー効果の存在を否定するものであり、キングとワトソンの戦後米国経済の推定結果を支持するものであった。

本章では、アメリカおよび日本を対象にキングとワトソンの手法を用いながらフィッシャー効果を分析する。アメリカについては最近時のデータを取り入れて、キングとワトソンらの推定結果を再確認する。

第2節　データの検討

日本、アメリカの2ヶ国を対象にする。データはすべてOECDデータベースより得たものである。日本については1976年第1四半期から1997年第1四半期まで、アメリカは1966年第2四半期から2007年第4四半期までである。金利

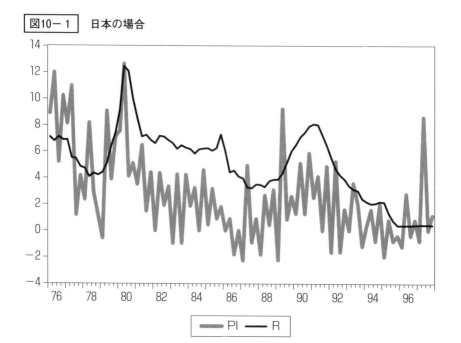

図10-1　日本の場合

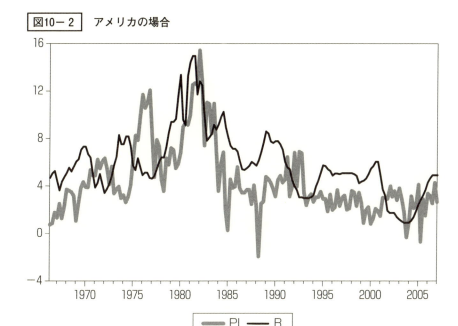

図10-2　アメリカの場合

は日本が国債利回り（10年物），アメリカが3ヶ月物国債利回り，である。物価は日本，アメリカともに消費者物価指数である。各データの動向は図10-1および図10-2に示した。PIが物価，Rが金利である。

まず，データの特性について吟味する。この分析ではデータが単位根を有するか，否かが重要になる。ここで用いるデータはインフレ率と名目金利である。各データはI(1)変数であり，共和分関係にないことが前提条件になる。

(1) 単位根検定

まず，インフレ率および名目金利の長期的特性を捉えるために，単位根検定を実施する。ERSおよびKPSS検定法によって単位根の有無を検定する。その検定結果は表10-1と表10-2に示した。最適ラグについては赤池基準（AIC）によった。両国ともにインフレ率および名目金利で単位根を棄却できない。

表10-1 単位根検定（日本）

1976q1-1997q4

変数	トレンド＋定数	ERS		KPSS	決定
		t統計量	ラグ	LM統計量	
$PI = 400*d\log(cpi)$	定数	0.570571	7	0.899783***	単位根
R	定数	−0.758261	1	0.75549***	単位根

表10-2 単位根検定（米国）

1966q2-2007q4

変数	トレンド＋定数	ERS		KPSS	決定
		t統計量	ラグ	LM統計量	
$PI = 400*d\log(cpi)$	定数	−1.347749	9	0.48104**	単位根
R	定数	−1.604549	7	0.538266**	単位根

（注） 表10-1および表10-2ともに，***，**および*はそれぞれ1％，5％および10％の有意水準を示す。ラグはAICによって決定。
Elliott-Rothenberg-Stock（ERS）はMacKinnon（1996）による。KPSSはKwiatkowski-Phillips-Schmidt-Shin（1992, Table 1）による。

(2) 共和分検定

次に各変数が何らかの共通の確率トレンドを有するか否かを検定する。その方法はPhilips（1987），Engle-Granger（1988）and Johansen（1988）などがあるが，ここではヨハンセン共和分検定の方法を用いる。その検定結果は表10-3および表10-4に示してある。共和分が存在しないという帰無仮説を検定するために，トレース検定および最大固有値検定を用いたが，その結果，日米両国ともに，インフレ率，名目金利の間に共和分が存在しないという帰無仮説を有意水準5％で棄却できなかった。

表10-3 共和分検定（日本）（トレース検定）

共和分数	固有値	トレース統計量	有意水準5％臨界値	Prob.**
None	0.113407	14.83151	25.87211	0.5886
At most 1	0.047029	4.239064	12.51798	0.7073

表10-4　共和分検定（日本）（最大固有値検定）

共和分数	固有値	最大固有値統計量	有意水準5％臨界値	Prob.**
None	0.113407	10.59245	19.38704	0.5558
At most 1	0.047029	4.239064	12.51798	0.7073

**MacKinnon-Haug-Michelis（1999）p値

表10-5　共和分検定（アメリカ）（トレース検定）

共和分数	固有値	トレース統計量	有意水準5％臨界値	Prob.**
None	0.062336	19.49142	25.87211	0.2527
At most 1	0.051005	8.742694	12.51798	0.1968

表10-6　共和分検定（アメリカ）（最大固有値検定）

共和分数	固有値	最大固有値統計量	有意水準5％臨界値	Prob.**
None	0.062336	10.74872	19.38704	0.5394
At most 1	0.051005	8.742694	12.51798	0.1968

**MacKinnon-Haug-Michelis（1999）p-値

第3節　モデル

キングとワトソンおよびコースタスとサーレティス（1999）に従って，次のようなp次のVARモデルを用いる。

$$\Delta \pi_t = \lambda_{\pi R} \Delta R_t + \sum_{j=1}^{p} \alpha^j_{\pi R} \Delta R_{t-j} + \sum_{j=1}^{p} \alpha^j_{\pi \pi} \Delta \pi_{t-j} + \varepsilon^\pi_t \tag{1}$$

$$\Delta R_t = \lambda_{R\pi} \Delta \pi_t + \sum_{j=1}^{p} \alpha^j_{RR} \Delta R_{t-j} + \sum_{j=1}^{p} \alpha^j_{R\pi} \Delta \pi_{t-j} + \varepsilon^R_t \tag{2}$$

ここで，$\lambda_{\pi R}$, $\lambda_{R\pi}$は名目金利R_tのインフレ率π_tに及ぼす同時的効果，インフレ率π_tの名目金利R_tに及ぼす同時的効果をそれぞれ示している。構造ショックε_π, ε_Rはインフレ率の予期せぬ外生的変化，名目金利の予期せぬ外生的変化をそれぞれ示している。

以上の動学的同時方程式はベクトル形式で次のように書くことができる。

$$\alpha(L) X_t = \varepsilon_t \tag{3}$$

where $\alpha(L) = \sum_{j=0}^{p} \alpha_j L^j$, $X_t = \begin{bmatrix} \Delta \pi_t \\ \Delta R_t \end{bmatrix}$, $\varepsilon_t = \begin{bmatrix} \varepsilon^\pi_t \\ \varepsilon^R_t \end{bmatrix}$, $\alpha_0 = \begin{bmatrix} 1 & -\lambda_{\pi R} \\ -\lambda_{\pi R} & 1 \end{bmatrix}$

$$\alpha_j = \begin{bmatrix} \alpha^j_{\pi\pi} & \alpha^j_{\pi R} \\ \alpha^j_{\pi R} & \alpha^j_{RR} \end{bmatrix} \quad j=1, 2, \ldots, p$$

ここで識別問題が発生するが，キングとワトソンにならって処理する。(1)式および(2)式から，

$$X_t = \sum_{j=1}^{p} \varphi_j X_{t-j} + e_t \tag{4}$$

ここで，$\varphi_j = -\alpha_0^{-1}\alpha_j$ および $e_t = -\alpha_0^{-1}\varepsilon_t$ である。

マトリクス α および Σ_ε は次の(5)式および(6)式によって決定される。

$$\alpha_0^{-1}\alpha_j = -\varphi_j \quad j=1, \ldots, p \tag{5}$$

$$\alpha_0^{-1}\sum\nolimits_\varepsilon (\alpha_0^{-1}) = \sum\nolimits_e \tag{6}$$

(5)式から α_i は α_0 および φ_i の関数として，(6)式から α_0 および Σ_ε は Σ_e の関数として求められるが，Σ_e は 2×2 の対称行列であるので，独立な要素は 3 個となる。さらに，$cov\ (\varepsilon^\pi,\ \varepsilon^R)=0$ と仮定しても，未知のパラメータ，$var\ (\varepsilon^\pi)$，$var\ (\varepsilon^R)$，$\lambda_{\pi R}$，$\lambda_{R\pi}$ のうち 3 つしか識別されない。そこで，フィッシャー効果を推定するためには，追加的な識別制約を必要とする。本章ではキングとワトソンの方法によって，$\lambda_{\pi R}$，$\lambda_{R\pi}$，$\gamma_{R\pi}$ および $\gamma_{\pi R}$ の各変数がある一定の合理的な範囲の値をとるとして分析を進める。

キングとワトソンはマネー・産出モデル $X_t=(\alpha,\ \beta)$ において次のような識別条件を提示する。

1. β に関する α のインパクト弾力性は既知である（つまり，このモデルでは $\lambda_{\pi R}$ が既知である）。
2. α に関する β のインパクト弾力性は既知である（つまり，このモデルでは $\lambda_{R\pi}$ が既知である）。
3. β に関する α の長期弾力性は既知である（つまり，このモデルでは $\gamma_{R\pi}$ 既知である）。
4. α に関する β の長期弾力性は既知である（つまり，このモデルでは $\gamma_{\pi R}$ 既知である）。

この分析においては，長期乗数は $\gamma_{R\pi}=\alpha_{R\pi}(1)/\alpha_{RR}(1)$ および $\gamma_{\pi R}=\alpha_{\pi R}(1)/\alpha_{\pi\pi}(1)$ として解釈される。$\gamma_{R\pi}$ は π_t の恒常的 1 ％シフトに対する R_t の長期的反応を

表し，$\gamma_{\pi R}$ は R_t の恒常的1％シフトに対する π_t の長期的反応を示す。インフレ率と名目金利の関係を示す古典的フィッシャー関係，つまり π_t の恒常的上昇は実質金利に何の影響も持たないという命題は，$\gamma_{R\pi}=1$ の時に成立する。

第4節　フィッシャー効果についての証拠

キングとワトソンによって提示された分析手法を踏襲して，$X_t=(\varDelta\pi_t, \varDelta R_t)$ の関係式より，フィッシャー効果を推定する。この分析方法の下では，インフレ率と名目金利がともにI(1)変数であり，かつ共和分を持たないことが前提になる。

このモデルは次のように推定される。1式は $\lambda_{\pi R}$ が既知であるとき，$\varDelta\pi_t-\lambda_{\pi R}\varDelta R_t$ を各変数のラグ値に対して回帰させる，通常の最小二乗法によって推定できるが，2式については，$\varDelta\pi_t$ が誤差項と相関を持っていると想定されるので，通常の最小二乗法は使えない。そこで，2式は操作変数法 (instrument variable method) によって推定する。$\varDelta\pi_t$ および $\varDelta R_t$ のラグ値による1式の推定の残差を操作変数として用いる。$\lambda_{\pi R}$ が既知の場合には，この計算プロセスは逆になる。$\lambda_{\pi R}$ が既知と仮定される場合には，類似の計算が操作変数法によってなされる（キングとワトソンを参照）。

推定結果が図10-3および図10-4に示される。図10-3が日本の場合，図10-4がアメリカの場合である。各図にはパラメータ，$\lambda_{\pi R}$, $\lambda_{R\pi}$, および $\gamma_{\pi R}$ の値のとる範囲が横軸に示されている。破線は95％の信頼区間を示す。

キングとワトソンの分析方法によれば，インフレ率と名目金利が1対1で対応するというフィッシャー命題が成立するのは，$\lambda_{R\pi}=1$ となる場合である。図10-3のパネルAは $\lambda_{\pi R}$ がプラスの値をとるときには，$\gamma_{R\pi}$ は有意に1よりも小さいことを示している。パネルCもまた $\gamma_{\pi R}$ がプラスであるときには $\gamma_{R\pi}$ が1よりも有意に小さいことを示している。これに対して，パネルBは $\lambda_{R\pi}$ がプラスの領域（$\lambda_{R\pi}>0.5$）で $\gamma_{R\pi}=1$ の信頼区間に含まれることを示唆しているので，フィッシャー命題が成立するという仮説を棄却できないように思われる。

図10-4はアメリカの場合を示している。パネルAとパネルCでは $\lambda_{\pi R}$ と $\gamma_{\pi R}$ がプラスの値をとるとき，$\gamma_{R\pi}$ は有意に1よりも小さいことを示しているので，フィッシャー命題が棄却される。しかしながら，パネルBでは，日本の場合と同様に，$\lambda_{R\pi}$ がプラスの領域（$\lambda_{R\pi}>0.6$）で $\gamma_{R\pi}=1$ が95％の信頼区間にあ

図10-3 日本の場合

A. $\lambda_{\pi R}$の関数としての$\gamma_{R\pi}$

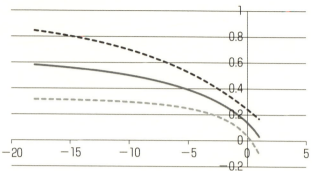

B. $\lambda_{R\pi}$の関数としての$\gamma_{R\pi}$

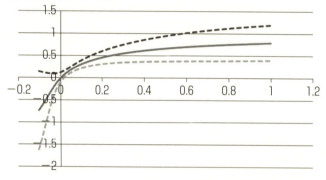

C. $\gamma_{\pi R}$の関数としての$\gamma_{R\pi}$

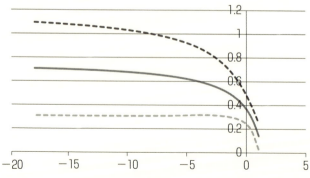

図10-4　アメリカの場合

A. $\lambda_{\pi R}$ の関数としての $\gamma_{R\pi}$

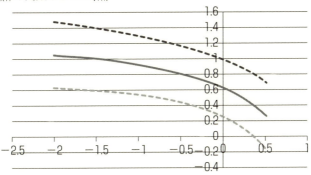

B. $\lambda_{R\pi}$ の関数としての $\gamma_{R\pi}$

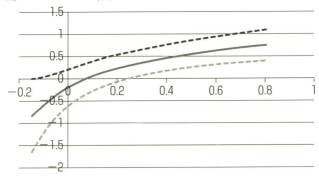

C. $\gamma_{\pi R}$ の関数としての $\gamma_{R\pi}$

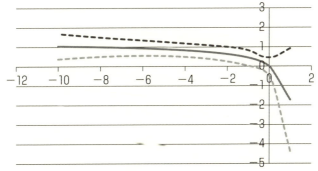

るので、フィッシャー命題は棄却されない。

　フィッシャー命題についてのパネルBの結果をいかに解釈すべきか。キングとワトソン（1977）およびコースタスとサーレティス（1999）もまた同じ問題に遭遇した。キングとワトソンは$\gamma_{R\pi}=1$は$\lambda_{R\pi}>0.55$の領域で棄却されないと示唆した。コースタスとサーレティスはイギリスを除くすべての国で$\lambda_{R\pi}>0.5$の領域で棄却されないという結果を得ている。

　この問題点について、彼らは$\lambda_{R\pi}$を次のように解釈する。彼らはインフレの名目金利への同時影響を期待インフレ効果と実質金利への効果に分解する。もし、インフレが実質金利に何の影響も及ぼさない場合には期待インフレ効果のみが現れることになる。それゆえ、実質金利に対するインフレの影響がゼロであるとすれば、$\lambda_{R\pi}=0.5$は現実的な値と解釈できる。もし、インフレが実質金利を下げるように働くならば（マイナスのインパクト）、$\lambda_{R\pi}$が0.5以上になることはあり得ない。そこで、彼らはインフレと名目金利についての関係を示すフィッシャー命題についての証拠は、名目値の攪乱が実質金利に及ぼす影響についてどう考えるかに強く依存する、と考える。もし、この効果がマイナスであれば、この中立性命題を棄却する強い証拠となる（キングとワトソン 1997、p.89）。例えば、Lucas（1990）、Fuerst（1992）、and Cristiano and Eichenbaum（1994）は彼らのモデルにおいて、実質金利は流動性効果により低下する、と示した。われわれが$\lambda_{R\pi}$についての彼らの解釈に従う限り、パネルBに示された証拠はフィッシャー命題を受け入れない。したがって、図10－3および図10－4に示されたパネルA、B、Cは名目金利はインフレ率と1対1で対応するという、フィッシャーの提示した命題を棄却する証拠を提示したといえる。アメリカの場合については、キングとワトソンおよびコースタスとサーレティスが推定し、ともにフィッシャー効果を否定する結果を得ているが、本章ではアメリカのデータを最近時まで拡張することによって改めて推定し直し、彼らの結果を追認した。

第5節　むすび

　本章では、日本とアメリカのデータを用いて、インフレと名目金利は1対1で対応するという関係を示すフィッシャー効果が成立するか否かを検証した。その検証にあたっては、キングとワトソンが用いた2変数自己回帰モデルに

よって，変数の特性に留意しつつ分析した。彼らの分析手法を使う場合には，データの特性が重要となる。分析対象とした両国のデータはいずれもこの分析を行う必要条件を満たしている。データの特性をチェックするためにまず単位根検定を行ったが，インフレ率および名目金利はともに単位根を持つ，つまりI(1)変数であることがわかった。次にヨハンセンの共和分検定を用いて，共和分が存在するかどうかを検定した。その結果，両変数は共和分を有しないことがわかった。

このモデルでは識別問題が発生するために，キングとワトソンに従って，$\lambda_{\pi R}$，$\lambda_{R\pi}$および$\gamma_{\pi R}$の3パラメータの範囲を用いた。具体的にはこの3つのパラメータそれぞれの値の関数として，$\gamma_{R\pi}$の値を95％の信頼区間という形で求めた。各パラメータにおいて$\gamma_{R\pi}$が1の値をとればフィッシャー命題が成立する。しかしながら，本章で行った分析では，フィッシャー効果が示唆するように，インフレ率と名目金利は1対1では対応しないことが明らかになった。この結果はキングとワトソンが行ったアメリカの結果，コースタスとサーレティス(1999)が行ったアメリカを含むイギリス等の結果と整合するものであった。本章ではアメリカのデータを最近時まで拡張して推定したが，その結果は彼らの結果を追認するものであった。わが国においても同じくフィッシャー命題は成立しないというものであった。したがって，インフレ率と名目金利の間に成立するとされる古典的フィッシャー命題は成立せず，長期においてもインフレ率は実質金利を低下させることを明らかにした。デフレ経済がインフレに転じた場合に，インフレが金利を上昇させるために実質金利は変化せず，したがって脱デフレ政策は効果を持たないという指摘は当たらないと考えられる。

【注】

1 I.Fisher (1930) pp.438-442，またフィッシャーの詳細な議論については，宮川 (1981) 第7章を参照。

参考文献

Ahearne, A., J. Gagnon, J. Haltmair, and S. Kamin, 2002, "Preventing Deflation: Lessons from Japan's Experience in the 1990s," *International Finance Discussion Papers*, Board of Governors of Federal Reserve System No. 729.

Allen, Frederick Lewis (1931), *Only Yesterday: an Informal History of the Nineteen Twenties*, Harper & Brothers Publishers. (藤久ミネ訳『オンリー・イエスタデイ―1920年代・アメリカ』筑摩書房, 1993年)

Anderes, Lopez, and Nelson (2004), "Tobin's Imperfect Asset Substitution in Optimizing General Equilibrium," *Journal of Money, Credit, and Banking* 36, No. 5, August, 665-90.

Bagehot, Walter (1873), *Lombard Street: A Description of the Money Market*. London: King. Reprint, Gloucester, U.K.: Dodo Press, 2006. (久保恵美子訳『ロンバード街』日経BPクラシックス, 2011年)

Bank of Thailand (1998), "Focus on the Thai Crisis," *A Quarterly Review of Thailand's Economic Issues*, Volume 2 Number 2, April-June.

Bank of Thailand (1996), "Private Saving in Thailand: Determining Factors and Channels for Mobilization," *A Quarterly Review of Thailand's Economic Issues*, Volume 1 Number 2, April-June.

Bank of Thailand (1995), *Papers on Policy Analysis and Assessment*, Economic Research Department.

Bank of Thailand (1992), *50 Years of The Bank of Thailand: 1942-1992*, 10 December.

Bank of Thailand, *Quarterly Bulletin*, various issues.

Bank of Thailand, *Annual Economic Report*, various issues.

Basel Committee on Banking Supervision, *Consultative Document: countercyclical capital buffer proposal*, Bank for International Settlements, July, 2010.

Bernanke, B., (1986), *Alternative Explanations of the Money-Income Correlation*. Carnegie-Rochester Series on Public Policy, 25, pp.29-100.

Bernanke, Ben S. (2000), *Essays on the Great Depression*, Princeton University Press, New Jersey. (栗原潤・中村亨・三宅敦史訳『大恐慌論』日本経済新聞出版社, 2013年)

Bernanke, Ben S. (1995), "The Macroeconomics of the Great Depression: A Comparative Approach," *Journal of Money, Credit, and Banking* 27, February.

Bernanke, Ben and Harold James (1991), "The Gold Standard Deflation and Financial Crisis in the Great Depression: An International Comparison," in R. G. Hubard, ed., *Financial Markets and Financial Crisis*, University of Chicago Press, Chicago and London.

Bernanke, Ben S. (2002), *On Milton Friedman's Ninetieth Birthday*. (高橋洋一訳『リフレと金融政策』日本経済新聞社, 2004年)

Bernanke, Ben S., and Alan Blinder, (1988), "Credit, Money, and Aggregate Demand," *American Economic Review* 78, 435-39.

Bernanke, Ben S., and Alan Blinder, 1992, "The Federal Funds Rate and the Channels of Monetary Transmission," *American Economic Review* 82, 901-21.

Bernanke, Ben S., and Mark Gertler (2001), "Should Central Banks Respond to Movement in Asset Prices?" *American Economic Review* 91, 2, pp.253-257.

Bernanke, Ben S. (2002), *Deflation : Making Sure "It" doesn't Happen Here*, Before the National Economists Club, Washington, D.C. November 21.

http://www.federalreserve.gov/boarddocs/speeches/2002/20021121/default.htm

――――(2004a), "On Milton Friedman's Ninetieth Birthday," Speech given at the Conference to Honor Milton Friedman at the University of Chicago, November 8

http://www.federalreserve.gov/boarddocs/speeches/2002/20021108/default.htm.

――――(2004b), "The Great Moderation," At the meetings of the Eastern Economic Association, Washington, D.C., February 20.

http://www.federalreserve.gov/boarddocs/speeches/2004/20040220/default.htm

――――(2008), "Liquidity Provision by the Federal Reserve" At the Federal Reserve Bank of Atlanta Financial Markets Conference, Sea Island, Georgia (via satellite), May 13.

――――(2009), "Reflections on a Year of Crisis," at Federal Reserve Bank of Kansas City's Annual Economic Symposium, August. 21.

http://www.federalreserve.gov/newsevents/speech/bernanke20090821a.htm

――――(2010a), "Economic Policy : Lessons from history," at the 43rd Annual Alexander Hamilton Awards Dinner, Center for the Study of the Presidency and Congress, Washington, D.C. April 8, 2010

http://www.federalreserve.gov/newsevents/speech/bernanke20100408a.htm

――――(2010b), Monetary Policy and the Housing Bubbleat the Annual Meeting of the American Economic Association, Atlanta, Georgia January 3, 2010.

http://www.federalreserve.gov/newsevents/speech/bernanke20100103a.pdf

――――(2015) *The Courage to Act : A Memoir of A Crisis and Its Aftermath, Norton.*（小此木潔訳『危機と決断 上・下』角川書店, 2015年）

Bernanke, B.S. and Mark Gertler (1989), "Agency Costs, Net Wort and Business Fluctuations" *American Economic Review*, Vol. 79, No. 1, March, pp.14-31.

Bernanke, B.S. and Mark Gertler (1990), "Financial Fragility and Economic Performance," *Quarterly Journal of Economics*, Vol. 105, No. 1 pp.87-114.

Bhide, Amar (2011) "An Accident Waiting to Happen : Securities Regulation and Financial Deregulation" in Jeffrey Friedman (2011) pp.69-106.

Bilginsoy, Cihan (2014), *A History of Financial Crisis*, Routledge.

Blanchard, O., Quah, D., (1989), "The Dynamic Effects of Aggregate Demand and Supply Disturbances," *American Economic Review*. Volume 79. Dec. pp655-73.

Blinder, Alan (2010), Quantitative Easing: Entrance and Exit Strategies, *Review*, Bank of St. Louise, Nov./Dec., pp.465-479.

Bollerslev, Tim, Ray Y. Chou, and Kenneth F. Kroner (1992), "ARCH modeling in Finance: A Review of the Theory and Empirical Evidence," *Journal of Econometrics* 52: pp.5-59.

Borio Claudio (2003) Towards a macroprudential framework for financial supervision and regulation? *BIS Working Papers*, Monetary and Economic Department No 128 February.

Bordo Michael D. and Hugh Rockoff (2013), Not Just the Great Contraction: Friedman and Schwartz's A Monetary History of the United States 1867 to 1960, *American Economic Review : Papers & Proceedings*, 2013, 103 (3), pp.61-65.

Burg, David F. (2005), *The Great Depression*, Facts On File, Inc., New York.

Butler, Eamonn (1985), *Milton Friedman : A guide to His Economic Thought*, Gower Publishing Company, 1985.（宮川重義訳『フリードマンの経済学と思想』多賀出版, 1989年）

Caballero, R.J. and A. Krishnamurthy (2009), "Global Imbalances and Financial Fragility," *American Economic Review*, Vol. 9, No. 2, May, 584-588.

Caballero, Ricardo J., and Alp Simsek (2010), "Fire Sales in a Model of Complexity," MIT Department of Economics, *Working Paper*, No. 09-28.

Cargil T., M. Hutchison, and I. Takatoshi, (2000), Financial *Policy and Central Banking in Japan*, The MIT Press, Cambridge and London.

Cargill, Thomas F. (2001), "Monetary Policy, Deflation, and Economic History: Lessons for the Bank of Japan," *Monetary and Economic Studies*, Vol. 19, No. S-1.

Cecchetti, S.G. (2009), "Crisis and Responses: The Federal Reserve in the Early Stages of the Financial Crisis," *Journal of Economic Perspectives*, Vol. 23, No. 1, Winter, 51-75.

Cecchetti, Stephen G. (1998), Understanding the Great Depression: Lessons for Current Policy, in M. Wheeler (1998).

Chancellor, Edward (1999), *Devil Take the Hindmost : A History of Financial Speculation*. （山岡洋一訳『バブルの歴史』日経 BP 社, 2000年）

Choudri, E.U. and L.A. Kouchin (1980), "The Exchange Rate and the International Transmission of Business Cycle Disturbances," *Journal of Money, Credit, and Banking*, November.

Christiano, Lawrence J. et al. (2004), *The Great Depression and the Friedman-Schwartz Hypothesis*, NBER Working Paper 10225.

Christiano, L., Eichenbaum, M., (1995). Liquidity Effects, Monetary Policy and the Business

Cycles. *Journal of Money, Credit, and Banking* 27, 1113-1136.

Diamond, Douglas W. and Raghuram G. Rajan (2010), "Fear of Fire Sales and the Credit Freeze," *NBER Working Paper* 14925.

Dicky, D.A., Fuller, W.A., (1981), Likelihood Ratio Statistics for Autoregressive Time Series with a Unit Root. *Econometrica* 49, 1057-1072.

Drees, Burkhard and Ceyla Pazarbasioglu (1998), The Nordic Banking Crises: Pitfalls in Financial Liberalization?, *Occasional Paper* Inetrnational Monetary Fund, April.

Ebenstein, Lanny (2007), *Milton Friedman: A Biography*, Palgrave, Macmillan. (大野一訳『最強の経済学者ミルトン・フリードマン』日経BP社, 2008年)

Englund, Peter (1999), "The Swedish Banking Crisis: Roots and Consequences," *Oxford Review of Economics*, Vol. 15, No. 3, pp.80-97.

Englund, Peter and Vesa Vihriala (2009)," Financial Crisis in Finland and Sweden: similar but not quite the same" in Lars Jonung, Jaakko Kiander and Pentti Vartia (eds.) (2009).

Eichengreen, Barry and Jeffrey Sachs (1985), "Exchange Rates and Economic Recovery in the 1930s," *Journal of Economic History*, December45, 925-46.

Eichengreen, Barry (1992), *Golden Fetters: the Gold Standard and the Great Depression, 1919-1939*. New York, Oxford University Press.

Elliott, G., T. J. Rothenberg and J. H. Stock, (1996), "Efficient Tests for an Autoregressive Unit Root," *Econometrica*, 64, 813-836.

Engle, R. F. and C. Granger, (1987), "Co-Integration and Error Correction: Representation, Estimation and Testing," *Econometrica*, 55, 251-276.

Engle, Robert F. and Victor K. Ng, (1991), "Measuring and Testing the Impact of News on Volatility," *University of California*, San Diego, Mimeo.

Fackler, James S. (1998), "Propagation of the Depression; Theories and Evidence," in Mark wheeler (1998).

Federal Reserve Bank of Minneapolis (1998), Asking the Right Questions About the IMF, *Annual Report, Special Issue*.

Fisher, I. (1930), *The Theory of Interest*. New York.

Fisher, Irving (1933), "The Debt Deflation Theory of Great Depression," *Econometrica* Vol. 1, No. 4, October, pp.337-357. (Reprinted 2010 with his biography by Michael Schemmann, Thai Sunset Publications).

Fregert, Klas and Jaakko Pehkonen (2009), "The crisis of the 1990s and unemployment in Finland and Sweden" in Lars Jonung, Jaakko Kiander and Pentti Vartia (eds.)(2009).

Friedman, M. (1969), *The Optimum Quantity of Money and Other Essays*, Aldine, Chicago.

Friedman, Milton and Anna Jacobson Schwartz (1963), *A Monetary History of the United States 1867 to 1960*, Princeton University Press. (同書第7章の翻訳, 久保恵美子訳

『大収縮1929-1933,「米国金融史」第 7 章』日経 BP 社, 2009年)
Friedman, Milton, (1953) The Methodology of Positive Economics, in *Essays in Positive Economics*, University of Chicago Press.
Friedman, Milton (1969), The Supply of Money and Changes in Prices and Output, in Friedman, *The Optimum Quantity of Money and Other Essays*, Chicago, Univ. of Chicago.
Friedman, Jaffrey (2011), *What caused the Financial Crisis*, University of Pennsylvania Press.
Fujiki, H., C. Hsioo, and Y. Shen, (2002), "Is There a Stable Money Demand Function under the Low Interest Policy? A Panel Data Analysis," BOJ *Monetary and Economic Studies*.
Fujiki, H., and Watanabe, K., (2004), Japanese Demand for Narrow Monetary aggregate in the 90s: Time series versus cross-sectional Evidence from Japan, Monetary and Economic studies, 22, 47-77.
Fujiwara, Ippei (2006), "Evaluating Monetary Policy when Nominal Interest Rates Are Almost Zero," *Journal of the Japanese and International Economy* 20, pp.434-453.
Furest. T., (1992). "Liquidity, Loanable Funds and Real Activity," *Journal of Monetary Economics* 29, pp.3- 24.
Gagnon, Joseph, M. Raskin, J.Remache, and B. Sack (2010), Large-Scale Asset Purchases by the Federal Reserve: Did They Work? *Federal Reserve Bank Staff Report* No. 441, March, 2.
Gagnon, Joseph, M. Raskin, J.Remache, and B. sack (2011), Large-Scale Asset Purchases by the Federal Reserve: Did They Work?, *Federal Reserve Bank of New York Economic Policy Review*, May, pp.41-59.
Galbraith, John Kenneth (1954), *The Great Crash 1929*, Boston, Houghton Mifflin.(村井章子訳『大恐慌1929』日経 BP 社, 2007年)
Garnger, C.W.J. ed. (1992), *Long-run Economic Relationships*, Oxford.
Goldstein, Morris (1998), *The Asian Financial Crisis ; Causes, Cures, and Systemic Implications*, Institute for International Economics, Washington, DC, June.
Greenspan, Alan (1998) *The Federal Reserve's semiannual monetary policy report* Before the Committee on Banking, Housing, and Urban Affairs, U.S. Senate July 21
http://www.federalreserve.gov/boarddocs/hh/1998/july/testimony.htm
―――(2002), *Rethinking Stabilization Policy*, Opening Speech A symposium sponsored by the Federal Reserve Bank of Kansas City, Jackson Hole, Wyoming, August pp.29-31.
―――(2004), *Federal Reserve Board's semiannual Monetary Policy Report to the Congress* Before the Committee on Banking, Housing, and Urban Affairs, U.S. Senate July 20

http://www.federalreserve.gov/boarddocs/HH/2004/July/testimony.htm

―――(2005a), *Federal Reserve Board's semiannual Monetary Policy Report to the Congress* Before the Committee on Banking, Housing, and Urban Affairs, U.S. Senate February 16

http://www.federalreserve.gov/Boarddocs/hh/2005/february/testimony.htm

―――(2005b), *The economic outlook*, Before the Joint Economic Committee, U.S. Congress, June 9

http://www.federalreserve.gov/boarddocs/testimony/2005/200506092/default.htm

―――(2007), *The Age of Turbulence, Adventures in a new world*, The Penguin Press New York.（山岡洋一・高遠裕子訳『波乱の時代　上・下』日本経済新聞出版社, 2007年）

Gjerstad, Steven and Vernon L. Smith(2011) "Monetary Policy, Credit Extension, and Housing Bubbles, 2008 and 1929," in Jeffrey Friedman (2011) pp.107-138.

Goodhart, Charles A. E. and Dimitrios P. Tsomocos (2011) The Role of Default in Macroeconomics, September, IMES *Discussion Paper Series* 2011-E-23.（グッドハートとトウソモコス (2011)「マクロ経済学におけるデフォルトの役割」『金融研究』第30巻第4号, 10月, pp.55-82.）

Gordon Robert J. ed. (1986), *The American Business Cycle, Continuity and Change*, The University of Chicago, Chicago and London.

Hafer, R.W. and David C. Wheelock (2001), "The Rise and Fall of a Policy Rule : Monetarism at the St. Louis Fed, 1968-1986," *Review*, Federal Reserve Bank of St. Louis, January/February, pp.1-24.

Hagberg, Thomas and Lars Jonung (2009), "How costly was the crisis in Finland and Sweden?" in Lars Jonung, Jaakko Kiander and Pentti Vartia (eds.)(2009).

Hall, Thomas E. and J. David Ferguson (1998), *The Great Depression : An International Disaster of Perverse Economic Policies*, University of Michigan.（宮川重義訳『大恐慌：経済政策の誤りが引き起した世界的な災厄』多賀出版, 2000年）

Hamilton, James D. (1987), "Monetary Factors in the Great Depression," *Journal of Monetary Economics 19*, pp.145-69.

Hamilton, J.D. (1994), *Time Series Analysis*, Princeton, NJ : Princeton University Press.

Heimonen, Kari, S.Miyagawa and Y. Morita, (2014) The financial crisis of the 1990s in Finland and Japan, in Y. Tanaka, T. Tamaki, J. Ojala, and J. Eloranta ed. *Comparing Post-War Japanese and Finnish Economies and Societies*, Routledge, pp.132-153.

Hetzer, Robert L. (2007), "The contributions of Milton Friedman to Economics," *Economic Quarterly*, Federal Reserve Bank of Richmond, Volume 93, Number 1, Winter.

Hetzer, Robert L. (2008), The Monetary Policy of the Federal Reserve : A History, Cambridge University press, New York.

Hoover, Herbert (1952), *The Memories of Herbert Hoover : The Great Depression, 1929-1941*, New York, Macmilan.

Hoover, Kevin D. (2004), *Milton Friedman's Stance : The Methodology of Causal Realism*, Working Paper #06-6, University of California, Davis.

Hondroyiannis, G., B. Swamy, and G.S.Tavlas, 2000, "Is the Japanese economy in a liquidity Trap?," *Economics Letters* 66.

Honda, Yuzou, Y.Kuroki, and M. Tachibana (2007), "An Injection of Base money at Zero Interest Rates : Empirical Evidence from the Japanese Experience 2001-2006," Osaka University, *Discussion Papers in Economics and Business*, No. 07-08.

He, Zhigou, In Gu Kang, and Arvind Krishnamurthy (2010), "Balance Sheet Adjustments in the 2008 Crisis," *IMF Economic Review*, 58-1, pp.118-56.

Holmstrom, Bengt, and Jean Titole (1998), "Private and Public Supply of Liquidity," *Journal of Political Economy*, 106-1, pp.1-40.

Hoshi, Takeo and Anil Kashap (1999), "The Japanese Banking Crisis : where did it come from and how will it end?, " *NBER working Paper* No. 7250

Howells, P and Keith Bain (2002) *The Economics of Money, Banking and Finance*, Second. ed.Prentice Hall.

Howells Peter and Keith Bain (2008), *The Economics of Money, Banking and Finance*, 4th. edition, Prentice Hall.

Honkapohja, Seppo, Erkki Koskela, Willi Leibfritz, and Rope Uusitalo, (2009), *Economic Prosperity Recaptured ; The Finnish Path from Crisis to Rapid Growth*, CESifo book series, The MIT Press, Cambridge.

Hoshi, Takeo (2001), "What Happened to Japanese Banks?" *Monetary and Economic Studies*, 19 (1), Institute for Monetary and Economic Studies, Bank of Japan, 2001, pp.1-30.

Hutchison, M. and K. McDill, (1999), "Empirical determinants of banking crisis : Japan's experience in international perspective, in C. Freeman, ed., *Why Did Japan Stumble? Causes and Cures*, Edward England.

International Monetary Fund (1999), *Financial Sector Crisis and Restructuring- Lessons from Asia*, Prepared by the Monetary and Exchange Affairs Department, August 10.

Islam, Azizul(1998), *An Overview of The Crisis in East/South-East Asia and Selected Policy Implications*, High-level Seminar on Managing Capital Flows : National and International Dimensions, Organized jointly by ADB, IMF.

Jablecki, Juliusz and Mateusz Machaj (2011), A Regulated Meltdown : The Basel Rules and Banks' Leverage, in Jeffrey Friedman (2011) pp.200-227.

Jarsulic, Marc (2010), *Anatomy of a Financial Crisis : A Real Estate Bubble, Runaway*

Credit Markets, and Regulatory Failure, Palgrave Macmillan.

Jonung, Lars, Ludger Schuknecht and Mika Tujula (2009), "The boom and bust cycle in Finland and Sweden in an international perspective," in Lars Jonung, Jaakko Kiander and Pentti Vartia (eds.)(2009).

Jonung Lars (2009), "Twelve lessons from the Nordic experience of financial liberalization" in Lars Jonung, Jaakko Kiander and Pentti Vartia (eds.)(2009).

Jonung, Lars, Jaakko Kiander and Pentti Vartia (eds.)(2009), *The Great Financial Crisis in Finland and Sweden ; The Nordic Experience of Financial Liberalization*, Edward Elgar, Cheltenham, UK Northampton, MA, USA.

Jonung, Lars, Jaakko Kiander and Pentti Vartia(2009), "The great financial crisis in Finland and Sweden : the dynamics of boom, bust and recovery 1985–2000" in Lars Jonung, Jaakko Kiander and Pentti Vartia (eds.)(2009).

Joyce, Michael, M.Tong and R. Woods (2011), "The United Kingdom's Quantitative Easing Policy : Design, Operation and Impact," *Quarterly Bulletin* Q3, pp.200–212.

Kashap, K.Anil, and Jeremey C. Stein (2000), "What Do a Million Observations on Banks Say about the Transmission of Monetary Policy?" *American Economic Review* 90–3, pp.407–428.

Kalela, Kiaander, Kivikuru, Loikkanen & Simpura, (2002), *Down from the heavens, up from the ashes*, Government Institute for Economic Resarch, The Achademy of Finland.

Karnosky D., yohe, W. (1965), "Interest Rates and Price Level Changes," *Review*, Federal Reserve Bank of St. Louis, Dec.

Kimura, T, H. Kobayashi, J.Muranaga, and H. Ugai (2002), "The Effect of the Increase in Monetary Base on Japan's Economy at Zero Interest Rates : An Empirical analysis," BOJ, *IMES Discussion Paper series*, No. 2002-E-22.

Kindleberger, Charles P. (1973), *The World in Depression, 1929–1939*, University of California Press, Berkley. (石崎昭彦・木村一朗訳『大不況下の世界 1929-1939』東京大学出版会, 1982年)

Kindleberger, Chrales P. (2002), *Manias, Panics and Crashes – A History of Financial Crises –*, 4th ed. Palgrave Macmillan, (吉野俊彦・八木甫訳『熱狂, 恐慌, 崩壊 金融恐慌の歴史』日本経済新聞出版社, 2004年)

King, R.G., and Watson, M.W., (1992), Testing long-run neutrality, *Working Paper* 4156, National Bureau of Economic Research, September, Boston.

King, R.G., and Watson, M.W., (1997), Testing Long-run Neutrality. *Economic Quarterly*, Federal Reserve Bank of Richmond, 69–101, Volume 83/3 summer.

Kiyotaki, Nobuhiro and John Moore (1997), "Credit cycles, " *Journal of Political Ecoomy*, Vol. 105, No. 2, pp.211–248.

Kokko, Ari and Kenji Suzuki (2009), "The Nordic and Asian crises : common causes, different outcomes" in Lars Jonung, Jaakko Kiander and Pentti Vartia (eds.)(2009).

Krugman, P. (1988), "It's Baaack : Japan's Slump and the Return of the Liquidity Trap," *Brooking Papers on Economic Activity 2*, pp.137-187. (http://web.mit.edu/krugman/www/)

Krugman, P. (2000), "Thinking About the Liquidity Trap," *Journal of the Japanese and International Economies*, Vol. 14, No. 4, pp.221-237.

Krugman, P. (1999), *The Return of Depression Economics*, Allen Lane The Penguin Press.（三上義一訳『世界大不況への警告』早川書房，1999年）

Kwiatkowski, D., P.C.B. Phillips, P. Schmidt and Y. Shin, (1992), "Testing the Null Hypothesis of Stationarity Against the Alternatives of a Unit Root : How Sure Are We That Economic Time Series Have a Unit Root?" *Journal of Econometrics*, 54 : 159-178.

Koustas, Z., and Serletis, A. (1999), "On the Fisher Effect." *Journal of Monetary Economics*, 44, pp.105-130.

Lucas Jr., R.E., (1990) " Liquidity and Interest Rates. *Journal of Economic Theory*" 50, pp.237-264.

Lucas, Robert E. Jr. (1994) " Review of Milton Friedman and Anna Jacobson Schwartz, A Monetary History of the United States, 1867-1960, " *Journal of Monetary Economics*, 34 (1), pp.5-16.

Laidler, David, (1985), *The Demand for Money ; Theories, Evidence, and Problems*, third ed., Harper & Row. （今井譲・石垣健一他訳『貨幣の経済学』昭和堂，1988年）

Matthes, Chrisian (2015), "Figuring Out the Fed- Beliefs about Policymakers and Gains from Transparency," *Journal of Money, Credit and Banking*, Vol. 47, No. 1, Feb. pp.1-30.

Mayer, T. (1978), "Consumption in the Great Depression," *Journal of Political Economy*, February.

McKinnon, J., (1991), "Critical Values for Cointegration Tests," in, Engle, R. and C. Granger, (eds.) *Long-Run Economic Relationships : Readings in Cointegration*, Oxford University Press, Oxford.

McKinnon, R., Ohno, K. (1997), *In Dollar and Yen : Resolving Economic Conflict between the United States and Japan*, MIT Press, Cambridge, MA.

Meltzer, Allan H. (2009) "Regulatory Reform and the Federal Reserve." Testimony Before the Subcommittee on Monetary Policy, House Committee on Financial Services, July 9.
http://www.house.gov/apps/list/hearing/financialsvcs_dem/meltzer_testimony.pdf.

Mishkin, Frederic S. (2011), *Economics of Money, Banking and Financial Markets, 9th ed*. The Addison-Wesley Series in Economics.

Mishkin, Frederic S. (2011), "Over the Cliff : From the Subprime to the Global Financial

Crisis," *Journal of Economic Perspectives*, 25-1, Winter, pp.49-70.

Mishkin, Frederic S. (2006), *The Economics of Money, Banking, and Financial Markets*, 8th ed. Pearson Addidon Wesley.

Morita Yohji and S. Miyagawa (2012), *On the Liquidity Trap in the Interval (2001-2006) with Zero Interest Rate*, Proceedings on SSS11.

Morris, Stephen and Hyun Song Shin (2005), "Central Bank Transparency and the Signal Value of Prices," *Brookings Papers on Economic Activity*, 2, 20, pp.1-43.

Mori, N. S. Shiratsuka. and H. Taguchi, (2001), "Policy Responses to the Post-Bubble Adjustments in Japan : A Tentative Review," BOJ *Monetary Economic studies* (Special Edition).

Meltzer, Allan (2003), *A History of the Federal Reserve System*, Vol. 1, 1913-1951. The University of Chicago press, Chicago, London.

Meyer, Laurence H. (2001), "Does Money Matter?," *Review*, Federal Reserve Bank of St. Louis, September/October, 1-15.

Mishkin, Frederic S. (1978), "The Household Balance Sheet and the Great Depression," *Journal of Economic History 38*, 918-937.

Mishkin, Frederic S. (2007), *The Economics of Money, Banking, and Financial Markets*, 8th ed., Pearson, Addison Wesley.

Mitchener, Kris D. and Gary Richrdson (2013), " Shadowy Banks and Financial Contagion during the Great Depression : A Retrospective on Friedman and Schwartz," *American Economic Review : Papers & Proceedings*, 2013, 103 (3), pp.73-78.

Minsky, H.P. (1982), *Can 'I Happen Again? Essays on Instability and Finance*, Armonk, N.Y, Sharpe. (岩佐代市訳『投資と金融―資本主義経済の不安定性』日本経済評論社, 1988年)

Minsky, H.P. (1986), *Satbilizing an Unstable Economy*, New Heaven, Yale University Press. (吉野, 浅田, 内田訳『金融不安定性の経済学―歴史・理論・政策』多賀出版, 1989年)

Mishkin, Frederic S. (2007), *The Economics of Money, Banking, and Financial Markets*, 8th ed., Pearson, Addison Wesley.

Miyagawa, S. (1994), The Relative Importance of Supply Shock and Demand Shock in Japanese Economic Fluctuation, *Discussion Paper*, Institute for Empirical Research in Economics, University of Zurich, No. 9403.

―――(1995), The Dynamic Relationship between Financial Variables and Real Variables, *Discussion Paper*, Department of Simon Fraser University, No. 95-12.

Miyagawa, S and Y. Morita (1996), The Financial Variables and the Real Variables in Monetary Policy, *Discussion Paper*, Tinbergen Institute Amsterdam, TI96-159/3.

―――(1997), The Relative Importance of the Money and credit Channel of the Transmission Mechanism of Monetary Policy, *Discussion Paper* No. 97-11, Department of

Economics, The University of Victoria, Canada.

―――(1998), The Transmission Mechanism of Monetary Policy, *Discussion Paper* University of Macedonia, Greece.

―――(2002), The Fisher Effect and the Long-run Phillips Curve― In the case of Japan, Sweden and Italy, *Discussion Paper* No. 77, Department of Economics, School of Economics and Commercial Law, Gotheborg University, Sweden.

―――(2004), The Recent Monetary Policy and Money Stock in Japan, *Discussion Paper*, No. 04-15 University of Copenhagen.

―――(2005), Lessons from Japan's Prolonged Recession, *Discussion Paper* University of Tampere, Finland.

―――(2006), Reflections on the Prolonged Recession in Japan, *Discussion Paper* No. 39, University of Joensuu, Finland.

―――(2008), Financial Crisis and Money Demand in the Case of Japan and Finland, *Discussion Paper* No. 123, Department of Economics, University of Turku.
http://www.ace-economics.fi/kuvat/dp017.pdf

―――(2013), Effectiveness of Quantitative Easing Monetary Policy in Japan : An Empirical Analysis, *HECER Discussion Paper*, No. 371, University of Helsinki.

―――(2014), Financial Crisis in Norway and Japan, *Discussion Paper* University of Bergen, Economics Department, Norway.
http://www.uib.no/sites/w3.uib.no/files/attachments/05-2014.pdf

Miyagawa, Shigeyoshi, Y. Morita, and Y. Sawada(2007), The Role of Central Bank in the Recession in the Case of Japan's Recession, *Working Paper* No. 17, Aboa Center for Economics, Economic School of Turku, Finland.

Nakashima, K. and M.Saito (2004), "Uncovering interest-elastic money demand : evidence from the Japanese money market with a low interest rate policy, "*Kyoto Gakuen University Economic Review*, 14-2, pp.21-55.

Nishioka, S. and N. Baba (2004), Dynamic Capital Structure of Japanese firms, BOJ *Working Paper Series*, No. 04-E-16.

Nyberg, P. and V. Vihriala (1993), The Finnish Banking Crisis and Its Handling, *Discussion Papers*, 8/93, Bank of Finland.

Okina and Shiratuka (2004), "Policy Commitment and Expectation Formation : Japan's Experience under Zero Interest Rates," *North American Journal of Economics and Finances*, 15-1, pp.75-100.

Obstfeld, Maurice and Kenneth Rogoff (2001), "Perspectives on OECD capital Market Integration : Implications for U.S. Current account Adjustment" in *Global Economic Integration : Opportunities and Challenges*, Federal Reserve Bank of Kansas City, March, 169-208.

Paulson, Hank (2010), *ON THE BRINK : Inside the Race to Stop the Collapse of the Global Financial System*, Business Plus.（ヘンリー・ポールソン，有賀裕子訳『ポールソン回顧録』日本経済新聞出版社，2010年）

Parker, Randall E. (2002), *Reflections on the Great Depression*, Edward Elgar.（宮川重義訳『大恐慌を見た経済学者11人はどう生きたか』中央経済社，2005年）

Pesola, Jarmo (2001), The Role of Macroeconomic Shocks in Banking Crises, *Discussion Papers*, 6, Bank of Finland.

Plender, J., (1998), Can Japan reflate? *Financial Times*, June 11, p.13.

Ramey, V. A. (1993), How Important Is the Credit Channel in the Transmission of Monetary Policy ?, *NBER Working Paper*, March, No. 4285.

Romer, Christina (1992), "What ended the Great Depression," *Journal of Economic History* 52, pp.757-84.

Reinhart, Carmen and Kenneth. Rogoff (2009), *This Time is Different : Eight Centuries of Financial folly*, Princeton University Press.（村井章子訳『国家は破綻する　金融危機の800年』日経BP社，2011年）

Reinhart, C., M., and K., S., Rogoff (2008), Is the 2007 US. Sub-prime Financial Crises so Different?, *American Economic Review*, Vol. 98 (2), pp.39-344.

Reinhart, Vincent (2011), "A Year of Living Danerously : The Management of the Financial Crisis in 2008," *Journal of Economic Perspectives*, 25-1, Winter, pp.71-90.

Romer, Christina D. (1993), *The Great Crash and the Onset of the Great Depression*, Working Paper 2639, National Bureau of Economic Research, June.

Romer, Christina D. (1993), "The Nation in Depression," *Journal of Economic Perspectives* 7, Spring, 19-40.

Romer, Christina D. and David H. Romer (2013a), "The Missing Transmission Mechanism in the Monetary Explanation of the Great Depression," *American Economic Review : Papers & Proceedings*, 103 (3), pp.66-72.

Romer, Christina D. and David H. Romer (2013b), "The Most Dangerous Idea in Federal Reserve History : Monetary Policy Doesn't Matter," *American Economic Review : Papers & Proceedings*, 103 (3), pp.55-60.

Rolnick, Arthur J. (2004), "Interview with Ben Bernanke," *The Region*, Federal Reserve Bank of Minneapolis, June.
http://www.minneapolisfed.org/publications_papers/pub_display.cfm?id=3326.

Roubini, Nouriel and Stephen Mihm (2010), *Crisis Economics : A Crash Course in the Future of Finance*, The Penguin Press.（山岡洋一・北川知子訳『大いなる不安定　金融危機は偶然ではない，必然である』ダイヤモンド社，2010年）

Shales, Amity (2007), *The Forgotten Man : A New History of the Great Depression*.（田村勝省訳『アメリカ大恐慌』NTT出版，2008年）

Schwartz, Anna J. (1981), "Understanding 1929-1933," in *The Great Depression Revised*, Karl Brunner, ed. Boston, Martinus Nijhoff.

Shleifer, Andrei, and Robert W. Vishny (1997), "The Limits of Arbitrage," *Journal of Finance*, 52-1, pp.35-55.

Shleifer, Andrei, and Robert W. Vishny (2010), "Asset Fire Sales and Credit Easing," *American Economic Review*, 100-2, pp.46-50.

Shleifer, Andrei, and Robert W. Vishny (2011), "Fire Sales in Finance and Macroeconomics," *Journal of Economic Perspectives*, 25-1, Winter, pp.29-48.

Stein, Jeremy C. (2011), Monetary Policy as Financial -Stability Regulation, *Draft*, May.

Shapiro, M., Watson, M.W. (1988), "Sources of Business Cycle Fluctuations, National Bureau of Economic Research, "*Macroeconomics Annual*, Volume 3. pp.111-56.

Shirakawa, Masaaki (2012), *Torward Sustainable Growth with Price Stability*, Speeches at the Kisaragi-kai Meeting in Tokyo, Bank of Japan.

Schwarz, Anna (1986), "Real and pseudo-financial crises," in F. Capie and G. Wood (ed.), *Financial Crises and the World Banking* System, London, Macmillan.

Shigemi, Y. (1995)," Asset Inflation in Selected Countries," *BOJ Monetary and Economic Studies*, Vol. 13, No. 2.

Shultz, George, William Simon, and Walter Wriston (1998), "Who needs the IMF?" *Wall Street Journal*, 3 February.

Sirivedhin Tanya (1997), "Financial Reform and the Monetary Transmission Mechanism: Case of Thiland," *Quarterly Bulletin*, Bank of Thailand, Vol. 37, No. 2, June. The internet: http//www.bot.or.th/govnr/public/BOT Homepage/EnglishVersion/Econe.htm, *or* http://www.bot.or.th/research/public/botstat/botstae.htm

Steigum, Erling Jr. (1992), Financial Deregulation, Credit Boom and Banking Crisis: The case of Norway, *Discussion Paper*, 15/92, Norwegian School of Economics and Business Administration.

Steigum, Erling (2009), "The boom and bust cycle in Norway" in Lars Jonung, Jaakko Kiander and Pentti Vartia (eds.)(2009).

Tavlas, George S (2015), "In Old Chicago: Simons, Friedman, and the Development of monetary-Policy Rules," *Journal of Money, Credit and Banking*, Vol. 47, No. 1, Feb. pp.99-122.

Taylor, John B. (2008), *The Financial Crisis and the Policy Responses: An Empirical Analysis of What Went Wrong*, Keynote Speech, Bank of Canada, November.

Taylor, John B. (2011), "Monetary Policy, Economic Policy and the Financial Crisis," in Jeffrey Friedman (2011) pp.150-171.

Temin, P. (1976), *Did Monetary Forces Cause the Great Depression?*, New York, W.W. Norton.

Temin, P. (1989), *Lessons From the Great Depression*, Cambridge, MA, MIT Press. (猪木武徳他訳『大恐慌の教訓』東洋経済新報社, 1994年)

Thomas, Lloyd B. (2011), *The Financial Crisis and Federal Reserve Policy*, Palgrave, Macmillan.

Tobin, J. (1958), "Liquidity Preference as Behavior towards Risk," *Review of Econmic Studies* 25, No. 2, February, pp.65-86.

Tobin, J. (1969), "A General Equilibrium Approach to Monetary Theory," *Journal of Money, Credit, and Banking* 1, No. 1, February, 15-29.

Tobin, J. 1965. "Money and Economic Growth," *Econometrica*, Vol. 33, October, pp.671-84.

Vastrup Claus (2009)," How did Denmark avoid a banking crisis?" in Lars Jonung, Jaakko Kiander and Pentti Vartia (eds.)(2009)

Warnock, Francis E. and Warnock, Veronica Cacdac (2005), International Capital Flows and U.S. Interest Rates, Board of Governors of the Federal Reserve System, *International Finance Discussion Papers*, Number 840, September.

Wen, Yi (2010), "Money Supply, Credit Expansion, and Housing Price Inflation," *Monetary Trends*, Federal Reserve Bank of St. Louis, March.

Wheelock, David C. (2010), "Lessons Learned? Comparing the Federal Reserve's Responses to the Crisis of 1929-1933 and 2007-2009," Federal Reserve Bank of St. Louise *Review*, March/April, pp.89-107.

Wheeler, Mark (1998), *The Economics of the Great Depression*, W.E. Upjohn Institute for Employment Research Kalamazoo, Michigan.

Wheelock, David C. (2010), "Lessons Learned? Comparing the Federal Reserve's Responses to the Crises of 1929-1933 and 2007-2009," Federal Reserve Bank of St. Louse *Review*, March/April 89-108.

World Bank and Escap (1998), 15-16 June, Bangkok.

Wolf, M. (1998). Caught in a trap. *Financial Times*, June 4, p.14.

池尾和人 (2009)「銀行破綻と監督行政」池尾編『不良債権と金融危機』内閣府総合研究所

伊藤隆敏・T. カーギル・M. ハッチソン・北村行伸監訳 (2002)『金融政策の政治経済学 (上)』東洋経済新報社

岩田規久男 (1993)『金融政策の経済学 「日銀理論」の検証』日本経済新聞社

岩田規久男 (2001)『デフレの経済学』東洋経済新報社

岩田規久男編 (2004)『昭和恐慌の研究』東洋経済新報社

岩田規久男 (2009)『金融危機の経済学』東洋経済新報社

植田和男 (1992)『国際収支不均衡下の金融政策』東洋経済新報社

鵜飼博史 (2006)「量的緩和政策の効果：実証研究のサーベイ」日本銀行ワーキングペーパー, No. 06-J-14

参考文献

上川竜之進（2002）「バブル経済と日本経済の独立性」村松岐夫・奥野正寛編『平成バブルの研究（上）形成編』東洋経済新報社, pp.127-191

植村修一・鈴木亘・近田健（1997）「資産価格と金融政策運営」日本銀行ワーキングペーパー, 97-3

ウッドワード, ボブ, 山岡洋一・高遠裕子訳（2004）『グリーンスパン』日経ビジネス文庫（Bob Woodward, *MAESTRO: Greenspan's Fed and the American Boom*, Simon & Schuster, 2000.）

NHK取材班（1996）「プラザ合意」『戦後50年その時日本は　第6巻』日本放送協会

遠藤幸彦（1999）「証券化の歴史的展開と経済的意義——米国を中心に——」『ファイナンシャル・レビュー』大蔵省財政金融研究所, June

太田赳（1991）『国際金融　現場からの証言』中公新書

緒方四十郎（1996）『円と日銀　セントラルバンカーの回想』中公新書

翁邦雄・白川方明・白塚重典（2000）「資産価格バブルと金融政策：1980年代後半の日本の経験とその教訓」『金融研究』日本銀行金融研究所, 12月

翁邦雄（2011）『ポスト・マネタリズムの金融政策』日本経済新聞出版社

翁百合（2011）「金融危機後の規制監督政策」岩井克人・瀬古美喜・翁百合編『金融危機とマクロ経済』東京大学出版会

岡田靖・飯田泰之（2004）「金融政策の失敗が招いた長期停滞」浜田宏一・堀内昭義・内閣府経済社会総合研究所編『論争　日本の経済危機——長期停滞の真因を解明する』日本経済新聞社

岡田靖・浜田宏一（2009）「実質為替レートと失われた10年」『季刊政策分析』第4巻第1, 2号合併号）

川北隆雄（1995）『日本銀行』岩波書店

川北隆雄（2014）『「失敗」の経済政策史』講談社

岸宣仁（1994）『検証バブル経済, 賢人たちの誤算』日本経済新聞社

木村武・藤田茂（1999）「金融不安とマネー, 実体経済, 物価の関係について」日本銀行ワーキングペーパー, 99-6

久米郁男（2009）「公的資金投入をめぐる政治過程-住専処理から竹中プランまで」池尾和人編『不良債権と金融危機』慶応義塾大学出版会

クルーグマン, ポール・L. スヴェンソン, 山形浩生訳（2003）『クルーグマン教授の＜ニッポン＞経済入門』春秋社

黒田東彦（2013）「量的・質的金融緩和」読売国際経済懇話会, 4月12日

黒田東彦（2005）『財政金融政策の成功と失敗』日本評論社

久保田勇夫（2008）『証言・宮澤通貨外交』西日本新聞社

衣川恵（2009）『新訂　日本のバブル』日本経済評論社

小林慶一郎・加藤創太（2001）『日本経済の罠』日本経済新聞社

近藤健彦（1999）『プラザ合意の研究』東洋経済新報社

近藤健彦（2009）『小説・プラザ合意』彩流社
佐藤　章（1998）『ドキュメント金融破綻』岩波書店
サントウ，レナード，緒方四十郎監訳，漆嶋稔訳（2009）『FRB議長　バーンズからバーナンキまで』日本経済新聞出版社
鹿野嘉昭（2013）『日本の金融制度（第3版）』東洋経済新報社
島村高嘉（2014）『戦後歴代日銀総裁とその時代』東洋経済新報社
塩田　潮編（1992）『金利を動かす男たち』かんき出版
シルバー，ウィリアム，倉田幸信訳（2011）『伝説のFRB議長　ボルカー』ダイヤモンド社（William Silber, *Volcker : the triumph of Persistence*, Bloomsbury Press, 2012.）
清水啓典（2011）「グローバル金融危機後の国際的金融規制」『安定的な経済成長のためのプルーデンス政策のあり方』金融調査研究会，7月
白川方明（2008）『現代の金融政策　理論と実際』日本経済新聞出版社
白塚重典・田口博雄・森　成城（2000），「日本におけるバブル崩壊後の調整に対する政策対応─中間報告─」『金融研究』日本銀行金融研究所
白塚重典（2011）「中央銀行の政策運営におけるマクロプルーデンスの視点」『金融研究』日本銀行金融研究所，第30巻第3号，8月，pp.167-197
白塚重典（2009）「わが国の量的緩和政策の経験：中央銀行バランスシートの規模と構成を巡る再検証」日本銀行ディスカッションペーパー，No. 2009-J-22
白杵政治（2010）「米国の金融規制改革法の影響：資産運用への示唆」ニッセイ基礎研究所，特別レポート2
杉田茂之（2002）「日本のバブルとマスメディア」村松岐夫・奥野正寛編『平成バブルの研究（上）形成編』東洋経済新報社，pp.249-310
鈴木淑夫（1974）『現代日本金融論』東洋経済新報社
鈴木淑夫（1993）『日本の金融政策』岩波新書
澄田　智（1992）『忘れがたき日々75年－澄田智回想録』きんざい
滝田洋一（2006）『日米通貨交渉　20年目の真実』日本経済新聞社，pp.181-182.
竹橋太郎（1992）「鬼平とバブル」『週刊東洋経済』7月24日
竹森俊平（2002）『経済論戦は甦る』東洋経済新報社
田中隆之（2002）『現代日本経済　バブルとポスト・バブルの軌跡』日本評論社
中澤正彦・吉田有祐・吉川浩史（2011）「プラザ合意と円高，バブル景気」『ファイナンス』10月 pp.59-65
中澤正彦・吉川浩史（2011）「デフレ下の金融政策：量的緩和政策の検証」PRIディスカッションペーパーシリーズ，No. 11a-03
内閣府経済社会総合研究所（2011）「バブル／デフレ期の日本経済と経済政策」第3巻『日本経済の記録－時代証言集－』（オーラル・ヒストリー）
内閣府（2009）『平成21年版　経済財政白書―危機の克服と持続的回復への展望―』
ナイカーク，ウィリアム，柏木雄介解説，篠原成子訳（1987）『ボルカー「ザ・マネー・マン」

の肖像』日本経済新聞社（William Neikirk, *Volcker : Portrait of the Money Man*, Contemporary Books, 1987.）

日本銀行（1988）「最近のマネーサプライの動向について」『日本銀行調査月報』1月号

日本銀行（1990）「平成元年度の金融および経済の動向」『日本銀行調査月報』5月号

日本銀行（1997）「M2＋CDと経済活動の関係について―長期均衡関係を中心とした研究」『日本銀行調査月報』6月号

日本銀行（2002）「最近のマネタリーベースの増加をどう理解するか？」『日本銀行調査月報』8月号

日本銀行（2003）「金融政策運営に果たすマネーサプライの役割」『日本銀行調査月報』1月号

西村吉正（2011）『金融システム改革50年の軌跡』金融財政事情研究会

野口悠紀雄（1993）『バブルの経済学』日本経済新聞社

服部茂幸（2011）『日本の失敗を後追いするアメリカ』NTT出版

浜　矩子（2009）『グローバル恐慌』岩波新書

原田　泰（2004）『デフレはなぜ怖いのか』文春新書

原田　泰・増島　稔（2010）「金融の量的緩和はどの経路で経済を改善したのか」吉川洋編『デフレ経済と金融政策』慶応義塾大学出版会

バートレット，ブルース，齋藤精一郎訳（1982）『レーガノミックス：供給サイドの経済学は時代を変える』ダイヤモンド社（Bruce R. Bartlett, *Reaganomics : Supply Side Economics in Action*, Arlington House Publisher, 1981.）

平田完一郎（2007）「スウェーデンの金融システムと公的金融機関の役割」今井譲編『福祉国家の金融システム改革』中央経済社

深尾光洋（2010）『国際金融論講義』日本経済新聞社

深尾光洋，日本経済研究センター編（2000）『金融不況の実証分析』日本経済新聞社

福井義高（2011）「公正価値会計の経済的帰結」『金融研究』日本銀行金融研究所，第30巻第3号，8月，19-71

藤木　裕・渡邉喜芳（2004）「わが国の1990年代における通貨需要：時系列分析と横断面分析による検証」『金融研究』日本銀行金融研究所，10月

船橋洋一（1992）『通貨烈烈』朝日文庫

古川　顕（1985）『現代日本の金融分析』東洋経済新報社

古川　顕（2014）『現代の金融（第3版）』東洋経済新報社

星　岳雄・A. カシャップ，鯉渕賢訳（2006）『日本金融システム進化論』日本経済新聞社

細野　薫・杉原　茂・三平　剛（2001）『金融政策の有効性と限界―90年代日本の実証分析―』東洋経済新報社

本多佑三・黒木祥弘・立花　実（2010）「量的緩和政策－2001年から2006年にかけての日本の経験に基づく実証分析－」『ファイナンシャル・レビュー』財務省総合政策研究所，第99号

本多佑三（2014）「非伝統的金融政策の効果：日本の場合」岩本康志他編『現代経済学の潮流 2014』東洋経済新報社，第1章，pp.3-38

ボルカー，ポール・行天豊雄（1993）「『富の興亡』を大いに語る」『週刊東洋経済』1月16日

ボルカー，ポール・行天豊雄，江澤雄一監訳（1992）『富の興亡』東洋経済新報社

三重野康（1999）『利を見て義を思う』中央公論社

松川周二（2001）『マクロ経済学と日本経済』中央経済社

宮尾龍蔵（2006）『マクロ金融政策の時系列分析』日本経済新聞社

宮野谷篤（2000）「日本銀行の金融調節の仕組み」金融市場ワーキングペーパー 2000-J-3

宮川重義（1981）『現代マクロ経済の分析』昭和堂

宮川重義（1992）「米国のS&L問題とその後の展開について」『京都学園大学経営学部論集』第2巻第2号，12月，pp.77-110

宮川重義（2007）「フィンランドの金融システムと公的金融機関」今井譲編『福祉国家の金融システム改革』中央経済社

宮川重義・森田洋二（1999）「日本の金融政策の波及メカニズム」坂本信雄他『実証分析 日本経済の構造』同文舘

宮崎義一（1988）『ドルと円 世界経済の新しい構造』岩波新書

山家悠紀夫（2005）『景気とは何だろうか』岩波新書

吉川洋（1999）『転換期の日本経済』岩波書店

吉川元忠（1998）『マネー敗戦』文春新書

吉冨勝（1998）『日本経済の真実：通説を超えて』東洋経済新報社

若田部昌澄（2005）『改革の経済学』ダイヤモンド社

渡部和孝（2009）『ダブル・クラッシュ』日本経済新聞出版社

渡辺孝（2001）『不良債権はなぜ消えない』日経BP社

索　引

欧文

BIS 規制 …………………………… 107, 124
ECU ペッグ政策 …………………………… 82
EGARCH モデル …………………………… 234
ERM 加盟国 …………………………… 80
Fannie Mae …………………………… 111, 121
FF レート …………………… 99, 103, 138
FRB の 4 人組 …………………………… 222
Freddie Mac …………………………… 111, 121
GGF …………………………… 70
ICT 産業 …………………………… 84
IMF …………………………… 147, 167, 171
LIBOR …………………………… 186
MMMF …………………… 116, 117, 118, 133
NTT 株 …………………………… 191, 224
SIV …………………………… 118
STS 銀行 …………………………… 75
TARCH モデル …………………………… 232
TIBOR …………………………… 186
too big to fail 政策 ………… 78, 128, 137
too interconnected to fail 政策 ……… 137
T 型フォード …………………………… 8
VAR モデル …………………………… 86, 180

ア行

アーセナル（Arsenal） …………………………… 71
アービング・フィッシャー ………… 7, 19, 21
アイケングリーン …………………………… 19, 25
アウト・イン貸付 …………………………… 159
赤字国債 …………………………… 175, 191
アジアファンド …………………… 167, 168, 170
アドロフ・ミラー …………………………… 14
安倍晋三 …………………………… 274

アベノミクス …………………… 274, 278, 279
アメリカ議会 …………………………… 197
イールドカーブ効果 …………………………… 274
偉大なる安定 …………………………… 98
井上準之助 …………………………… 35
イングランド銀行 …………………………… 257
インターネットバンキング ………… 56, 75
インターバンク市場 …………………………… 174
インパクトローン …………………………… 175
インパルス応答 …………………………… 268, 269
インフレターゲット …… 64, 68, 86, 190, 229
ウェイン・エンジェル …………………………… 206
内海孚 …………………………… 198, 201, 202
永久低金利神話 …………………………… 179
エクィティファイナンス …………………………… 180
エリクソン …………………………… 84
円・ドル委員会 …………………………… 196
円ドル問題 …………………………… 199
円高不況 …………………………… 180, 207, 208
追い貸し …………………………… 125
オイルショック …………………………… 174
太田赳 …………………………… 204, 216
オーバー・ボロイング …………………………… 191
オーバー・ローン …………………………… 191
大場智満 …………………………… 199, 201, 202
オフショアマーケット …………………………… 153
小渕恵三 …………………………… 188
オンショアマーケット …………………………… 153

カ行

ガーン・セントジェーメイン預金金融機
　関法 …………………………… 124
外貨準備 …………………………… 157
外国為替法 …………………………… 175

影の銀行	115	金本位制	15, 24, 25, 49
貸し渋り	76	金本位制の復帰	12
貸出チャンネル	193	金本位制のルール	13, 25
過剰債務	77	金融監督庁	92
過剰投機	77	金融緩和	iii, 57, 173
過剰投資	77	金融機関開発基金（FIDF）	164
カネ余り現象	215	金融危機	247
株価指数連動型上場投資信託（ETF）	274	金融規制	123
株価チャンネル	280	金融規制緩和	173
貨幣需要	229	金融機能安定化法	189
貨幣需要関数の不安定化	215	金融再生局（FRA）	165
カムドシュ	202	金融システム改革	186
ガルブレイス	10, 14	金融自由化	57, 61, 170, 173, 175
為替平衡基金	152	金融政策決定会合	189, 193, 259
間接型金融	iii, 173	金融調節	258, 259
カントリーワイド・ファイナンシャル	143	金融ビッグバン	186
管理実験	ii, 38, 51	金融不安	230, 234, 235, 242, 246
規制緩和	iii	金融6法	185
規制ショッピング	129	金利弾力性	229
期待効果	274	口先介入	210
規模の経済	56, 129	グラス・スティーガル法	124
キミット	198	グラム・リーチ・ブライリー法	124
宮廷の反乱	206	グリーンスパン	97, 98, 99, 101, 104, 212
旧日銀法	189	グリーンスパン・プット	142
供給サイド経済学	176	クレディット・アンシュタルト	19
狂騒の20年代	iii	クレディット・クランチ	93
行天豊雄	202, 216	クレディット・ビュー	15, 22, 190, 193
共和分	228	クローナ	82, 83, 91
共和分検定	231, 247, 248, 286, 293	黒田東彦	204
金・ドル交換停止	207	ゲームのルール	24
銀行貸付	263	現先市場	175
銀行貸付経路	122, 264	原油価格	179
銀行監督局	63	公開市場委員会	41
銀行支援機構	70	公的資金	68, 69, 70, 185, 186, 188, 192, 235
緊縮財政プログラム	167	ゴータ銀行	67, 68
キンドルバーガー	i, 12, 19, 23, 34	コールレート	189
金不胎化政策	21	コクサイ化	iv, 174, 175

国際協調	217
国際協調政策	195
国際金融のトリレンマ	64
国際政策協調	217
国際派	214
国内派	205, 214, 215
誤差修正 VAR モデル	231
護送船団	189
固定相場制	59, 79
近藤健彦	202

サ行

債券市場の謎（Conundrum）	104
財政構造改革	186
財テク	178, 191
債務担保証券（CDO）	109
債務デフレ	15, 76, 188
債務デフレ説	21
サプライサイド経済学	196
参入なしの退出なし	164
3本の矢	274
時間軸効果	144
時間非整合性	79
資金繰り判断 DI	232, 249
資金偏在現象	174, 191
自己資本比率	185, 189, 190
自己資本比率規制	192
資産管理公社（AMC）	165
資産バブル	178
市場原理	170
市場流動性	263
市場流動性経路	264
自信過剰	77
自然実験	ii, 38, 51
自然利子率	266
実質為替レート	171
実質実効為替レート	155

質への逃避（flight to quality）	118
支払い能力危機	69
支払能力対策（ソルベンシー対策）	136
社会保障制度改革	186
ジャパンプレミアム	186, 187, 257
ジャパンマネー	196
自由金	50
自由準備	50
住専	183
住専国会	185
住専処理	192
住専問題	188
住宅金融債権管理機構	185
住宅担保証券（RMBS）	108
住宅バブル	iii
集中型賃金決定	86
証券化	106
消費税	186
ジョージ・ハリソン	16, 17, 40, 43
叙述的アプローチ	38
所得税の特別減税	186
ジョバンニ・ゴリア	211
所要準備率	20
ジョンソン FRB 副議長	212
人為的に低く抑えられた預金金利	173
シンジケート団	175
真正手形ドクトリン	17
新日銀法	190
信用緩和政策	134, 144
信頼	262
信頼の経路	263
スコップバンク	63, 64, 70, 75, 81
スタグフレーション	195
ストルテンベルグ	200, 202
澄田智	201, 202, 205, 208, 213
スムート・ホーリー関税法	30, 197
政策継続効果	281

政策のシグナリング ………………… 262, 263
成長通貨 …………………………………… 191
政府保証基金（GGF）………………… 64, 70
セキュラム ……………………………… 72, 74
ゼロ金利政策 ………………… 235, 257, 268
総合保養地域整備法（通称リゾート法）… 179
操作変数法 ……………………………… 289
操作目標 ………………………………… 189
総量規制 ………………………………… 182
ソビエト連邦の崩壊 ……………………… 62
ソフト通貨政策 ………………… 81, 82, 92

タ行

ダーマン ………………………… 197, 198, 202
ターム入札制度（TAF）………………… 132
大企業の銀行離れ ……………………… 175
大規模な資産購入（LSAPs）……… 134, 280
第三の道 …………………………………… 82
タイ中央銀行 …………………………… 149
タイバーツ ……………………… iv, 147, 151
第四次全国総合開発計画（四全総）…… 179
竹下登 ……………………… 199, 201, 202, 203, 208
単位根検定 ……………………………… 285
短期金融市場 …………………………… 259
短期金利弾力性 ………………………… 240
ダンフォース議員 ……………………… 200
中間目標 ………………………………… 227
超過準備 …………………………………… 20
長期金利弾力性 ………………………… 240
長期的均衡関係 ………………………… 247
調整マネー ………………………… 235, 248
貯蓄貸付組合 …………………………… 116
通貨アタック ……………………………… 79
強いドル ………………………………… 196
ティートマイヤー ………………… 200, 202
ディスインタメディエーション ……… 107
ディスオーガニゼーション …………… 193

テイラールール ………………… 100, 190
テーパリング …………………………… 137
デット・オーバーハング ……………… 193
デフレ圧力 ………………………… 183, 186
デフレ期待 ………………………………… 48
テミン ……………………………………… 19
ドイツ連銀 ……………………………… 201
導管体（Conduits）…………………… 115
東京オフショア市場 …………………… 175
倒産隔離 ………………………………… 108
投資信託 …………………………………… 11
特別投資事業体（SIV）………………… 115
土地神話 …………………………… 180, 186
土地税制の歪み ………………………… 179
土地ブーム ………………………………… 10
ドッド・フランク法 …………………… 143
トランシェ ………………………… 108, 110
ドル売り ………………………………… 204

ナ行

内需拡大 ………………………………… 205
中曽根総理大臣 ………………………… 206
中曽根内閣 ……………………………… 209
日銀短観 ………………………………… 232
日銀当座預金残高 ……………………… 258
日銀法 …………………………………… 189
日銀法改正 ……………………………… 206
日米 MOSS 協議 ………………………… 200
日米円ドル委員会 ……………………… 175
日米経済摩擦 …………………………… 217
日米貿易摩擦 …………………………… 197
ニッケルン ………………………………… 67
日本債券信用銀行 ……………………… 189
日本銀行当座預金 ……………………… 280
日本長期信用銀行 ……………………… 189
2 本柱アプローチ（two pillars approach）
　……………………………………………… 228

索引　317

ニューエコノミー･････････････････････････････ 97
忍者（NINJA）ローン ･･････････････････ 105
納税者救済法 ･････････････････････････････････ 106
農林系統金融機関 ･･･････････････････････････ 185
ノキア ･･････････････････････････････････ 84, 94
ノルディア ･････････････････････････････ 55, 72
ノルディア金融グループ ････････････････････ 75
ノルド銀行 ････････････････････････ 67, 70, 74

ハ行

バーゼル I ････････････････････････････････････ 126
バーゼル III ･･･････････････････････････････････ 127
バーツ ･･････････････････････････ 149, 153, 167
ハード通貨政策 ･･････････････････････････････ 92
バーナンキ ････････････････ 1, 37, 98, 101, 102
バジェット ･･･････････････････････ 31, 44, 45, 143
橋本内閣 ････････････････････････････････････ 186
バスケットペッグ ･･･････････････････････････ 162
バブル ････････････････････････ 58, 170, 195, 269
浜口雄幸 ･･････････････････････････････････････ 35
バランスシートの調整 ･･････････････････････ 183
範囲の経済 ･････････････････････････････････ 129
バンク・キャピタル・クランチ ･････････････ 93
バンクホリデー ･･････････････････････････････ 93
バンコク・オフショア市場（BIBF）
　･･･････････････････････････････････････ 159, 165
バンコク商業銀行 ･･････････････････････････ 149
非対称性 ･･････････････････････････････････････ 24
非伝統的金融政策 ･･････････････････････････ 257
ファーレングス銀行 ･････････････････････････ 70
ファイアセール ･･･････････ ii, 121, 123, 124, 143
ファイナンシャルアクセラレーター ･･･････ iii
ファイナンスカンパニー ････ 67, 149, 164, 165
ファーメイ ･･････････････････････････････ 111, 121
ファンダメンタルズ ････････････････････････ 178
不安要因 ････････････････････････････････････ 248
フィッシャー効果 ････････････ 283, 289, 292, 293

フィンランド銀行 ･････････････････････ 62, 63
フィンランド貯蓄銀行 ･････････････････ 71, 75
フーバーの増税 ･･････････････････････････････ 30
フェルシュタ貯蓄銀行 ･･････････････････････ 67
フォーレングス銀行 ･････････････････････････ 71
「複数指標」アプローチ ･･･････････････････ 162
双子の赤字 ･･･････････････････････････ 176, 196
復興金融公社 ････････････････････････････････ 93
不動産投資信託（J-REIT） ･･･････････････ 274
不胎化政策 ･･･････････････････････････ 161, 162
プラザ会議 ･･････････････････････ 176, 199, 202
プラザ合意 ････････････ 178, 191, 195, 197, 200
ブラックマンデー ･････ 179, 212, 214, 218, 280
不良債権 ････････････････････････････ 185, 186
不良債権買取機構 ･･････････････････････････ 93
不良債権処理 ･････････････････ 92, 93, 96, 190
フレディマック ･････････････････････ 111, 21
フレンゼル下院議員 ････････････････････････ 197
ブローカーズ・ローン ･････････････････ 10, 12
フロート制 ･･････････････････････････････････ 64
フロリダ ･･････････････････････････････････････ 10
ブンデスバンク ････････････････････････････ 201
ヘアーカット ･････････････････････ 121, 123, 143
平価 ････････････････････････････････････ 12, 49
平価切下げ ･･････････････････････････････････ 20
平成の鬼平 ･････････････････････････････････ 192
ベーカー ････ 197, 198, 202, 206, 208, 210, 217
ベーカー・竹下会談 ････････････････････････ 199
ベール ･･････････････････････････････････････ 202
ペッグ制 ････････････････････････････････････ 153
ヘッジファンド ･･････････････ 149, 151, 152, 153
ベッディーノ・クラクシ首相 ････････････････ 211
ベトナム戦争 ･･････････････････････････････ 195
ヘリコプター・マネー ･･････････････････････ 99
ベリル・スプリンケル ･････････････････････ 197
ベレゴヴォワ ･･････････････････････････････ 202
ベンジャミン・ストロング ･･･ 14, 17, 39, 42, 43

変動相場制 ·················· 82
ポートフォリ運用 ············ 169
ポートフォリオ・リバランス
　·············· 262, 263, 274, 281
補完貸出制度（ロンバード型貸出）······ 189
保護主義 ····················· 197
保護主義圧力 ················· 200
母体行責任論 ················· 185
ボルカー ············ 197, 202, 203, 206
ボルカー・ルール ············ 137, 143

マ行

前川レポート ············ 179, 183, 192
マエストロ ····················· iii
マニュエル・ジョンソン ·········· 206
マネー・ビュー ··········· 15, 22, 190
マネーサプライ ······· 161, 179, 196, 212, 213,
　　　　　　　　　215, 218, 227, 228, 246
マネーストック ······· 161, 168, 169, 183, 195
マネタリーベース ················ 248
マネタリスト ···················· 227
マネタリスト政策 ················ 176
マルカ ························· 91
マルフォード ········ 198, 199, 201, 202
三重野康 ·········· 182, 192, 205, 211, 212, 213
ミダス王の手 ··················· 34
宮澤喜一 ················· 208, 209, 210
ミルトン・フリードマン ············ 227
ムーディーズ ··················· 186
村山内閣 ···················· 185, 186
モーゲージ金利 ················· 104
モーゲージ担保証券 ·············· 107
モラルハザード ······· 70, 74, 94, 164, 166, 168
モンタギュー・ノーマン ··········· 12, 13

ヤ行

山口副総裁 ··················· 182

ユージン・マイヤー ············· 19
ユーフォリア ················· 179
ユーロ加盟 ···················· 65
輸出競争力 ··················· 169
ヨハンセン ··················· 231
予備的需要 ··············· 246, 248

ラ行

リーガン ················ 197, 199
リーグル・ニール法 ············ 124
リーマン・ブラザーズ ·········· 111, 121
リクスバンク ··············· 83, 86
リスクプレミアム ··············· 263
リトラー ······················ 202
流動性危機 ···················· 69
流動性対策（リクイディティ対策）······ 136
流動性のワナ ········ 51, 229, 254, 262, 266
量的・質的金融緩和政策 ·········· 274, 279
量的金融緩和政策 ········ 189, 235, 257, 265
臨時金利調整法 ················· 191
ルーブル合意 ·················· 211
ルール ······················· 170
ルベック ······················ 202
レイペンバートン ··············· 202
レーガノミクス ········ 176, 195, 196, 198
レーガン政権 ·············· 195, 217
レギュラトリー・アービトラジ ········ 125
レバレッジ ················· 11, 119
連邦住宅貸付抵当公社(フレディマック)
　························· 111, 121
連邦住宅抵当公社（ファニメイ）···· 111, 121
連邦準備局 ·········· 5, 14, 17, 33, 40
連邦準備理事会 ··················· 33
ローソン ····················· 202
6大改革 ······················ 186
ロンバード街 ···················· 44
ロンバート型貸付 ··············· 261

〔著者紹介〕

宮川　重義（みやがわ　しげよし）

1947年12月生まれ。1976年3月　同志社大学大学院経済学研究科博士課程終了。現在は京都学園大学特別教授。

著書に，『現代マクロ経済の分析』（昭和堂，1981），『現代経済理論の研究－経済学のミクロ的基礎付け』（共著，同文舘出版，1995），『実証分析日本経済の構造』（共著，同文舘出版，1999），『福祉国家の金融システム改革』（共著，中央経済社，2005）など。

翻訳書に，S. シェフリン著『合理期待論』（昭和堂，1985），E. バトラー著『フリードマンの経済学と思想』（多賀出版，1989），レイドラー著『貨幣の経済学』（共訳，昭和堂，1990），民衆経済学センター著『病める経済アメリカ』（共訳，多賀出版，1991），S. シェフリン著『マクロ経済政策－理論，歴史，政策』（共訳，昭和堂，1992），T. ホールと D. ファーグソン著『大恐慌』（多賀出版，2000），R.E. パーカー『大恐慌を見た経済学者11人はどう生きたか』（中央経済社，2005）などがある。

世界の金融危機とバブルの分析——発生のしくみと政策の検証

2016年7月10日　第1版第1刷発行

著　者　宮　川　重　義
発行者　山　本　　継
発行所　㈱中央経済社
発売元　㈱中央経済グループ
　　　　　　パブリッシング

〒101-0051　東京都千代田区神田神保町1-31-2
電話　03 (3293) 3371 (編集代表)
　　　03 (3293) 3381 (営業代表)
http://www.chuokeizai.co.jp/
印刷／昭和情報プロセス㈱
製本／誠　製　本㈱

©2016
Printed in Japan

＊頁の「欠落」や「順序違い」などがありましたらお取り替えいたしますので発売元までご送付ください。（送料小社負担）

ISBN978-4-502-19491-7　C3033

JCOPY〈出版者著作権管理機構委託出版物〉本書を無断で複写複製（コピー）することは，著作権法上の例外を除き，禁じられています。本書をコピーされる場合は事前に出版者著作権管理機構（JCOPY）の許諾を受けてください。
JCOPY〈http://www.jcopy.or.jp　e メール：info@jcopy.or.jp　電話：03-3513-6969〉

ベーシック＋プラス
Basic Plus

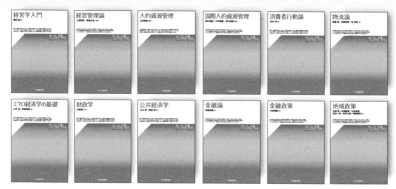

経営学入門	人的資源管理	経済学入門	金融論	法学入門
経営戦略論	組織行動論	ミクロ経済学	国際金融論	憲法
経営組織論	ファイナンス	マクロ経済学	労働経済学	民法
経営管理論	マーケティング	財政学	計量経済学	会社法
企業統治論	流通論	公共経済学	統計学	他

いま新しい時代を切り開く基礎力と応用力を兼ね備えた人材が求められています。
このシリーズは，各学問分野の基本的な知識や標準的な考え方を学ぶことにプラスして，一人ひとりが主体的に思考し，行動できるような「学び」をサポートしています。

中央経済社